Interprétez les rêves de votre enfant

Données de catalogage avant publication (Canada)

Lachance, Laurent

Interprétez les rêves de votre enfant
(Parents aujourd'hui)

1. Rêves chez l'enfant. 2. Rêves - Interprétation. I. Titre. II. Collection.
BF1099.C55L32 2001 154.6'3'083 C2001-941215-0

DISTRIBUTEURS EXCLUSIFS :

• Pour le Canada
et les États-Unis :
MESSAGERIES ADP*
955, rue Amherst
Montréal, Québec
H2L 3K4
Tél. : (514) 523-1182
Télécopieur : (514) 939-0406
* Filiale de Sogides ltée

• Pour la France et les autres pays :
VIVENDI UNIVERSAL PUBLISHING SERVICES
Immeuble Paryseine, 3, Allée de la Seine
94854 Ivry Cedex
Tél. : 01 49 59 11 89/91
Télécopieur : 01 49 59 11 96
Commandes :   Tél. : 02 38 32 71 00
              Télécopieur : 02 38 32 71 28

• Pour la Suisse :
VIVENDI UNIVERSAL PUBLISHING SERVICES SUISSE
Case postale 69 - 1701 Fribourg - Suisse
Tél. : (41-26) 460-80-60
Télécopieur : (41-26) 460-80-68
Internet : www.havas.ch
Email : office@havas.ch
DISTRIBUTION : OLF SA
Z.I. 3, Corminbœuf
Case postale 1061
CH-1701 FRIBOURG
Commandes :   Tél. : (41-26) 467-53-33
              Télécopieur : (41-26) 467-54-66

• Pour la Belgique et
le Luxembourg :
VIVENDI UNIVERSAL PUBLISHING SERVICES BENELUX
Boulevard de l'Europe 117
B-1301 Wavre
Tél. : (010) 42-03-20
Télécopieur : (010) 41-20-24

Pour en savoir davantage sur nos publications,
visitez notre site : **www.edhomme.com**
Autres sites à visiter : www.edjour.com • www.edtypo.com
www.edvlb.com • www.edhexagone.com • www.edutilis.com

Dépôt légal : 3ᵉ trimestre 2001
Bibliothèque nationale du Québec

ISBN 2-7619-1649-2

L'Éditeur bénéficie du soutien de la Société de développement
des entreprises culturelles du Québec pour son programme
d'édition.

Nous reconnaissons l'aide financière du gouvernement du
Canada par l'entremise du Programme d'aide au
développement de l'industrie de l'édition (PADIÉ) pour nos
activités d'édition.

Laurent Lachance

Interprétez les rêves de votre enfant

LES ÉDITIONS DE
L'HOMME

*À Pascal Gallichand-Marcotte
et aux enfants dont les rêves
illustrent ces pages.*

INTRODUCTION

Comment se souvenir de ses rêves

Tout le monde rêve. Même les animaux rêvent pour rétablir l'équilibre de leur âme. Cet équilibre est rompu par les tensions qui viennent des peurs et des désirs insatisfaits. Même chose pour les adultes et les enfants : les rêves viennent rééquilibrer l'âme. Certaines personnes pensent qu'elles ne rêvent pas parce qu'elles ne se souviennent pas de leurs rêves. Mais existe-t-il un truc pour arriver à s'en souvenir ?

Il ne faut pas se réveiller ni se lever trop brusquement. Dès le réveil, on demeure tranquille dans son lit le temps que les rêves reviennent à la mémoire. On utilise alors des mots clés pour les retenir. Disons qu'on a rêvé d'une école en feu, d'un voyage en auto et d'une piscine où l'on se baignait avec des amis. On répète dans sa tête ces trois mots : *école, auto, piscine*. Aussitôt levé, on écrit ces trois mots qui serviront de clés pour se rappeler ses rêves par la suite. Et dès que possible, on écrit ses rêves pour qu'ils ne s'effacent pas. Il est important de les garder parce que les rêves sont des messages personnels qui nous sont adressés, mais c'est beaucoup demander à un jeune enfant. Sans doute pourriez-vous l'aider en les notant pour lui. Et s'il prend l'habitude de vous raconter ses rêves au lever, c'est déjà un premier pas. L'un et l'autre, vous retirerez de cet échange intime beaucoup plus qu'il n'y paraît au premier abord.

Premier chapitre

LE RÊVE ET L'ENFANT

Les rêves accompagnent la dure conquête d'autonomie de l'enfant. Dès ses premières années, l'enfant commence à se séparer de sa mère. Chaque fois qu'il lui dit *non*, il fait un pas pour conquérir son individualité. Chaque pas lui coûte, car il le sépare de son principal soutien. Et chaque pas correspond à une petite mort parce que l'enfant quitte son état bienheureux de non-conscience. C'est là tout le drame de la naissance de l'ego qui se joue d'abord avec la mère.

Cette lutte contre la domination maternelle se déroule jusqu'à l'adolescence, étape cruciale de l'affirmation de l'individu. D'où l'importance des héros de toutes sortes auxquels l'enfant s'identifie pour tâcher de remporter sa victoire et de prendre confiance en lui. Le héros meurt et ressuscite, comme le soleil qui disparaît le soir et qui réapparaît le matin. L'ennemi est essentiellement la mère qui apparaît rarement telle quelle dans les rêves de domination, car l'enfant ne pourrait combattre de front cet être tout-puissant. La mère est donc représentée par des monstres, des dragons, des serpents, des animaux qui mordent — l'ours, en particulier —, des araignées et des sorcières, qui sont autant de symboles de la mère dévorante. Même à l'âge adulte, un individu verra apparaître dans ses rêves ces images de la mère menaçante chaque fois qu'une influence indue de sa mère se fera sentir.

Il va de soi que chaque affirmation personnelle crée chez l'enfant de l'angoisse ainsi que la tentation de régresser à son état antérieur de fusion avec sa mère. Ces angoisses et ces régressions se reflètent dans les rêves qui sont là pour rétablir l'équilibre intérieur rompu par les progressions de l'enfant.

Des images compensatrices sous la forme de déesses, de princesses ou de fées apparaîtront dans les rêves pour aider l'enfant à rester en relation bienfaisante avec sa mère.

L'affirmation contre l'autorité paternelle se manifeste aussi par des *non* répétés devant une domination qui empêche l'enfant de devenir adulte. Le complexe d'Œdipe commence à se vivre vers trois ans et atteint un sommet à l'adolescence. Les images de tout être masculin menaçant peuvent représenter la domination du père. Le loup et l'ogre en sont des images fréquentes. Le roi, le prince et le bon génie peuvent représenter l'aspect protecteur du père.

L'enfant-héros doit aussi s'opposer à l'obscurité, aux instincts et aux émotions. Le héros doit triompher de toute domination. Des rêves viennent indiquer à l'enfant quel danger ou quelle peur il doit affronter. Ces rêves servent aussi de déversoirs pour rééquilibrer les tensions de l'âme. Les parents attentifs aux rêves de leurs enfants pourront arriver, avec de la perspicacité et l'information de ce petit dictionnaire, à aider grandement les jeunes rêveurs à progresser dans leur développement. Souvent, d'ailleurs, à l'intérieur de certaines entrées du dictionnaire, on recommande d'aider les enfants. Cette aide est particulièrement nécessaire quand un rêve indique à l'enfant qu'il est dépassé par une situation ou par un trop-plein de sentiments ou d'émotions.

Ce livre s'inscrit dans le processus de l'individuation, c'est-à-dire de l'évolution individuelle de l'enfant. La découverte de l'inconscient par Freud il y a un siècle a amené la psychanalyse à considérer que nous avons un centre conscient et un centre inconscient. C'est ce centre inconscient qui s'exprime dans les rêves. Carl Gustav Jung a appelé ce centre le Soi. Pour simplifier, convenons avec l'enfant d'appeler ce centre son Moi universel en tâchant de lui faire comprendre que notre esprit est partagé en deux, le moi conscient et le Moi universel. Ce dernier ne poursuit qu'un but : aider à l'évolution de l'individu qui est invité à accomplir toutes ses potentialités.

Le plus grand besoin de l'âme est de satisfaire son sentiment religieux. Il m'était difficile de faire abstraction de ce besoin essentiel. Aussi ai-je pris, dans les articles du dictionnaire, une position spiritualiste mais très modérée. Les commentaires encouragent donc l'enfant dont les rêves indiquent cette soif de l'âme à parler à Dieu ou à son Moi universel. Pour rester équilibré, l'enfant a absolument besoin de cette relation avec le transcendant, comme la plupart des adultes d'ailleurs. Cette relation crée un appel au dépassement qui poussera l'enfant à se développer.

Quand l'enfant se sent coupable, les bandits, les fantômes, les pirates et les méchants de toutes sortes représentent souvent les parents. La culpabilité et le refoulement sont deux causes importantes des rêves chez les enfants. Le sentiment de culpabilité vient de tout échec, de toute maladresse et de tout reproche. Il sape la confiance et l'estime de soi sans lesquelles l'enfant ne peut progresser. Il est avantageux de démonter la culpabilité en encourageant l'enfant à réparer, dans la mesure du possible, ce qu'il a fait de travers, ou en lui montrant que sa culpabilité n'est pas fondée. Vous pouvez aussi favoriser l'expression des sentiments refoulés de votre enfant, en l'écoutant et en l'incitant à raconter ses rêves. Vous pouvez l'inviter à écrire ses rêves et l'explication que vous trouvez avec lui grâce à ce livre ou le faire pour lui.

La peur est une autre cause importante de rêves chez l'enfant. Les peurs prennent corps dans les rêves sous toutes sortes de formes, mais elles se présentent surtout comme des personnages et des animaux menaçants.

L'enfant peut apprendre à faire face à ces êtres oniriques effrayants au lieu de les fuir. Il s'agit de le convaincre dans la vie éveillée que, s'il fait front dans le rêve, ces *méchants* vont se transformer en amis, en énergie positive. Cette attitude se transférera dans la vie consciente. L'enfant apprendra ainsi à dominer peu à peu ses peurs et il bâtira sa confiance en lui afin de devenir plus fort et plus courageux.

Les rêves fournissent des renseignements précieux sur le développement de l'enfant, renseignements qu'on ne peut obtenir autrement. On peut éviter bien des désordres psychiques en tenant compte des rêves. Les rêves agissent comme les contes : ils constituent *un système générateur d'un ordre* (Yves Durant).

Ce livre se partage en deux parties : la première explique les catégories de rêves à l'aide d'une trentaine d'exemples, et la seconde se présente comme un dictionnaire. Les articles du dictionnaire s'adressent aux parents, mais libre à vous, en en transformant légèrement la forme, de les lire comme s'ils s'adressaient à l'enfant. Les messages des rêves sembleront ainsi plus personnalisés et l'enfant se sentira lui-même concerné.

Vous pouvez encourager l'enfant à raconter ses rêves dès le tout jeune âge. Vous pourrez ainsi suivre le développement de votre enfant. Mais on se méfiera un peu du récit des rêves des enfants qui n'ont pas encore atteint l'âge de raison. Car plus jeune, l'enfant mêle à son récit onirique des éléments de son imagination créatrice stimulée par le récit de ses propres rêves ; il devient alors difficile de distinguer ce qui relève ou non du rêve. De temps en temps, vous pouvez donner un sens aux rêves d'un enfant de moins de sept ans pour lui montrer que les rêves ont toujours un sens.

Quand vous essayez de comprendre les rêves avec votre enfant, vous entrez dans son intimité, et c'est une chose que vous devez faire avec beaucoup de tact. Offrez à l'enfant toutes les possibilités de sens sans choisir pour lui. Les rêves ne devraient jamais servir à mieux assurer votre autorité sur votre enfant, car les messages intérieurs qu'ils présentent perdraient toute crédibilité à ses yeux. Il suffit de se rappeler qu'on accouche d'une âme à chacune des interprétations et qu'il faut procéder avec la délicatesse requise. On comprend aussi que le rêve ne doit pas servir à mettre l'enfant à nu sur le plan psychologique et à le dépouiller de toute vie intime. Certains articles du dictionnaire recommandent d'ailleurs d'inciter l'enfant à se confier à une personne en qui il a confiance. Cette précaution laisse le choix à l'enfant de se confier à quelqu'un d'autre que ses parents, précisément parce vous êtes alors concernés. Notons enfin qu'il serait maladroit de raconter les rêves de l'enfant à quelqu'un d'autre, car le petit pourrait se sentir trahi.

Chapitre 2

QU'EST-CE QU'UN RÊVE ?

On peut présenter le rêve à l'enfant comme une histoire qui se raconte en lui, un peu comme s'il avait un écran de télévision dans la tête durant la nuit.

Chaque rêve signifie quelque chose qui le concerne. Un rêve peut faire référence à ce que vit l'enfant pendant la journée. Il peut évoquer des difficultés qu'il rencontre dans sa vie. Tous les rêves sont des histoires qui lui parlent de lui, de sa famille, de ses voisins, de ses amis, de ses peurs, de ses désirs et de ses besoins. On peut arriver à comprendre les histoires des rêves, mais il faut comprendre ce que les images veulent dire. C'est pour cette raison que ce livre comprend un dictionnaire.

Voici un rêve que m'a raconté Marie, une petite fille de 6 ans : *Ma mère en prison*.

> **1.** J'étais chez moi avec maman. Un policier est venu emmener ma mère pour la mettre en prison.

Il s'agit donc d'une petite histoire. Dans ce rêve, il y a trois personnes : Marie, sa mère et la police. Le policier est quelqu'un qui arrête les méchants pour les mettre en prison. C'est celui qui met de l'ordre quand ça ne va pas. Et il apparaît dans le rêve de Marie parce que ce n'est pas en ordre dans son cœur. S'il met la mère de Marie en prison, il va priver Marie de sa mère.

L'histoire peut vouloir dire deux choses différentes à Marie. Elle dit : *J'ai peur que la police m'enlève ma mère.* Ou bien : *Je souhaite que la police punisse ma mère parce qu'elle ne me laisse pas tranquille.*

Dans la première possibilité, Marie a peur de perdre sa mère, car elle serait alors abandonnée. Les enfants ont souvent peur d'être abandonnés parce qu'ils ne sont pas encore capables de vivre seuls comme de grandes personnes. Ils ont besoin qu'on s'occupe d'eux et qu'on les protège. C'est la première chose que le rêve peut vouloir dire à Marie.

Dans la deuxième possibilité, Marie trouve sa mère trop sévère. Elle désire donc parfois l'éloigner pour se sentir plus libre d'agir comme elle l'entend. Son rêve lui fait savoir qu'elle en veut à sa mère alors qu'elle n'ose pas se l'avouer clairement. En tant qu'enfant, Marie a besoin de sa mère. Mais elle aimerait parfois que sa mère la laisse tranquille, qu'elle ne l'oblige pas à faire des choses qu'elle n'aime pas, comme se laver, ranger sa chambre, aller se coucher de bonne heure, ne pas trop regarder la télé… L'enfant pense qu'il est capable de décider seul de tout ce qu'il veut faire, même s'il a encore besoin des parents pour le guider.

Seule Marie est capable de savoir ce que signifie son rêve. Elle doit se demander si elle ressent la peur d'être abandonnée ou le désir caché d'éloigner sa mère.

Si elle a peur de perdre sa mère, elle a besoin d'être rassurée. C'est à sa mère de le faire.

Si elle trouve la sévérité maternelle excessive, Marie a besoin d'établir avec sa mère les champs où elle peut agir à sa guise. La petite fille lance tout de même un appel à sa mère qui doit se demander si elle intervient trop auprès de sa fille. La mère peut examiner avec sa fille le bien-fondé du malaise que ressent Marie.

Le rêve est donc un message adressé à Marie. Il lui fait comprendre pourquoi elle ne se sent pas bien à l'intérieur d'elle-même. Avec sa mère, elle corrigera la situation, puis elle se sentira mieux.

La mère est souvent présente dans les rêves des enfants parce que l'enfant en a encore besoin et qu'il doit apprendre peu à peu à s'en passer.

Chapitre 3

COMMENT NOUS SOMMES FAITS

Pour en arriver à bien interpréter les rêves, on peut dire à l'enfant que l'être humain est composé de trois parties : le corps, l'esprit et l'âme. C'est une façon assez commune de penser, mais éclairante.

Le corps, l'enfant le connaît bien. C'est la partie qui grandit, qui a besoin de bouger, de se nourrir et de se reposer. C'est lui qui peut voir par les yeux, écouter par les oreilles, sentir par le nez, goûter par la bouche et toucher par la peau.

L'esprit, c'est ce qui peut penser en lui. Il est surtout logé dans le cerveau. C'est lui qui permet de comprendre, d'imaginer, d'inventer et de se souvenir… C'est l'esprit qui pose des questions et qui veut des réponses. L'esprit n'est pas comme le corps, on ne peut pas le voir.

L'âme donne la vie à notre corps. C'est elle qui éprouve des émotions et des sentiments. Elle peut donc aimer, détester, désirer, éprouver de la joie, de la peine, se mettre en colère… On ne peut pas la voir, mais on sait qu'elle est en nous. Quand elle se retire du corps, la personne meurt et l'âme continue d'exister dans son monde. Elle s'envole en emportant l'esprit avec elle.

J'ai dit que nous sommes faits de trois parties. Mais en réalité, on peut dire qu'il y en a une quatrième. Cette partie-là n'est pas ici sur la Terre. Comme l'esprit et l'âme, on ne peut pas la voir. C'est comme un autre soi-même. C'est une partie de notre être qui veille sur nous pour que nous nous développions le plus possible. C'est comme si notre esprit était séparé en deux, une partie sur la Terre et l'autre dans le cosmos. Un jour, nous serons réunis à cette partie pour toujours. Dans ce livre, nous allons l'appeler le Moi universel. Ce Moi cosmique nous guide surtout par les rêves. C'est lui qui nous envoie les rêves qui sont comme des énigmes. Nous devons donc tâcher de comprendre ces énigmes qui contiennent des messages. Nous sommes appelés à devenir aussi intelligents que notre Moi universel pour pouvoir nous unir à lui un jour. Nous avons donc deux centres : le moi terrestre et le moi non terrestre que nous allons appeler le Moi universel.

Chapitre 4

COMME UNE PLANTE

L'enfant peut très bien comprendre que nous sommes faits comme les plantes qui naissent, poussent, fleurissent, donnent des fruits, vieillissent et meurent. Notre corps naît, grandit, fait des enfants, vieillit et meurt. Un peu comme une plante. Mais notre âme est aussi comme une plante. Elle a besoin de grandir. Et elle grandit en devenant de plus en plus capable de se conduire toute seule. Quand on est jeune, notre âme est jeune. Comme le corps, notre âme a besoin de se nourrir. Elle se nourrit surtout d'amour et de toutes sortes de sentiments et d'expériences. Notre âme grandit aussi quand on développe nos talents. Par exemple, si on a une belle voix, que l'on aime chanter, on est incité à le faire parce qu'un talent a toujours tendance à s'exprimer et à se développer. Quand on ne développe pas nos talents, on devient malheureux. Et les rêves nous en avertissent.

Notre esprit a aussi besoin de grandir. Lui, il le fait avec les idées, les questions et les réponses. L'esprit a soif de savoir. Il est guidé par la curiosité. Il a besoin de comprendre. C'est beaucoup à cause de lui qu'on va à l'école et qu'on lit des livres. Parce que l'école et les livres nourrissent notre esprit.

Maintenant qu'on s'est entendu avec l'enfant sur la façon dont nous sommes faits, on peut commencer à parler des rêves.

Chapitre 5

LES IMAGES DES RÊVES

L a nuit, c'est l'âme qui rêve : elle reçoit des messages du Moi universel. L'âme a son propre langage, elle utilise des images et des histoires. Elle explique de cette manière ce qui ne va pas dans notre vie intérieure. Le rêve éveille l'enfant au fait qu'il a une vie intérieure. L'âme ne dit pas : *Fais attention à ceci et à cela.* Non. Elle emploie des images et fait une histoire avec ces images, comme dans un film.

Parfois, il est difficile de trouver ce qu'elle veut dire avec ses images. Pour vous aider à en trouver le sens, vous pouvez en chercher la signification dans la partie dictionnaire de ce livre.

Écrire ses rêves peut aider le rêveur à mieux les comprendre. Si l'enfant est trop jeune, vous pourriez consacrer un cahier à ses rêves.

Chapitre 6

LES GENRES DE RÊVES

Il y a sept genres de rêves : les rêves d'information, les rêves de compensation, les rêves d'avenir, les rêves d'initiation, les rêves de télépathie, les rêves de vol aérien et les rêves d'énergie.

Nous allons examiner chacune de ces catégories de rêves.

LES RÊVES D'INFORMATION

La plupart des rêves sont des rêves d'information. Ils nous informent sur notre vie intérieure qui recèle beaucoup de désirs et de peurs. Les rêves viennent nous dire ce qu'on désire et ce qu'on craint parce qu'on n'en est pas toujours conscient.

Nous allons examiner des rêves qui expriment des peurs. Vous allez peut-être reconnaître quelques-unes des peurs de votre enfant.

La peur de nos émotions

Robert a fait ce rêve à 8 ans : *Les voleurs.*

> **2.** Il y avait des **voleurs** dans la maison. Ils étaient deux, vêtus de noir et armés. (Ça avait l'air tellement vrai que quand je me suis levé, j'ai tout de suite vérifié s'il me manquait quelque chose.)

En rêve, les voleurs représentent ce qui nous vole de l'énergie. Et souvent, ce qui nous vole le plus d'énergie, ce sont nos propres émotions ou nos sentiments. Les voleurs, c'est inquiétant. Robert vit donc un sentiment d'inquiétude, d'insécurité. Le rêve vient le lui dire : *Robert, tu vis de l'inquiétude. Et ce n'est pas bon pour toi.* Ici, le rêve ne dit pas à Robert de quoi il s'inquiète. C'est à lui de le trouver.

La peur de vieillir

Jean-Marie a fait ce rêve à 10 ans : *Devenir un nain.*

> **3.** Je voulais devenir un **nain** juste une journée. Un jour que j'étais dans une forêt, un monstre m'a mordu et je me suis transformé en nain.

Pour devenir un adulte, il faut quitter l'enfance. Mais ce n'est jamais facile de quitter quelque chose. Jean-Marie aimerait devenir un nain, c'est-à-dire redevenir comme un petit enfant. Il voudrait retrouver l'état bienheureux de sa petite enfance. Mais son rêve lui indique que ce désir est monstrueux, comme le signale le monstre qui le mord. S'il retournait dans la forêt de son enfance, il risquerait de se perdre.

La peur des autres et la peur de la violence

Les rêves eprimant la peur des autres et de la violence sont fréquents. Maxence a fait ce rêve à 11 ans : *Massacre à coups de raquette de tennis.*

4. Ça se passait à l'école à trois heures moins le quart. Les élèves étaient paniqués car ils voyaient un homme avec une **raquette** de tennis dont le cordage était ensanglanté. L'homme se mit à donner des coups de raquette pour **assassiner** les élèves. Bientôt, il ne restait que 10 élèves et le professeur qui étaient encore vivants. On faisait le tour des classes et partout on voyait du sang sur le plancher. Pour nous sauver, nous avons cassé les vitres d'une fenêtre.

Les crimes qui ont été commis dans les écoles aux États-Unis ont créé chez Maxence la peur de la violence. Il en éprouve une tension nerveuse comme le lui indique la raquette de son rêve (le cordage d'une raquette était fait autrefois de nerfs tendus). Ça le dérange. Il devrait se faire aider et en parler avec un adulte. Son rêve essaie de le rassurer en lui montrant que, même si ces meurtres se produisaient, il ne serait pas parmi les victimes. Son rêve lui indique donc de se calmer et de retrouver sa confiance dans la vie et dans les autres. Soit dit en passant, un bon moyen pour qu'un enfant acquière de la confiance en soi est de devenir responsable d'un animal, particulièrement d'un chiot.

La peur de la mère

Yves a fait ce rêve à 10 ans : *L'ours dévoreur.*

5. J'étais en camping, je dormais et un **ours** est venu déchirer ma tente. Je suis parti en courant, mais je ne courais pas très vite. L'ours m'a donc rattrapé et il m'a dévoré.

Un ours dans un rêve d'enfant représente souvent l'influence négative de la mère. Le rêve indique à Yves que sa mère le domine et le couve trop et que ce n'est pas bon pour lui. C'est même dangereux, car il risque de ne jamais devenir un adulte. Il doit donc se détacher d'elle de plus en plus. Pour cela, il pourrait se faire aider par un autre adulte. Et sa mère pourrait modifier son attitude.

La peur du père

Jean-Pierre a fait ce rêve à 11 ans : *Je fuis un loup.*

> **6.** J'étais sur le lieu de travail de mon père. À un certain moment, je me suis rendu à l'arrière d'un camion et, tout à coup, le **loup** du Petit Chaperon rouge s'est mis à courir après moi pour me manger. Je me cachais, mais il me retrouvait toujours.

Un loup dans un rêve d'enfant représente souvent l'influence négative du père. Ce rêve indique à Jean-Pierre que son père le domine trop et que cela lui nuit. Il risque de se faire écraser par son père qu'il craint comme un loup. Jean-Pierre aura du mal à devenir un adulte s'il n'est pas aidé. Il devrait se confier à sa mère ou à une personne en qui il a confiance. L'adoption d'un chiot dont l'enfant serait responsable est ici encore tout indiquée.

Voici un autre exemple de la peur du père.

Roberta a fait ce rêve à 10 ans : *L'inondation.*

> **7.** J'étais chez moi et, quand mon **père** est rentré de son travail, il a stationné son auto et de l'**eau** s'est mise à couler dans la maison. C'était le soir très tard et tout le monde dormait, sauf moi. Je lisais. J'ai voulu aller aux toilettes et, quand j'ai mis les pieds par terre, l'eau m'arrivait aux chevilles. Je suis partie en courant pour réveiller mes parents et mes sœurs. Ensuite, je suis allée chercher mon oiseau et mon poisson. Finalement, j'ai appelé la police qui est venue tout de suite. À partir de ce jour-là, dans mon rêve, mon père a cessé de stationner son auto dans l'entrée.

L'eau dans les rêves peut signifier bien des choses, mais quand il y a inondation, elle indique qu'on risque d'être submergé par des sentiments trop importants. Tout n'est pas clair dans ce rêve de Roberta. Mais une chose est claire : la rêveuse a des problèmes dans sa relation avec son père. Elle craint sa présence. Elle devrait en parler avec une personne en qui elle a confiance. Ça l'aiderait à dominer son malaise. C'est ce que lui indique son rêve en faisant intervenir la police, c'est-à-dire une aide extérieure à la famille.

Clara a fait ce rêve à 11 ans : *Mon père perd son emploi.* Il s'agit encore de la peur du père.

> **8.** Parce que j'avais foncé dans une porte patio et cassé la vitre, mon père avait perdu son emploi, car il a dû quitter son emploi pour venir me voir à l'hôpital.

Clara a peur de déplaire à son père, elle craint de ne pas respecter ses interdictions et de faire une gaffe. Elle a peur de se blesser en ne se soumettant pas à son autorité. Elle se sent partagée entre le désir d'affirmer sa personnalité et la peur de déplaire à son père. Pourtant, il faudra bien un jour qu'elle dépasse les interdictions paternelles pour devenir une adulte. Cependant, son rêve lui montre qu'elle n'est pas encore prête à le faire sans se faire mal. Elle doit attendre d'être prête.

La peur des insectes

Martine a fait deux rêves d'insectes à 11 ans.

Premier rêve : *Un ver se transforme en deux araignées.*

> **9.** Je suis chez moi en train d'apprendre le **judo** à ma sœur, mais je lui dis qu'il faut qu'elle défasse le nœud d'un **ver** de terre. Elle le fait, mais après une ou deux minutes, ça ne l'intéresse plus et elle lance le ver qui retombe sur mon visage, alors que deux **araignées** sortent du ver. Je le dis à ma sœur qui ne me croit pas. Je le lui redis, mais elle persiste

à ne pas me croire. Presque aussitôt, elle s'aperçoit que c'est vrai. Alors, elle se met à crier sans arrêt.

Le judo suppose qu'on apprend à combattre. La sœur de Martine représente une partie cachée de Martine. En fait, Martine est en train de montrer à son âme à être courageuse en faisant face à un adversaire. Mais son rêve lui dit que ce qui lui fait peur surtout, c'est un ver. C'est là que se trouve le *nœud* de ses peurs véritables. Un ver peut représenter une peur qui ronge. Un ver est toujours dans quelque chose. Le ver qui ronge Martine lui indique que son véritable adversaire est à l'intérieur d'elle-même : c'est la peur.

La partie moins courageuse de Martine (sa sœur) n'est pas intéressée par cette peur. Elle pense s'en débarrasser en lançant le ver (la peur) dans la figure de Martine, c'est-à-dire que Martine, qui a le ver devant les yeux, devrait se rendre compte que c'est sa peur intérieure qu'elle devrait régler, et non sa peur extérieure. Mais comme elle n'en tient pas compte, elle enfonce cette peur dans son inconscient.

Mais une peur ainsi refoulée devient encore plus grande. Voilà pourquoi la peur (le ver) se change en deux araignées. Il faudra bien que Martine arrive à régler ses peurs intérieures. Quelles sont-elles donc ? Ce sont des insectes, c'est-à-dire ce qui tracasse et qu'on ne comprend pas. L'araignée peut représenter une domination trop forte de sa mère. C'est donc cette peur que Martine doit d'abord vaincre. Elle doit se détacher de plus en plus de l'influence de sa mère pour arriver à s'affirmer. Si elle fait vraiment du judo, ça va l'aider à s'affirmer. Elle pourrait aussi se faire aider par un adulte en qui elle a confiance.

Deuxième rêve : *L'énorme mouche.*

10. Je suis dans un immeuble rempli d'escaliers. Je me promène et, tout à coup, j'entends le bruit d'une **mouche** qui devient de plus en plus fort. Je me retourne et j'aperçois une énorme mouche qui veut me manger. Je cours, je cours

> sans trouver la sortie et je me retrouve soudain dans ma
> chambre devant la mouche.

Ce deuxième rêve d'insecte revêt à peu près le même sens que le premier rêve de Martine. Une mouche représente une peur qui tourmente. Si Martine ne règle pas cette peur, cette mouche-peur risque de grandir toujours plus. C'est clair que cette fois Martine manque de confiance en elle et qu'elle a besoin d'aide. Un psychologue pourrait l'aider à dominer cette peur envahissante.

Denis a fait ce rêve à 10 ans : *Le super-ténébrion écrasé.*

> **11.** Pendant à peu près une semaine, j'ai fait le même rêve.
> Chaque fois, il s'agit de ma fête et de la fois où on a parlé
> du **ténébrion**. J'étais dans ma classe et, je ne sais pas
> pourquoi, on était en train d'étudier un insecte vorace. À
> un certain moment, il s'est échappé et personne n'osait le
> prendre. Alors, on l'a écrasé.

Ténébrion veut dire *ami des ténèbres,* de l'obscurité. On dirait bien que Denis a peur du noir. Mais que représente le noir ? C'est l'inconnu, tout ce qui est nouveau, ou tout ce qu'on ne comprend pas, ou bien c'est la mort. Mais le rêve de Denis essaie de le rassurer en lui faisant écraser cette peur. C'est-à-dire qu'il tâche de dominer cette peur de la mort en la méprisant. Et il a plutôt raison de mépriser la mort, car il est rare qu'on meure à son âge. Quant à sa peur de l'inconnu, il doit se dire que l'inconnu réserve autant de belles surprises que de mauvaises. Et que, de toute façon, la vie, qui change toujours, nous place continuellement devant l'inconnu qui ne mange personne. Mais ce qui est aussi inconnu pour Denis, c'est l'influence trop grande de sa mère sur lui.

La peur des monstres

Un monstre peut représenter une trop forte influence de la mère. La mouche monstrueuse de Martine et le monstre ténébrion de Denis représentent une image négative de leur mère qui les domine trop. Ces deux enfants doivent peu à peu s'affirmer pour se détacher de leur mère. C'est la même chose pour Joseph, comme l'indique le rêve qui suit.

Joseph a fait ce rêve à 5 ans : *Les monstres attaquent.*

> **12.** J'ai fait un cauchemar terrible. Il y avait des yeux jaunes sous mon lit. Ils se sont montrés. C'étaient des **monstres**. Ils se sont mis à courir après moi, et je crois que je les ai semés. Puis ils sont arrivés devant moi. J'ai **fui,** ils m'ont suivi et m'ont attrapé. Ils voulaient créer un monstre gigantesque et invisible avec mon intelligence. Mais le supermonstre avait une faiblesse, le **soleil**. J'ai couru aussi vite que j'ai pu et j'ai réussi à m'enfuir. Je suis allé voir les personnes les plus fortes du monde, mais elles ne me croyaient pas. J'ai vu quelqu'un qui était assez fort et je lui ai demandé s'il voulait m'aider. Il a dit oui. Je suis allé chercher mes amis et eux aussi voulaient m'aider. Alors, nous sommes allés affronter les méchants. Tous ensemble, nous avons poussé sur le monstre gigantesque et nous avons réussi à le mettre au soleil. Il explosa en mille miettes.

Un monstre, c'est comme la peur incarnée. C'est quelque chose qu'on ne comprend pas et qui nous menace. Les monstres du rêve de Joseph veulent en créer un autre, mais cette fois-ci, gigantesque. Ça indique à Joseph que, s'il ne règle pas son problème de peur, il risque d'en avoir un encore plus grand. Heureusement, le rêve indique à Joseph comment se débarrasser de la peur monstrueuse. Il lui dit que son monstre peut être détruit s'il est au soleil. Le soleil représente ici la conscience. Le rêve dit donc à Joseph que s'il prend conscience de ce qui lui fait peur, il vaincra le monstre. Mais Joseph se fait aider par quelqu'un de fort et par ses amis. Le rêve indique ainsi à Joseph qu'il a besoin de l'aide d'un adulte pour vaincre ses peurs. Les amis qu'il rencontre dans le rêve désignent les forces prêtes à l'aider. Joseph a surtout peur du noir, puisque les monstres sont sous son lit. Il a donc les mêmes peurs que Denis avec son ténébrion. Il s'agit de la peur de l'inconnu et de la mort. Ce qu'il ne comprend pas et qui le menace est la domination de sa mère.

La peur de la mort des autres

Marguerite a fait ce rêve à 12 ans : *La mort de mon père.*

> **13.** J'étais couchée et mon père est sorti chercher un cigare dans sa voiture. Une auto qui allait à toute vitesse l'a frappé. Ma grand-mère, qui avait entendu le bruit de l'accident, est sortie voir ce qui se passait. C'est là qu'elle a découvert **mon père mort**. Elle est rentrée dans la maison et m'a appris la nouvelle. Je suis allée à l'hôpital avec ma grand-mère et mon père qui était mort. Je pleurais et mon père s'est réveillé. Il m'a dit : Ne pleure pas. Puis il s'est rendormi. Je me suis mise à pleurer encore plus fort. Il s'est réveillé encore une fois et il m'a répété de ne pas pleurer. Ensuite, c'est moi qui me suis réveillée. (Je suis allée demander à ma grand-mère si mon père était vivant. Elle m'a répondu que mon père était toujours vivant. J'étais si contente.)

Marguerite a peur de perdre son père. Mais son rêve signifie aussi autre chose. Pourquoi son père vient-il lui dire deux fois que ce n'est pas si grave ? C'est que, pour qu'un enfant devienne un adulte, il faut que meure l'influence des parents. Si cette influence est trop grande, un enfant ne parviendra pas à devenir un adulte. Les rêves où les parents meurent sont donc des rêves de libération. Il y a même des rêves où le rêveur tue son père ou sa mère. Ces rêves ont ce même sens de libération. Le rêve de Marguerite l'encourage donc à se détacher de son père, il lui dit qu'elle doit s'affirmer si elle veut devenir une adulte.

Pour progresser et devenir un adulte responsable de sa vie, l'enfant doit identifier ses peurs et les vaincre une par une. Pour y arriver, il doit d'abord les identifier et les comprendre. Les rêves sont là pour les lui indiquer. Mais il revient au rêveur de les comprendre. Quand l'enfant sait de quoi il s'agit, il peut faire face à ses peurs parce qu'elles nuisent à son développement. Une fois qu'une peur est vaincue, elle se transforme en énergie positive. Les peurs sont donc là pour nous faire devenir plus forts.

Jeanne a fait ce rêve à 10 ans : *Vélos accidentés.*

> **14.** Je me promenais à **vélo** avec mes voisins, mes parents et ma sœur. À un certain moment, nous sommes arrivés sur l'autoroute, car nous partions en voyage. J'étais la dernière très loin quand j'ai entendu un gros bang. C'était un **accident** : deux voitures s'étaient rentrées dedans. Et au milieu de ces voitures, il y avait les vélos. C'est à ce moment-là que je me suis réveillée.

Ce rêve dit à Jeanne qu'elle est bien entourée des gens qu'elle aime et qu'elle avance bien dans son développement. Mais il lui apprend qu'elle a peur de perdre ceux qui l'entourent. Elle souffre un peu d'angoisse à la pensée qu'un des siens peut mourir. Elle doit se libérer de cette peur qui lui vole de l'énergie. Elle y arrivera en faisant confiance à la vie.

Le manque de confiance en soi

Marina a fait ce rêve à 11 ans : *J'ai peur de ne pas pouvoir chanter.*

> **15.** J'étais dans un groupe de **chanteurs** qui s'appelait les Vengaboys. D'habitude, on s'amusait bien. Mais une fois, on se baignait dans la mer et, en revenant, je me suis fait frapper par un camion. Je me suis retrouvée à l'hôpital et le médecin a dit que ma famille était morte en apprenant la nouvelle de ma **mort**. Le médecin m'a dit que le camion

> m'avait transpercé un poumon. J'étais très inquiète, car
> deux jours plus tard, on avait un concert à donner.

Marina fait de l'angoisse parce qu'elle a peur de ne pas remplir son engagement avec son groupe. Ici, le rêve est très précis : il dit clairement à Marina pourquoi elle fait de l'angoisse. Il lui indique aussi qu'elle exagère, puisqu'elle s'imagine que toute sa famille va mourir parce qu'elle a un accident. Ce rêve conseille donc à Marina de se calmer. Elle doit avoir confiance en la vie. Mais peut-être aussi que Marina a tout simplement peur de ne pas être à la hauteur, qu'elle manque de confiance en elle. Ce n'est pourtant pas en s'énervant qu'elle va retrouver cette confiance. C'est comme si son rêve lui disait : *Du calme, Marina ! Fais des exercices de respiration relaxante et fais-toi confiance. Tout va bien aller.*

LES RÊVES DE COMPENSATION

On a beaucoup de désirs dans la vie. Et plusieurs ne se réalisent pas. Les rêves viennent compenser nos frustrations, nos insuccès et nos échecs. Ils nous consolent en nous indiquant que ce n'est jamais aussi grave que ce que nous pensons.

Jacques a fait ce rêve à 11 ans : *Toutes nos félicitations !*

> **16.** On organisait une partie de baseball et on s'est rendus au
> parc. C'était moi, le frappeur. J'ai frappé un long coup de cir-
> cuit. Tout le monde me **félicitait**. Ensuite, c'était au tour de
> l'équipe adverse de frapper et les joueurs furent retirés les
> uns après les autres. Mon équipe ne frappait que des coups
> sûrs, et c'était moi le prochain frappeur. Il y avait un joueur
> sur chacun des buts. J'ai alors frappé un autre circuit.

Voilà Jacques qui rêve d'être le meilleur. Il n'est pas certain que la réalité soit aussi reluisante. Jacques a besoin de croire en lui, il a besoin d'être admiré par les autres. Ça lui donne de la confiance en lui. C'est très bien.

Mais comme il n'en va pas de même dans la réalité, Jacques se reprend en rêve en devenant le meilleur pour compenser ses faiblesses. Il a besoin que ses parents le valorisent en misant sur ses qualités.

Rose a fait ce rêve à 10 ans : *Maître de Pokémon.*

> **17.** J'étais une dresseuse de Pokémon. Mon but était de devenir maître Pokémon. Il fallait que je batte huit dresseurs de chaque ville et que je reçoive des badges. Mon rival s'appelait Gary, le fils du professeur Oak, un expert en Pokémon. J'ai reçu mon premier Pokémon qui s'appelle Pikachu. J'avais capturé presque tous les 150 Pokémon avec mes Poké-balls. Mes ennemis étaient Jessie, James et Meourt de la Team Rocket. Ils voulaient capturer mon Pikachu, mais ils étaient toujours perdants. À la fin, je **deviens** maître Pokémon.

Ce rêve montre à Rose qu'elle a une grande ambition, celle de devenir la meilleure. Quand on rêve de devenir la meilleure, c'est qu'on ne l'est pas. Comme Jacques au baseball, Rose doit avoir ses faiblesses. Et le rêve compense les espoirs trop grands de Rose pour qu'elle garde confiance en elle. Comme Jacques, Rose a besoin de valorisation.

Alexandre a fait ce rêve à 10 ans : *Je suis champion.*

> **18.** J'étais en **motocross** et je participais à une **compétition** contre les meilleurs coureurs de motocross Valvoline de Montréal. Au premier tour, j'étais le dernier, mais au deuxième, j'étais en tête. Au troisième et dernier tour, j'essayais de garder la première place. Je voyais la ligne d'arrivée. J'ai accéléré et j'ai gagné la course.

Alexandre aussi veut être le premier. Il a besoin de rêver qu'il est le meilleur pour retrouver sa confiance en lui. Mais puisque dans la réalité ce n'est pas comme ça, il se donne un rêve pour compenser sa performance sans doute beaucoup plus modeste.

Ludovic a fait ces deux rêves à 10 ans.

Premier rêve : *Champion du monde.*

19. Je conduis une motocross et je suis le **champion** du monde.

Deuxième rêve : *Je suis riche.*

20. Je **gagne** à la loterie et j'ai une limousine, une grosse maison et une énorme piscine.

Voilà deux rêves de compensation pour consoler Ludovic qui n'est ni le champion du monde, ni le gagnant du gros lot. Mais ses rêves lui redonnent confiance en lui.

Mélanie a fait ce rêve à 11 ans : *Céline, mon idole.*

21. J'étais chez ma grand-mère, dans son cinq et demi. Dans mon rêve, il y avait les mêmes pièces que chez elle, mais c'était **plus grand** qu'un gymnase. **Céline Dion** était là en robe de mariée, plus haute qu'une maison. Ensuite, elle s'est rendue dans la salle de bain et elle avait une petite robe simple, blanche. La personne qui était dans la salle de bains ne ressemblait pas à Céline Dion, mais pourtant c'était bel et bien elle.

Mélanie, elle, rêve de grandeur. Elle s'identifie à son idole, Céline Dion, qui lui paraît aussi grande qu'une maison. Pour compenser sa vie ordinaire, Mélanie veut devenir une star. Son rêve lui montre qu'elle exagère l'importance de son idole qui, dans la réalité, est bien simple. Il invite Mélanie à revenir les pieds sur terre tout en lui disant que même simple, on peut être admirable. La grand-mère représente l'expérience, ce que la vie nous enseigne.

LES RÊVES D'AVENIR

Certains rêves viennent nous avertir ou nous dévoiler l'avenir.

Sabrina a fait ce rêve à 11 ans : *La mort de mon chien.*

> **22.** Mon nouveau **chien** Tobby était mort dans un accident. Une auto et un camion l'avaient écrasé. Ils étaient rentrés l'un dans l'autre de front et avaient écrasé Tobby. J'ai pleuré pendant 5 mois, 5 jours, 5 heures, 5 demi-heures, 5 minutes et 5 secondes.

Un chien en rêve, c'est un compagnon, c'est la liberté, c'est la sécurité affective. Voilà tout ce que Sabrina craint de perdre avec la mort de son chien, d'autant plus qu'elle a pu nommer son animal préféré d'après les films qui mettent en vedette l'attachant chien Tobby. La mort d'un chien parle également d'un deuil important. Le rêve annonce peut-être à Sabrina la perte d'un être cher.

Mais le chien représente aussi notre corps. Sabrina doit-elle craindre pour sa propre vie ? Je ne crois pas. Mais il y a un danger. Quand ce danger pourrait-il se présenter ? Il y a tellement d'insistance sur le chiffre 5 qu'il faut en tenir compte. Ce sera soit 5 mois après le rêve, soit 5 ans après, soit même 50 ans après. Car les nombres en rêve indiquent souvent des rythmes dans le temps. Sabrina devrait donc être très prudente dans ces moments-là. Mais comme on meurt rarement quand on est jeune, je pense que ce rêve annonce plutôt à Sabrina la perte d'un être cher. Ou bien Sabrina courra un danger, mais son chien prendra le mal sur lui et protégera sa maîtresse en mourant à sa place.

Tobby, le nom du chien, rappelle l'histoire de Tobie dans la Bible selon laquelle un jeune homme nommé Tobie guérit son père aveugle avec le fiel d'un poisson qu'il attrapa sur le conseil d'un ange. On peut d'autant plus rapprocher ce rêve de cette histoire que le Tobie de la Bible était accompagné de son chien. Voilà pourquoi le chien Tobby représente la guérison du corps et la protection pour Sabrina.

LES RÊVES D'INITIATION

Quand on s'apprête à passer une étape importante, certains rêves nous en avertissent, ce sont les rêves d'initiation. Vers l'âge de sept ans, quand arrive l'âge de raison, certains rêves préparent l'enfant à ce changement.

Voici le rêve que Régent faisait souvent quand il avait 7 ans : *Tout en blanc.*

> **23.** Je me joins à une dizaine de mes amis assis autour d'une table. Nous sommes tous habillés de blanc, des pieds à la tête. La table, la nappe, les chaises, les ustensiles, tout est blanc. Puis une femme, entièrement vêtue de blanc elle aussi, vient nous servir un gâteau blanc. Je ne sais pas ce qu'il y a autour de nous, mais chose certaine, tout est blanc comme sur un nuage.

Régent a fait un rêve d'un monde tout en blanc. Le blanc est la couleur de la page blanche, pas encore écrite. Son rêve lui dit : *Regarde comment tu vois la vie. Comme une page blanche où il n'y a encore rien d'écrit. Jusqu'ici, ta vie s'est déroulée comme sur un nuage. Mais maintenant que tu as sept ans, tu vas descendre de ton nuage, et ta vie va commencer à s'écrire. Tu ne dois pas t'imaginer que la vie est comme quelqu'un qui nous sert toujours du gâteau. Non, la vie comporte aussi des difficultés. Il faut t'attendre à des luttes, à des échecs et à des victoires. Maintenant que tu viens d'avoir sept ans, tu es capable de comprendre ça.*

Pourquoi Régent a-t-il fait ce rêve à sept ans ? C'est qu'à sept ans, l'enfant atteint l'âge de raison, c'est-à-dire qu'il commence à se servir davantage de sa raison. Il peut alors comprendre plus qu'avant.

À l'arrivée de l'adolescence, l'enfant fait des rêves de dragons, de héros et de trésors pour se préparer au grand changement qui viendra transformer son corps, son âme et son esprit.

Louise a fait ce rêve à 11 ans : *Un trésor.*

24. J'étais dans un endroit étrange. Il faisait **sombre**. Je m'étais aventurée dans un passage **secret** que j'avais découvert. Il y avait de l'**or**. Tout à coup, j'aperçois des fantômes et quelque chose de très bizarre. C'était un **coffre**. Je l'ouvre, je regarde et je me réveille. Je n'ai pas su ce qu'il y avait dans le coffre.

La vie va apprendre à Louise ce que contenait le coffre de son rêve. Il s'agit sans doute d'un trésor. Son rêve parle d'un secret, de l'or et d'un coffre aux trésors. Ces choses annoncent la venue de la sexualité qui se présente comme une nouvelle énergie à exploiter.

Yvette a fait ces deux rêves à 11 ans.

Premier rêve : *Je deviens une femme.*

25. Je me lavais et ce n'était pas de l'eau qui coulait, c'était du **sang**.

Deuxième rêve : *Une femme qui crie.*

26. Il y avait une tête de **femme** qui avait une balle de **laine** et elle criait très fort et moi, j'avais peur.

Le premier rêve annonce clairement à Yvette que ses menstruations vont bientôt commencer. La femme du second rêve peut indiquer à la fillette qu'elle est en train de devenir une vraie femme, mais il semble que ça l'affole. La balle de laine peut symboliser une serviette sanitaire.

Jean-Marc a fait ce rêve à 11 ans : *Une fille m'appelle.*

27. J'étais dans une ville où tout était noir. Je me promenais quand, tout à coup, j'ai vu de la lumière. Je suis entré dans la maison éclairée et j'ai vu une **fille**. Elle me dit : Viens ici m'aider. C'est alors que je me suis réveillé.

Ce rêve indique à Jean-Marc que l'adolescence l'invite à rencontrer les filles. Il n'ose pas encore faire les premiers pas. Mais il se sent attiré, puisqu'une fille l'appelle. Ce rêve invite aussi Jean-Marc à exprimer son petit côté féminin (*Viens ici m'aider*). Nous en reparlerons plus loin.

Pauline a fait ce rêve à 11 ans : *Morts et ressuscités.*

Pauline a fait un rêve qui l'initie à ce qui se passe après la mort.

28. C'était au temps de **Pâques**, et nous étions aux funérailles de toute ma famille. Il restait seulement moi, mon chien Pinotte, Julie ma cousine et sa chienne Puce. Mais le jour de Pâques, toute ma famille est **ressuscitée**. Nous étions tellement contents que nous en pleurions de joie. Quelques minutes plus tard, nous avons entendu une voix. C'était celle de mon grand-père qui est mort depuis deux ans. Il nous a dit : Si vous priez toutes les cinq minutes, dans deux jours tous les membres de ta famille reviendront. Nous l'avons fait, et ça a marché. Ensuite, nous avons vu arriver quelqu'un avec l'auto de mes grands-parents. C'était mon grand-père qui conduisait.

Pauline est invitée par son rêve à penser que la résurrection suit la mort. Son rêve lui dit qu'elle retrouvera ainsi tous les membres de sa famille, même son grand-père. Pour que cela se réalise, le rêve l'invite à prier, c'est-à-dire à entrer en relation avec Dieu qui transcende la vie et la mort.

LES RÊVES DE TÉLÉPATHIE

On connaît la télépathie. Quand on téléphone à un ami qui nous dit : *Justement, je pensais à toi et j'allais t'appeler.* Vous avez pensé l'un à l'autre en même temps sans vous le dire. Il existe des rêves qui mettent comme ça les gens en relation seulement par l'esprit. C'est comme s'ils communiquaient d'âme à âme. Le rêve télépathique se produit surtout entre deux personnes qui sont unies par des sentiments d'amour ou d'amitié.

Voici un rêve qui annonce à une mère que son fils de 11 ans va entrer dans l'adolescence et que sa sexualité va s'éveiller : *Le cheval rétif.*

29. Un **cheval** rétif menace mon garçon, s'en prend à lui et le tue.

Quand on monte un cheval, on a les cuisses de chaque côté du corps de l'animal. Un cheval cabré signifie ici la force entre les cuisses, c'est-à-dire la sexualité. La mère est avertie par ce rêve que la découverte de la sexualité va bouleverser son fils. Elle devra en tenir compte et ne plus le traiter en enfant. Si le rêve dit que son fils sera tué, c'est qu'il mourra à l'enfance pour passer à l'adolescence. Cette interprétation symbolique ne dispense pas la mère d'ouvrir l'œil au cas où le rêve annoncerait un réel danger physique.

LES RÊVES DE VOL AÉRIEN

Étienne a fait ce rêve à 10 ans : *Je volais.*

30. J'ai rêvé que je **volais**. Et je changeais de pays à chaque seconde. J'ai pu faire le tour du monde en une seule nuit.

Presque tout le monde expérimente le vol aérien en rêve. C'est une expérience qui procure une grande joie. Ces rêves de vol nous préparent à la liberté que notre âme connaîtra quand elle sera séparée de notre corps. Ils nous invitent à ne pas craindre la mort.

Ces rêves nous donnent aussi un sentiment de liberté, de libération de toutes les obligations de notre vie quotidienne. Et, en ce sens, ils peuvent nous indiquer également que nous n'avons peut-être pas assez les pieds sur terre parce que nous fuyons nos difficultés.

LES RÊVES D'ÉNERGIE

Pierre a fait ce rêve vers 11 ans : *La montagne creuse.*

> **31.** Je suis allé chez ma grand-mère, puis je me suis rendu sur la **montagne**. Il y avait un trou au milieu. Ensuite, j'étais au bord d'un trottoir et, de là, j'ai sauté en **parachute**. Il a fallu 10 heures pour arriver en bas. Après, on a parlé un peu.

Ce rêve invite Pierre à gravir une montagne, c'est-à-dire à s'élever pour rencontrer son Moi universel qui est tellement impressionnant qu'il donne des vertiges comme lorsqu'on se trouve devant un précipice. Mais Pierre peut le faire en toute sécurité, comme le lui indique le parachute.

Dans les rêves, le Moi universel est souvent représenté sous la forme d'une montagne, d'une grosse pierre, d'un grand arbre ou d'une sphère. Parfois, il se présente sous la forme d'un géant bienfaisant. Et chaque fois que le Moi universel se manifeste en rêve, on en retire une belle énergie. Le Moi universel se présente surtout dans les moments de trouble pour nous rappeler que nous ne sommes pas seuls.

Chapitre 7

LES CAUCHEMARS

Tout le monde fait des cauchemars de temps en temps. C'est une bonne chose, car les cauchemars permettent à des peurs enfouies dans l'inconscient de s'exprimer pour faire sortir la tension accumulée. Un cauchemar, c'est comme une soupape qui s'ouvrirait pour laisser sortir de la vapeur. Les cauchemars sont causés par le refoulement. Et le refoulement vient quand on s'efforce de garder à l'intérieur les peurs que l'on éprouve, mais que l'on n'exprime pas. Quand il y a trop de choses refoulées, il se produit comme un petit volcan qui est le cauchemar.

Un autre sentiment provoque les cauchemars, c'est la culpabilité. Si l'on se sent coupable, on se sent mal. Si ce sentiment de malaise demeure en nous, il s'exprime en cauchemars. Il importe que l'enfant fasse un examen de lui-même pour savoir s'il a raison de se sentir coupable comme nous en avons parlé auparavant.

Certains cauchemars ne laissent pas de souvenirs précis. Tout ce qu'on sait c'est qu'on a fait un cauchemar et qu'on était mal. D'autres laissent des images ou une histoire comme on l'a vu dans le rêve de Joseph (rêve n° 12). Il faut examiner ces images comme on examine celles de n'importe quel rêve pour tâcher de savoir pourquoi le rêveur faisait un cauchemar.

Pour éviter les cauchemars, on doit exprimer ses peurs et sa culpabilité. Pour ça, l'enfant peut les raconter à un adulte en qui il a confiance. Il peut aussi faire des peintures ou bien il peut écrire ses rêves. Ce n'est pas le moyen qui compte, c'est que l'enfant essaie d'exprimer ses cauchemars.

Chapitre 8

LES RÊVES DE NOTRE PARTIE FÉMININE OU MASCULINE

On vient au monde garçon ou fille. Mais on a tous une partie de l'autre sexe en soi. Quand on est un garçon, notre côté féminin a tendance à rester à l'intérieur de nous et inversement pour une fille. Donc, chaque garçon a un petit côté féminin et chaque fille a un petit côté masculin. La fille et le garçon doivent extérioriser ce côté caché sous peine d'éprouver un malaise, parce qu'ils refoulent une énergie qui veut sortir.

Comment un garçon peut-il exprimer ses côtés féminins ? Il le fait en démontrant des qualités que la fille manifeste naturellement, comme les sentiments, les émotions, l'intuition, l'amour, la patience, la compréhension, la tendresse, la délicatesse, la générosité, la douceur, l'amour de la nature, le respect de la vie… Ce qui manque surtout aux garçons, c'est d'exprimer régulièrement leurs sentiments et leurs émotions.

Comment une fille peut-elle extérioriser ses côtés masculins ? Elle le fait en exprimant des qualités que le garçon manifeste naturellement, comme la volonté, la décision, la raison, l'audace, la force de caractère, l'énergie,

l'initiative, le courage, l'honneur, la fierté, la clarté, le sens de l'organisation…
Ce qui manque surtout à la fille, c'est la décision. Et elle a également du mal
à mettre de côté ses sentiments pour juger clairement une situation.

Dans un rêve de garçon, une fille peut inviter le rêveur à exprimer son
petit côté féminin. C'est ce qu'on a vu dans le rêve de Jean-Marc (n° 27).
Dans un rêve de fille, un garçon peut inviter la rêveuse à exprimer son petit
côté masculin.

En exprimant les qualités d'âme de l'autre sexe, chacun deviendra un
humain complet et non pas seulement la moitié d'un humain. Comme ça, il
y aura beaucoup plus d'harmonie entre les hommes et les femmes.

Chapitre 9

LES RÊVES RÉCURRENTS

Il y a des rêves qui se répètent. Le rêve fait comme tout le monde, quand il n'a pas été compris, il répète. Ça veut dire qu'un rêve répété informe le rêveur qu'il doit absolument comprendre ce rêve parce qu'il s'agit d'un rêve important ou qu'il manifeste un blocage.

Les rêves où l'on fuit parce qu'on est poursuivi reviennent souvent. Si l'on fuit, on ne fait pas face. On évite de regarder en face ce qu'on devrait affronter et examiner. Et souvent dans le rêve, on court comme au ralenti. Ce ralenti nous montre justement que nous ne devrions pas fuir. Nous nous montrons impuissants à fuir vraiment. L'être qui nous poursuit représente souvent une peur. En regardant ce poursuivant, on apprend de quoi on a peur. C'est un méchant? Un loup? Un ours? Un voleur? Un monstre? Le dictionnaire qui suit peut nous indiquer ce qu'il signifie.

Comment cesser de faire ce genre de rêve? C'est simple. Il faut que l'enfant se dise, quand il est réveillé, que la prochaine fois qu'il va rêver à un poursuivant, il va lui faire face et lui demander son nom. Comme ça, il saura ce qu'il fuit. Et une fois qu'il le saura, il pourra mieux affronter ses difficultés. Et, vous verrez, ses rêves et même sa vie seront changés pour le mieux.

Car toutes les peurs doivent être dominées une par une pour que nous devenions plus forts.

Il existe d'autres rêves répétitifs, comme on l'a vu pour Denis et Régent qui ont fait le même rêve pendant une semaine (n°s 11 et 23). Si des rêves reviennent, c'est toujours pour qu'on les comprenne. Si l'enfant ne les comprend pas, qu'il demande à son Moi universel de changer l'histoire de son rêve. Son instance supérieure va lui raconter une autre histoire qui lui dira la même chose.

DICTIONNAIRE

L'astérisque (*) renvoie à un autre mot de ce dictionnaire.

A

Abandonné

Beaucoup d'enfants ont peur d'être abandonnés, délaissés par leurs parents, comme le petit Poucet que ses parents avaient conduit dans la forêt pour s'en débarrasser. ◆Si un enfant rêve qu'il est abandonné, ses parents doivent le rassurer. Ce rêve peut indiquer qu'il se sent isolé dans sa famille ou à l'école. Ce rêve peut également se produire si les parents se séparent ou si l'un des deux est mort. Il convient encore de rassurer l'enfant : le parent vivant va s'occuper de lui et celui qui est mort veille sur lui du haut du Ciel. De toute façon, aucun enfant n'est jamais vraiment abandonné : il y a toujours un adulte pour s'occuper de lui.

Abeille

L'abeille est un insecte domestiqué qui travaille fort pour fabriquer le miel. ◆Si l'enfant voit en rêve une ou des abeilles, son rêve lui parle des efforts qu'il fait, de son travail ou bien de la joie. ◆S'il se fait piquer, c'est qu'il doit accepter une épreuve qui vient à lui. ◆L'abeille vit dans une société organisée. Les abeilles du rêve peuvent donc lui parler des gens avec lesquels il vit, soit à l'école soit à la maison. Elles lui disent qu'il faut vivre en harmonie avec tout le monde. Les abeilles peuvent aussi lui demander comment il accepte l'autorité, car pour bien vivre en société, il faut respecter certaines règles. Les abeilles peuvent aussi lui demander s'il a assez de patience et de tolérance avec les autres.

Accident

1. Accident de véhicule. ◆Si le véhicule dans le rêve de l'enfant frappe un obstacle en avançant, ça veut dire qu'il ne fait pas ce qu'il faut pour se développer. Ou bien qu'il tâche de régler ses problèmes par la violence. ◆Si son véhicule frappe un obstacle en reculant, ça veut dire qu'au lieu de progresser, il régresse. ◆Si son véhicule frappe un obstacle de côté, ça veut dire qu'il ne développe pas ses vrais talents. ◆Si son véhicule en frappe un autre, ça veut dire qu'il montre de l'agressivité envers quelqu'un d'autre. ◆Si son véhicule est frappé par un autre véhicule, ça peut vouloir dire qu'il se sent coupable* de quelque chose. Ou bien qu'il provoque les autres. ◆Si son véhicule frappe une personne, ça veut dire qu'il fait du tort à un autre ou qu'il lui en veut. ◆Si son véhicule frappe un animal, ça veut dire qu'il doit faire attention, car son corps court un danger. ◆Si l'enfant est frappé par un véhicule, ça peut vouloir dire qu'il se sent coupable* ou que quelqu'un le menace. ◆Si l'enfant est blessé dans un accident, ça peut vouloir dire qu'il se sent blessé dans son âme*. (Le consoler et le valoriser.)

2. Accident impliquant un objet (comme une porte*, des skis*, un verre*…) et il en résulte une écorchure*, une fracture*… Voir la partie du corps accidentée.

Acné

Voir *Peau*.

Acrobate

Si l'enfant rêve d'un acrobate, ça peut signifier qu'il lui faut faire plus d'exercice physique. Ou peut-être qu'il cherche à retrouver son équilibre. Il doit alors mettre de l'ordre dans ses idées ou dans son cœur. Ou bien l'acrobate veut dire qu'il doit accepter de nouvelles choses. Ou peut-être encore qu'il doit faire des efforts.

Acteur, Actrice

Si un acteur ou une actrice est présent dans le rêve d'un enfant, ça veut peut-être dire qu'il n'est pas sincère, qu'il joue un rôle, qu'il n'est pas lui-même. Ou peut-être qu'il aimerait qu'on l'admire. Il faudrait pour ça qu'il fasse quelque chose de beau comme un dessin… Ou bien ça veut simplement dire qu'il rêve de devenir une vedette. Il manque peut-être de confiance* en lui. (Le valoriser dans les secteurs où il excelle.)

Adolescent, Adolescente

◆Si l'enfant est un garçon et qu'il y a un grand garçon dans son rêve, ça veut dire qu'il a hâte de devenir un adolescent. (Il doit être patient, il va y arriver.) Ou qu'il devient adolescent et qu'il doit s'attendre à des changements importants dans son corps. Sa voix va devenir plus grave et il va avoir des pertes séminales. L'enfant doit savoir ces choses avant qu'elles arrivent pour éviter de se sentir bouleversé quand elles vont se produire. ◆Si l'enfant est une fille et qu'il y a une grande fille dans son rêve, ça veut dire qu'elle a hâte de devenir une adolescente. (Elle doit être patiente, elle va y arriver.) Ou qu'elle est en train de devenir adolescente et qu'elle va avoir ses menstruations. Il faut lui en parler.

Adresse

Si l'enfant rêve de son adresse, ça veut dire qu'il doit essayer de mieux comprendre qui il est vraiment. Ou bien qu'il doit mieux se situer par rapport aux autres, qu'il ne doit pas craindre de prendre la place qui lui revient. Ça peut aussi vouloir dire qu'il se sent un peu perdu. En parler avec lui.

Adversaire

Si un enfant rêve qu'il a un adversaire, c'est qu'il a du mal à s'affirmer devant un autre. Ou bien qu'il doit faire face à une épreuve pour en sortir avec plus de force. Ou bien qu'il rejette ce qu'il n'aime pas en lui. Personne n'est parfait. ◆Si l'enfant est un garçon et que l'adversaire est un garçon, cet adversaire est fait de tout ce qu'il ne se permet pas d'exprimer, ou de tout ce qu'il n'a pas le temps de vivre, ou de tous les talents qu'il ne développe pas. ◆Si l'adversaire est une fille, ça veut dire qu'il n'exprime pas certains sentiments parce que ça lui paraît être des choses de filles, qu'il garde tout ça en lui, alors qu'il devrait exprimer ses sentiments pour se sentir mieux. ◆Si l'enfant est une fille et que l'adversaire est une fille, cette adversaire est faite de tout ce qu'elle ne se permet pas d'exprimer, ou de tout ce qu'elle n'a pas le temps de vivre, ou de tous les talents qu'elle ne développe pas. ◆Si l'adversaire est un garçon, ça veut dire qu'elle doit prendre une décision qu'elle retarde. Ou bien c'est qu'elle manque de volonté*.

Aigle

L'aigle est un oiseau grand et puissant : il marque une supériorité. ◆S'il vole haut dans le ciel, ça veut dire que l'enfant est invité à parler à Dieu plus souvent et qu'il va comprendre des choses nouvelles. ◆Si l'oiseau se pose, ça veut dire que le rêveur reçoit une visite de son Moi* universel. ◆Si l'oiseau s'envole, ça veut dire que les pensées de l'enfant vont vers Dieu ou bien qu'il y a quelqu'un que l'enfant connaît qui risque de mourir. ◆Si l'aigle se montre menaçant, ça veut dire que l'enfant se montre trop orgueilleux, ou bien qu'il cherche à dominer les autres. ◆Si l'aigle est blanc, ça veut dire que l'enfant est en contact avec le Ciel. ◆Si l'aigle a deux têtes, ça veut dire que l'enfant va comprendre de grandes choses. Ou bien ça veut dire qu'il est très ambitieux. Ou bien ça signifie qu'il se sent trop surveillé.

Aiguille

1. Aiguille à coudre. ◆Si l'enfant se sert d'une aiguille à coudre en rêve, ça veut dire qu'il va se réconcilier avec quelqu'un. ◆S'il se pique avec l'aiguille, ça veut dire qu'il a besoin d'être stimulé parce qu'il est trop nonchalant. Ou bien c'est parce qu'il est trop pointilleux. Ou bien encore c'est parce qu'il se sent nerveux. C'est peut-être parce que quelqu'un lui inflige de petites souffrances, des moqueries. En parler avec lui. ◆Si le rêveur a perdu une aiguille, c'est peut-être parce qu'il néglige de faire des tâches déplaisantes. ◆S'il la cherche, il se demande de faire l'impossible.

2. Aiguille à injection, voir *Piqûre*.

Aile

Les ailes parlent de vol*, de légèreté, d'oiseaux* ou d'anges*. Peut-être que l'aile du rêve annonce une libération ou une victoire. Elle parle aussi d'élans ou d'humeurs que sent l'enfant. La qualité et la couleur de l'aile indiquent la nature des humeurs, des élans qui le portent. ◆Si l'aile est coupée, brûlée ou en feu, ça veut dire qu'il demande l'impossible. ◆Rêver d'avoir des ailes, c'est être enthousiaste, heureux. Voir *Vol aérien*.

Aine

Les aines sont les régions internes du haut des cuisses. Si l'enfant rêve de ses aines, il se sent fragile. Il faut lui dire de se protéger. Les aines ont aussi un rapport avec la sexualité. Peut-être que quelqu'un entre dans son intimité. (En parler avec lui.)

Aisselle

L'aisselle est la cavité sous la jonction du bras et de l'épaule. C'est une zone intime où l'on ressent souvent un chatouillement quand quelqu'un nous touche là. Si l'enfant en rêve, ça peut vouloir attirer son attention sur sa capacité de rire, de s'amuser. Ça peut aussi symboliser sa susceptibilité à se fâcher pour rien. Ça peut également faire référence à quelqu'un qui entre dans son intimité et qu'il n'aime pas ça. (En parler avec lui.)

Album

Si l'enfant a rêvé d'un album de photos, ça veut peut-être dire qu'il doit mettre de l'ordre dans ses souvenirs. ◆Si c'est un album à colorier, ça veut peut-être dire qu'il pourrait dessiner ou faire des peintures plus souvent. ◆Si c'est un recueil d'illustrations, voir *Bandes dessinées*.

Algue

Les algues, dans les rêves, évoquent la souplesse de caractère. Ça symbolise aussi la qualité de l'alimentation. Ça peut aussi indiquer que l'enfant ne s'exprime pas assez et qu'il garde trop à l'intérieur les choses qui le touchent. L'inviter à en parler à quelqu'un.

Aliment

Si l'enfant a rêvé d'aliments, c'est que son rêve fait référence à la nourriture*. Est-ce qu'il mange bien? Ça peut aussi symboliser une nourriture pour son esprit* ou pour son âme*.

Alligator

Voir *Crocodile*.

Allumette

Les allumettes d'un rêve peuvent évoquer les amourettes. Le cœur de l'enfant s'est peut-être enflammé pour quelqu'un qu'il aime. Ça peut aussi faire référence à une idée qui germe en lui. Ça peut également symboliser une chose interdite, à caractère sexuel ou un risque.

Alphabet

Un enfant qui rêve de lettres et d'alphabet peut se demander si ça va bien dans ses études. Il peut aussi se demander s'il lit assez. Ou bien s'il a de l'ordre.

Ambulance

L'ambulance en rêve parle de maladie* ou d'accident*. Peut-être que l'enfant a un besoin urgent à combler. ◆Si c'est lui qui est dans l'ambulance, c'est qu'il a besoin de soigner sa santé. ◆Si c'est quelqu'un d'autre qui est dans l'ambulance, l'enfant n'a pas à s'inquiéter pour sa santé. Mais il peut se demander s'il n'est pas blessé dans ses sentiments. (En parler avec lui.) L'enfant a peut-être peur d'être abandonné*.

Âme

Pour qu'il se retrouve, il est bon de convenir avec l'enfant que nous sommes faits de trois parties : le corps, l'âme et l'esprit. L'âme, c'est elle qui donne vie à notre corps. C'est elle qui éprouve des émotions et des sentiments. Elle peut donc aimer, détester, désirer, éprouver de la joie, de la peine, avoir peur, se mettre en colère… On ne peut pas la voir, mais on sait qu'elle est en nous. Quand elle se retire du corps, la personne meurt et l'âme continue d'exister dans son monde. Elle s'envole en emportant l'esprit avec elle. Comme le corps, elle a besoin de se nourrir. Elle se nourrit des beaux sentiments comme l'amour, la joie, le courage, des aspirations à tout ce qui peut la faire grandir. Elle a besoin de Dieu. Voilà pourquoi elle tient au fait que l'enfant parle à Dieu pour la mettre en contact avec lui. ◆Notre âme a quatre grands désirs : 1. Elle veut *être-plus,* c'est-à-dire toujours grandir. 2. Elle veut *être-mieux,* c'est-à-dire qu'elle cherche un bonheur de plus en plus grand. 3. Elle veut *être-avec,* c'est-à-dire qu'elle aime les autres et qu'elle en a besoin. 4. Elle veut *être-toujours,* c'est-à-dire qu'elle veut vivre éternellement, même quand le corps sera mort. ◆Une des façons de faire grandir son âme consiste à contrôler ses mauvaises tendances. Une autre façon, c'est qu'elle domine toutes ses peurs* en les affrontant l'une après l'autre (voir *Fuite*).

Ami

◆Si l'enfant est un garçon, un ami qu'il voit en rêve peut représenter un véritable ami dans la réalité. Ça peut faire référence à sa relation avec cet ami : comment ça va avec son ami, ce qu'il peut faire pour lui. Ça peut aussi désigner tout ce que l'enfant n'exprime pas à l'extérieur et qui veut sortir. ◆Si l'enfant est une fille, l'ami du rêve peut représenter un véritable ami en réalité. Ou bien il lui demande d'exprimer son petit côté masculin : elle peut le faire en se servant plus de sa raison, de son corps ou en se montrant plus décidée, plus volontaire.

Amie

◆Si l'enfant est une fille, une amie qu'elle voit en rêve peut évoquer son amie dans la réalité. Elle peut se demander comment ça va avec son amie. Elle peut aussi se demander ce qu'elle peut faire pour elle. Ça peut également désigner tout ce que l'enfant n'exprime pas à l'extérieur et qui veut sortir. ◆Si l'enfant est un garçon, l'amie du rêve peut symboliser son amie en réalité. Ou bien elle lui demande d'exprimer son petit côté féminin : il peut le faire en faisant preuve de tendresse, d'amour de la nature, d'amabilité, de délicatesse… Ça signifie aussi qu'il peut se demander s'il se sert assez de ses sentiments pour conduire sa vie.

Ampoule

Une ampoule ou une cloque sur la peau en rêve indique que l'enfant en demande trop à son corps. Ou bien qu'il endure trop longtemps des situations pénibles. Ou encore qu'il commet un abus : la partie du corps qui porte l'ampoule le renseigne sur le sens de cet abus.

Ampoule électrique

En rêve, une ampoule grillée signifie que l'enfant a besoin de faire de la lumière dans tel secteur psychologique de sa vie, indiqué par la pièce où l'ampoule est brûlée. Voir *Maison*. ◆Si l'enfant la remplace, il va opérer une prise de conscience. ◆Si elle est cassée, c'est qu'il ressent une tension* excessive ou de l'agressivité. ◆Si elle émet beaucoup de luminosité, ça veut dire qu'il éprouve un surcroît d'énergie. Il faut alors employer cette énergie en agissant ou en rendant service. ◆Si l'enfant en achète une, il éprouve le besoin de prendre conscience de quelque chose.

Amputation

Si l'enfant rêve qu'une partie de son corps est amputée, c'est qu'il a une partie de son âme* amputée : le sens de la partie du corps indique la partie de son âme amputée. Voir *Main*, *Pied*... Ça peut aussi vouloir dire que les parents du rêveur sont trop sévères. Ça peut aussi vouloir dire que l'enfant refuse de devenir adulte. Ou bien peut-être qu'il éprouve un sentiment d'infériorité ou de culpabilité*. Peut-être également sent-il le besoin de supprimer certaines attitudes. ◆Si l'enfant est victime dans son rêve de multiples amputations, il se sent alors partagé, fragmenté. Prendre conseil. Ça peut vouloir dire qu'il refoule trop ses instincts*, voir *Refoulement*.

Amygdales

Les amygdales sont les sentinelles des infections. Si l'enfant en rêve, il éprouve le besoin de combattre, de tenir bon. Ou bien ça signifie qu'il est nécessaire de se protéger. Voir *Gorge*. ◆Si l'enfant a une amygdalite en rêve ou en réalité, il est devant quelque chose de difficile à accepter. Ça peut aussi vouloir dire qu'il doit mieux surveiller ses paroles et ses jugements. Ça peut enfin indiquer que quelque chose l'angoisse : une situation ou une personne qu'il craint.

Ancien

Les personnes anciennes dans un rêve évoquent l'expérience, la tradition, la sagesse et l'autorité. Elles peuvent aussi faire référence au fait que l'enfant s'attache trop à quelque chose de dépassé, de mal adapté au présent. Ça peut l'inviter à trouver une solution nouvelle. Voir *Vieillard, Antiquités*.

Âne

L'âne du rêve peut parler à l'enfant de son corps. ◆Si l'âne est malade, l'enfant ne s'occupe pas bien de son corps. ◆L'âne peut aussi parler d'entêtement, de discrétion, d'endurance, de travail pénible, d'humilité, de simplicité, de patience, de ténacité, d'ignorance, de découragement, de passivité, de stupidité, de bêtise ou d'un manque de perspective. ◆Si l'âne est sauvage et rétif, ça peut vouloir dire que l'enfant écoute trop ses mauvaises humeurs. ◆S'il est blanc, l'enfant domine bien ses instincts*. ◆S'il est rouge, les instincts* sont mal dominés. ◆L'ânesse parle d'humilité, de connaissance ou de patience. ◆Un ânon parle d'humiliation, de grande simplicité, de naïveté, d'innocence ou de douceur.

Ange

L'ange est un esprit non incarné, au service de Dieu. Un ange peut être messager, gardien, responsable des astres, des lois naturelles ; l'ange est chargé de toute mission utile. Un ange en rêve peut faire référence aux relations de l'enfant avec Dieu. Il peut représenter son Moi* universel. Les anges en rêve peuvent signifier protection, aide supérieure, message divin positif, inspiration, douceur, élévation, dépassement. ◆Un mauvais ange peut représenter un mauvais conseiller, une tentation, une mauvaise conscience, une mauvaise action.

Angoisse

Éprouver de l'angoisse, c'est ressentir une grande crainte imprécise. En rêve, l'angoisse peut annoncer un certain danger, une tension* causée par une peur sans objet précis. Il faut alors identifier la cause de la peur pour y faire face, au moins en rêve. L'angoisse peut aussi faire référence à certaines peurs comme la peur d'être abandonné*, la peur de la mort*, de l'inconnu, des monstres*. Voir *Peur, Fuite, Poursuite*.

Animal

L'animal a une vie spontanée, naturelle, innocente et libre. Tout animal en rêve parle de l'animalité de l'enfant, de ses tendances, de ses pulsions corporelles et de son corps comme base de son énergie vitale, de sa nature vraie et de ses aspirations. ◆Si l'enfant fait la rencontre d'un animal menaçant, c'est qu'il refoule une énergie qu'il faudrait vivre (voir *Peur*). ◆Si un animal attaque l'enfant, c'est qu'il néglige son corps (voir *Mordre*). ◆Si l'enfant fait la rencontre d'un animal amical, c'est qu'il s'occupe bien de son corps et qu'il se développe bien. ◆S'il rencontre un animal sauvage, c'est qu'il se laisse trop aller à ses instincts* animaux comme la paresse, la gourmandise, la colère… ◆S'il s'agit d'un animal domestique, ça veut dire que ses instincts* sont bien ou mal intégrés selon la conduite de l'animal. ◆Si l'enfant adopte un animal en rêve, il a besoin de tendresse, de compagnie. Ou il a besoin de prendre confiance en lui. Ou bien il a besoin de commander. ◆Le petit d'un animal en rêve parle de douceur, de gentillesse, de charme, de fragilité, du besoin de jouer, du besoin d'apprendre ou du besoin d'être protégé. ◆L'animal représente souvent aussi une aspiration à vivre : la nature de cette aspiration est indiquée par la qualité que nous prêtons habituellement à cet animal ; pour le chien*, c'est la fidélité, l'amitié ; pour l'éléphant*, c'est la sagesse ; pour le renard*, c'est la finesse…

Anneau

Un anneau en rêve symbolise un lien, une alliance entre deux personnes. Il peut aussi symboliser un besoin de protection, d'union amoureuse, de puissance surnaturelle, d'union des oppositions* ou du Moi* universel. ◆Porter un anneau en bijou traduit un besoin de sécurité, de fidélité. ◆Le perdre indique la perte d'une protection, d'une union. Ça évoque aussi une rupture.

◆Le détériorer indique un accroc à la fidélité ou une remise en question d'une union. ◆Trouver un anneau indique qu'on ne doit pas trop opposer certaines idées, certaines attitudes (voir *Oppositions*). Ça évoque aussi le fait que l'enfant a besoin de ne plus se disperser comme il le fait : il s'occupe de trop de choses à la fois.

Anniversaire

En rêve, l'anniversaire évoque l'âge, la fête, les cadeaux, le plaisir et les amis. Rêver de son anniversaire peut aussi symboliser pour l'enfant son individualité, une valorisation personnelle, un nouveau départ ou une nouvelle prise de conscience.

Annulaire

L'annulaire est le doigt de l'anneau*, des arts, des associations, des liens, des engagements, de la partie complémentaire féminine ou masculine. ◆Si l'enfant a mal à l'annulaire droit, il peut avoir annulé quelque chose à tort. Ou peut-être qu'il va conclure une mauvaise association. Ou bien l'union amoureuse en vue serait peut-être mauvaise pour lui. Ça peut vouloir dire qu'il s'engage de travers dans l'expression de ses dons artistiques. ◆Si l'enfant est une fille : elle affirme ses côtés masculins de façon exagérée ou inharmonieuse. ◆Si l'enfant est un garçon, peut-être qu'il affirme ses côtés féminins de façon exagérée ou inharmonieuse. ◆S'il a mal à l'annulaire gauche, c'est qu'il doit annuler quelque chose et qu'il néglige de le faire. Ou qu'il tarde à s'associer, alors qu'il gagnerait à le faire. Peut-être qu'il devrait s'engager amoureusement. Ou qu'il devrait expérimenter ses dons artistiques. Ou qu'il se fait du tort en n'exprimant pas son aspect complémentaire féminin ou masculin. ◆Si l'annulaire de l'enfant est pelé, ça signifie qu'il fait peau neuve : il vient de changer d'attitude pour le mieux quant à l'un ou l'autre des points précédents.

Antiquités

Les antiquités parlent d'oubli, du goût du passé, de souvenirs, d'un retour en arrière. Ça peut aussi inviter l'enfant à prendre du recul pour mieux juger les choses. Ça peut signifier qu'il s'attache trop au passé. Ça peut aussi signifier qu'il refoule une chose qui date de l'enfance et qu'il aurait avantage à l'exprimer. Ça peut enfin lui parler d'un héritage à venir.

Anxiété

Si l'enfant ressent de l'anxiété, c'est qu'il craint quelque chose de négatif. Ça peut aussi signaler chez lui une fatigue nerveuse. Essayer d'identifier la cause de son anxiété. L'anxiété peut aussi venir d'un manque de décision. Elle peut enfin indiquer qu'un grand changement se prépare. Voir *Angoisse*.

Appareil photo

Un appareil photo vu en rêve évoque les souvenirs. ◆Si l'enfant s'en sert, c'est une invitation à se donner un but, à trouver son point de vue personnel ou à faire un bon choix. ◆Si l'enfant l'a perdu en rêve, ça peut vouloir dire qu'il ne tient pas aux souvenirs ou qu'il a perdu ses buts* de vue. ◆Si l'enfant se l'est fait voler, c'est que les émotions lui volent trop d'énergie. Ou bien qu'il doit se débarrasser de points de vue dépassés. Ou bien qu'il doit cesser de reculer au lieu de progresser. ◆Si l'appareil est cassé, c'est que quelque chose change chez l'enfant. Ou qu'il a besoin de se fixer des objectifs, des buts.

Applaudissements

Un enfant que l'on applaudit en rêve a besoin de remporter un succès ou a besoin qu'on l'admire pour augmenter sa confiance en lui. Peut-être qu'il a eu un échec et que son rêve est le signe que ce n'est pas si grave que ça. Ou bien peut-être qu'il se sent trop seul. (En parler avec lui.)

Aquarium

En rêve, un aquarium peut symboliser pour l'enfant son intimité, sa vie émotive trop limitée. Son âme* peut sentir le besoin de boire spirituellement. ◆Si l'aquarium contient de l'eau sale ou des eaux mortes, ça indique que l'enfant est trop fermé. Ou qu'il est prisonnier d'habitudes, d'une routine. Ce rêve indique qu'il devrait se secouer pour se sortir de ses problèmes. ◆Si l'aquarium est vide ou sans poissons, ça signifie que la vie émotive de l'enfant est inexistante ou étouffée. (En parler avec lui.) ◆S'il y a un poisson mort, c'est que l'enfant refoule ses sentiments alors qu'il devrait les exprimer (voir *Refoulement*).

Arachide

L'arachide est une gousse bosselée contenant deux ou trois graines. En rêve, elle fait référence à une réserve d'énergie cachée ou à un retour à la simplicité. Elle peut aussi symboliser un détail, mais certains détails peuvent s'avérer essentiels dans certaines circonstances. Elle peut inviter le rêveur à mordre dans la vie, à être plus actif.

Araignée

L'araignée est une petite bête à venin. Elle peut représenter l'agressivité, la peur, la culpabilité (voir *Coupable*). Sa toile évoque la finesse, le vertige, le piège ou la recherche d'équilibre. L'araignée peut aussi évoquer une répulsion, un danger, une menace, un tracas. Elle peut aussi symboliser le besoin de bien s'organiser. Elle peut indiquer que la mère de l'enfant se montre étouffante. ◆Une araignée noire symbolise la peur*, la répulsion. Peut-être que l'enfant a une très mauvaise attitude à corriger. ◆Une araignée blanche ou dorée est plus positive. Ça signifie que l'enfant est d'accord avec sa vie actuelle. C'est aussi une invitation à se centrer, à trouver le sens de sa vie. ◆En tuer une indique à l'enfant qu'il ne doit pas se laisser faire. Elle l'invite à dominer une peur* ou à se libérer de tracas. ◆En être piqué signifie que quelque chose empoisonne la vie de l'enfant. (L'inviter à réagir.) Voir *Piqûre*. ◆Si elle marche sur le rêveur, c'est que son Moi* universel compte sur lui pour bien se développer. ◆Voir une araignée au plafond signifie avoir une idée folle, manifester un brin de folie ou avoir une attitude mentale négative. ◆Foncer tête première dans une toile d'araignée, c'est donner dans un piège ou dans la confusion. Ou bien avoir un problème à résoudre.

Arbre

L'arbre est une super plante. Il représente l'individu en développement. Il est plus grand et plus durable que l'homme, comme la vie, le destin et le

Moi* universel qui dépassent l'individu. Ses racines invitent l'enfant à garder les pieds sur terre. Son tronc évoque l'élévation de l'âme* et de l'esprit*. Ses branches symbolisent son développement. Ses feuilles qui se nourrissent de lumière invitent l'enfant à devenir plus conscient. Ses fleurs l'invitent à exprimer ses sentiments. Ses fruits l'invitent à réaliser, à créer des choses. L'arbre est un excellent exemple de l'homme *qui se tient debout* et qui se développe en faisant l'union entre la partie inconsciente et la partie consciente. ◆En général, il représente l'humain en tant que lien entre le ciel et la terre, l'humain dans sa relation avec ce qui le dépasse. ◆L'arbre en rêve indique souvent l'état de notre être intérieur. L'état de l'arbre donne des indications sur la relation de l'enfant avec le ciel, avec son Moi* universel. ◆Selon les saisons : un arbre en hiver indique une période de repos. Un arbre au printemps parle de renouveau, de grande vitalité. Un arbre en été dit que l'enfant connaît une période d'épanouissement, de bonheur. Un arbre en automne évoque la plénitude, la fin d'une période de succès. ◆Un petit arbre désigne un enfant. ◆Un grand arbre désigne l'un des parents de l'enfant ou son Moi* universel. ◆Un arbre malade ou abattu indique à l'enfant que quelque chose ne va pas entre lui et son Moi* universel. (Essayer de trouver.) ◆Si l'enfant rêve de plusieurs arbres abattus, il éprouve le besoin de voir clair dans une situation embrouillée. ◆S'il rêve d'un vieil arbre, ça fait référence à quelqu'un de sage autour de lui. ◆Un arbre mort peut indiquer la mort de quelqu'un, ou celle d'une aspiration. ◆Un arbre sous lequel le rêveur se réfugie fait référence à son besoin de protection. (En parler avec lui.) ◆Planter un arbre, c'est marquer un moment important. ◆Un arbre renversé qui a les racines en l'air fait référence au besoin de l'enfant de parler à Dieu. ◆Un arbre creux fait référence à la vie intérieure, au renouvellement.

Arbre de Noël

C'est un arbre (souvent un sapin*) décoré de lumières et d'autres objets brillants à l'occasion de Noël*. Ça fait référence à la joie et à la renaissance. C'est la venue sur terre de quelque chose de divin.

Arc

Cette arme évoque la chasse, la tension*, l'éveil, le but visé, la précision. Voir *Flèche*.

Arcades

Voir *Salle de jeux électroniques.*

Arc-en-ciel

C'est la courbe descendante de sept couleurs*, manifestée dans le ciel, après un orage. L'arc-en-ciel fait référence au pont qui relie le ciel et la terre, à la présence divine, à l'alliance de l'enfant avec le Ciel, avec son Moi* universel. L'arc-en-ciel fait référence à la paix et à la délivrance. Il peut lui annoncer une victoire sur ses difficultés.

Argent

1. Le métal brillant. Il fait référence au commerce, à la communication, à la parole. ◆L'argent brillant est le signe extérieur de la richesse. ◆L'argent terni peut faire référence à un problème avec les os* ou il peut signifier une mauvaise santé.

2. La monnaie. L'argent en pièces de monnaie ou en billets de banque fait référence au commerce, à l'achat, à la puissance matérielle ou sociale. L'argent, en général, c'est de l'énergie. ◆En perdre signifie donc perte d'énergie. ◆S'en faire voler, c'est se faire voler de l'énergie. ◆En trouver, c'est trouver de l'énergie. ◆En trouver dans la terre, c'est trouver de l'énergie ou du profit par le travail. ◆De la monnaie étrangère indique une relation avec des étrangers ou avec son Moi* universel. ◆De la monnaie ancienne peut parler d'anciens amis. ◆Les pièces de monnaie parlent de la sexualité utilisée.

Arme

Une arme sert à attaquer ou à se défendre. Elle fait référence à l'agressivité, à l'ennemi, à la menace, à la peur ou au courage. Elle est souvent le symbole de puissance sexuelle ou de puissance tout court. Voir *Canif, Pistolet.*

Armée

L'armée est synonyme de guerre, soit pour se défendre, soit pour attaquer. Elle fait donc référence à la guerre*, à la défense, à l'attaque, à la stratégie, à un ennemi à vaincre, à des alliés, à une lutte, à une grande tension*, à la peur ou à une victoire à remporter. Elle symbolise aussi les énergies dont on se sert.

Armoire

Ce meuble protège et conserve. Il évoque les énergies que le rêveur a en réserve. ◆Une armoire vide indique que son esprit* ou son estomac est vide. ◆Une armoire désordonnée signifie que son esprit est confus ou surchargé. Peut-être qu'il manque de discipline. ◆Une armoire remplie peut signifier que la mémoire de l'enfant est bien remplie de connaissances.

Arrestation

L'arrestation en rêve évoque la privation de liberté, l'arrêt, la déception, la mauvaise conscience ou un sentiment de culpabilité (voir *Coupable*).

Articulation

Une articulation ou une jointure représente l'action, le mouvement, le travail, le lien, la relation ou la communication. ◆Avoir mal aux jointures de la main droite indique à l'enfant qu'il a le tort de ne pas établir de lien entre deux choses. Ou bien qu'il manque de souplesse de caractère. ◆Une douleur aux jointures de la main gauche indique qu'il est trop mou ou trop bon : il se laisse faire. Ou bien qu'il relie deux choses qui n'ont pas de lien entre elles. ◆Une douleur à une jointure d'une main doit être interprétée selon le doigt concerné, voir *Pouce, Index, Majeur, Annulaire, Auriculaire*.

Artiste

Si l'enfant rêve d'un artiste, peut-être qu'il est sensible à ce que fait cet artiste. Peut-être que c'est pour l'inviter lui aussi à faire de belles choses. Ça peut l'inviter à développer ses talents. Ça peut également vouloir dire qu'il écoute trop ses caprices. Voir *Acteur*.

As

Un as, c'est un champion* dans un domaine quelconque. Peut-être que le rêve encourage l'enfant à remporter une victoire. Ou bien l'as est peut-être le symbole qu'il ne doit pas être trop ambitieux. Il se peut très bien que l'enfant ait besoin d'être valorisé pour avoir davantage confiance en lui. Voir *Carte*.

Ascenseur

Cet appareil électrique dispense de faire les efforts de monter. Voir *Étage, Escalier, Échelle, Monter.* ◆Un ascenseur qui monte, en rêve, peut indiquer à l'enfant qu'il a de la chance : il a obtenu quelque chose sans efforts. Ça peut aussi indiquer la venue d'un ancien souvenir à examiner. ◆Un ascenseur qui descend lui indique qu'il va être libéré de quelque chose. ◆Un ascenseur qui tombe peut vouloir dire qu'il a peur de perdre une aide sur laquelle il comptait. ◆Un ascenseur bloqué peut indiquer que quelque chose bloque son énergie, ou qu'il a un effort à faire, ou qu'il se sent prisonnier. (En parler avec lui.) ◆Un ascenseur qui ne s'ouvre pas peut indiquer qu'il ne comprend pas quelque chose ou qu'il veut aller trop vite. ◆Un ascenseur qui n'arrive pas signifie qu'il doit faire ses propres efforts pour *s'élever*. Ou bien qu'il doit encore patienter pour obtenir le changement qu'il espère. ◆Un ascenseur qui ne s'arrête pas au bon étage signifie que les choses ne vont pas se dérouler comme prévu.

Aspirateur

En rêve, un aspirateur indique à l'enfant qu'il doit mettre de l'ordre dans ses désirs et dans ses buts*. ◆Un aspirateur cassé indique qu'il est trop tendu (voir *Tension*). Il doit apprendre à mieux se détendre, en prenant, par exemple, de grandes inspirations.

Assiette

Une assiette en rêve peut inviter l'enfant à mieux manger ou à faire plus d'exercice. Elle peut lui conseiller de ne pas trop écouter sa mauvaise humeur. Elle peut aussi lui demander s'il nourrit bien son âme* et son esprit*.

Astronef

Un astronef en rêve signifie les mêmes choses que la fusée*.

Athlète

En rêve, un athlète peut être un symbole de forme physique. L'enfant peut alors se demander s'il fait assez d'exercice ou de sport*. Voir *Acrobate, Champion.*

Attaquer

Ou bien c'est le rêveur qui attaque ou bien il est attaqué. S'il attaque pour se défendre, c'est que son rêve l'invite à se défendre. S'il attaque sans raison, c'est qu'il se sent agressif. Il pourrait faire plus de sport pour exprimer son agressivité. ◆Si un animal l'attaque, c'est que son corps se sent maltraité. (En parler avec lui.) ◆Si c'est quelqu'un qui l'attaque, c'est qu'il se sent victime d'un sentiment négatif comme la peur*, la colère*, la haine* ou la culpabilité (voir *Coupable*). Voir *Adversaire.*

Auriculaire

L'auriculaire, c'est le petit doigt. Ce doigt en rêve évoque l'intuition* (ce qu'il sent) de l'enfant ou il lui conseille la discrétion. ◆S'il a mal à l'auriculaire droit, c'est qu'il n'écoute pas son intuition* et qu'il agit de travers. Ou bien qu'il manque de discrétion ou de délicatesse. ◆S'il a mal à l'auriculaire gauche, c'est qu'il ne fait pas ce que son intuition* lui dit de faire. Ou bien qu'il est trop fermé. ◆S'il a l'auriculaire pelé, c'est qu'il a corrigé une mauvaise attitude.

Autobus, Autocar

En rêve, si l'enfant voyage en autobus ou en autocar, ça veut dire qu'il compte sur les autres pour développer sa personnalité. Lui rappeler que les autres ne peuvent pas vivre à sa place.

Automobile

L'automobile signifie deux choses en rêve : le corps ou la façon de se conduire. ◆Les différentes parties de l'auto symbolisent les différentes parties du corps du rêveur : moteur = cœur ; capot = cage thoracique ; essence

= sang ; électricité = nerfs ; aération = poumons ; roues = bras et jambes ; carrosserie = muscles ; peinture = peau ou apparence ; structure = os ; pare-brise et vitres = conscience ; rétroviseur = passé ; phares = yeux ou intuition* ; volant = conduite ou volonté* ; lumière du tableau de bord = contrôle mental ; capote = ouverture d'esprit* ; batterie = son centre d'énergie, son Moi* universel qui lui envoie l'énergie vitale ; conducteur = cerveau, raison. ◆Si l'auto de l'enfant a un bris mécanique, il doit surveiller sa santé. Ou bien son développement s'est arrêté. (En parler avec lui.) ◆Une contravention pour excès de vitesse indique qu'il veut aller trop vite. ◆Une contravention pour stationnement interdit indique qu'il manque d'élan, de vitalité. Ou qu'il ne fait pas assez d'exercice. ◆Si son auto est remorquée, c'est qu'il se sent épuisé. ◆S'il a une crevaison, c'est qu'il ne s'occupe pas assez de son corps ou de ses sentiments ou qu'il ne lit pas assez. Ou bien qu'il manque d'encouragement. ◆Si les phares éclairent bien, c'est qu'il sait ce qu'il veut. S'ils sont défectueux, c'est qu'il ne sait plus trop où il va. (En parler avec lui.) ◆Si on lui vole son auto, c'est qu'il se sent perdu. (En parler avec lui.) ◆S'il perd le contrôle, c'est qu'il est incapable de se maîtriser. (En parler avec lui.) ◆Si son auto manque de freins, c'est qu'il est soumis à un changement trop rapide ou qu'il ne sait pas s'arrêter, se calmer ou qu'il exagère. ◆Si l'auto est en panne d'essence, c'est qu'il manque d'énergie. (Le médecin peut l'aider.) ◆S'il fait une collision, voir *Accident*. ◆S'il a perdu les clés de l'auto, c'est qu'il ne sait plus trop ce qu'il veut. Il a besoin de se fixer des buts*. ◆S'il ne conduit pas sa propre auto, c'est qu'il est trop influencé par quelqu'un d'autre. ◆S'il a perdu sa route, c'est qu'il a un choix à faire. (Éclairer ce choix.)

Autruche

Très gros oiseau qui ne vole pas. Une autruche en rêve symbolise la curiosité (voir *Esprit*) ou les dangers cachés. Peut-être aussi que l'enfant se cache la tête dans le sable pour ne pas faire face aux difficultés qu'il connaît.

Avaler

Avaler, c'est se nourrir. Mais avaler en rêve, ça peut représenter des choses que l'enfant a du mal à accepter. Tout dépend de ce qu'il avale. Voir *Boire*.

Avant-bras

L'avant-bras est la partie du bras qui va du coude au poignet. Cette partie du corps peut désigner l'action, l'âme*, le phallus* ou la colère*. ◆Si l'enfant a mal à l'avant-bras droit, c'est qu'il cherche à écraser les autres. Ou bien il les méprise. ◆S'il a mal à l'avant-bras gauche, c'est qu'il manque d'énergie ou qu'il se sent impuissant dans une situation. Peut-être aussi qu'il se sent méprisé. (En parler avec lui.) ◆S'il a mal aux deux avant-bras, c'est qu'il méprise les autres et lui-même. Ou bien c'est qu'il sent qu'il perd son temps. Ou bien c'est qu'il agit n'importe comment. ◆L'avant-bras peut prendre les mêmes sens que le bras. Voir *Bras*.

Aveugle

◆Si l'enfant rêve qu'il est aveugle, c'est qu'il ne voit plus comment se diriger. (En parler avec lui.) C'est peut-être qu'il n'arrive pas à comprendre quelque chose. ◆S'il rêve d'un aveugle, ça signifie les mêmes choses. Ou bien alors que l'enfant rencontre quelqu'un qui ne comprend rien.

Aviateur

En rêve, un aviateur fait référence à un voyage* ou à un changement important. Il peut aussi représenter un message venant de l'âme* du rêveur qui aimerait parler plus souvent à Dieu. Voir *Pilote, Avion*.

Avion

On prend l'avion pour faire un long voyage. L'avion symbolise donc un grand changement dans la vie du rêveur. Peut-être aussi que l'enfant désire plus de liberté. ◆Si son avion a des problèmes de vol, c'est qu'il est inquiet ou que le grand changement en vue ne se fera pas sans difficultés. ◆Si son avion doit faire un atterrissage forcé, c'est qu'il n'a pas les pieds sur la terre, qu'il demande l'impossible. Ou bien ça veut dire qu'il a cessé de progresser, de se développer. ◆Un avion qui fait des acrobaties évoque le risque, la fantaisie, la joie de vivre. ◆Une chute d'avion symbolise une grande tension* et une catastrophe possible. (En parler avec l'enfant.)

B

Bagage

Voir *Valise*.

Bagarre

Si l'enfant rêve d'une bagarre, c'est qu'il connaît de l'opposition. Voir le mot *Adversaire*. Une bagarre peut aussi indiquer une lutte avec des difficultés intérieures. C'est comme si l'enfant était divisé en deux et que ces deux parties ne voulaient pas la même chose. Il va devoir prendre une décision. (Éclairer cette décision.) Une bagarre peut aussi faire référence à son agressivité ou à ses peurs*.

Bague

Une bague est un bijou*, un anneau* orné qu'on porte au doigt. Si l'enfant en rêve, c'est peut-être qu'il désire créer des liens d'amour avec quelqu'un. Ça peut aussi vouloir dire qu'il veut attirer l'attention, qu'il sent le besoin de briller, qu'il a besoin qu'on le remarque. Peut-être qu'il manque de confiance* en lui. (Le valoriser.)

Baguette

La baguette est un signe d'autorité. En rêve, elle peut aussi évoquer une punition que l'enfant redoute. Ou bien elle peut symboliser l'attention qu'il doit porter à quelque chose. Elle peut aussi évoquer la magie*.

Baignade

Si l'enfant rêve de baignade, c'est qu'il désire se détendre ou se purifier. Il doit essayer de mettre sa conscience au clair. ◆Il peut se baigner dans la mer*, dans un lac* ou dans une rivière*, mais ça n'a pas le même sens. Voir ces mots. Voir aussi *Plonger*, *Bain*.

Baignoire

Une baignoire en rêve invite l'enfant à se laver ou à se détendre. Il doit essayer de mettre sa conscience au clair. ◆Si la baignoire est bouchée, c'est qu'il néglige les soins du corps. Ou c'est qu'il a besoin d'éliminer des déchets qui se sont accumulés dans ses pensées ou dans ses sentiments. Quelque chose est bloqué en lui. (En parler avec lui.) ◆Une baignoire qui déborde est le signe qu'il exagère ou qu'il se sent coupable*, ou encore c'est qu'il refoule un sentiment qu'il devrait exprimer. ◆Si la baignoire est tachée, c'est qu'il se sent très coupable* ou qu'il pense avoir fait quelque chose d'irréparable. (Dédramatiser la situation.)

Bâillon

Un bâillon en rêve peut signifier que l'enfant ne peut pas parler ou qu'il parle trop. Peut-être qu'il s'agit d'un secret trop difficile à garder. (L'inviter à en parler avec quelqu'un en qui il a confiance.)

Bain

En rêve, prendre un bain c'est un signe de repos, de détente et de propreté. L'enfant doit essayer de mettre sa conscience au clair. Voir *Plonger*.

Baiser

Baiser, c'est appliquer ses lèvres sur quelqu'un ou sur quelque chose. Si l'enfant le fait en rêve, c'est un signe d'amour, d'affection, de réconciliation, de respect ou de reconnaissance. Mais si le baiser n'est pas sincère, ça peut être une trahison.

Bal

Un bal en rêve, c'est une fête, de la joie, une grande sortie. Dans tous les cas, il s'agit d'un événement heureux, favorable aux nouvelles rencontres. Un bal masqué peut réserver une bonne ou une mauvaise surprise, voir *Masque.*

Baladeur

Ce petit appareil portatif permet de s'isoler et de rêver. En rêve, il peut être le signe que l'enfant fuit ses propres difficultés au lieu de leur faire face. Il

peut aussi indiquer qu'il a peur de la solitude et du silence. ◆S'il l'oublie ou
le perd, c'est que son intimité est compromise. Ou encore c'est qu'il doit
cesser de fuir ses difficultés. ◆Si l'appareil est en panne, voir *Radio*.

Balai

Le balai est un instrument très ancien. En rêve, il invite l'enfant à mettre de
l'ordre dans ses sentiments et dans ses pensées. C'est aussi l'instrument
qui permet aux sorcières de s'envoler. Peut-être que l'enfant désire que sa
mère le laisse tranquille. Voir *Sorcière*.

Balance

Une balance est faite pour peser les personnes ou les choses. En rêve, elle
est le signe que l'enfant doit évaluer les personnes et les choses. Elle l'invite à comparer le pour et le contre, le bien et le mal. Elle signifie aussi qu'il
doit établir la justice et l'équilibre autour de lui et user d'un bon jugement.

Balançoire

Une balançoire en rêve montre à l'enfant un certain va-et-vient entre sa vie
intérieure et sa vie extérieure, entre ses progrès et ses reculs. Elle peut aussi
indiquer qu'il hésite trop et qu'il doit prendre une décision. Elle peut signifier qu'il aime trop s'étourdir et ne pas prendre ses responsabilités. ◆La
balançoire à bascule symbolise le fait qu'il a besoin des autres et qu'il faut
que ce soit chacun son tour. Elle l'invite aussi à bien évaluer ses amis.

Balcon

Si l'enfant rêve d'un balcon, c'est que son Moi* universel l'invite à avoir un
point de vue plus large. (L'aider à élargir son point de vue.)

Baleine

La baleine est le plus gros mammifère marin et la créature la plus grande.
En rêve, elle peut faire référence à un problème de poids ou à un appétit
démesuré. Elle peut signifier quelque chose de monstrueux ou quelque
chose qui sauve. L'aventure de Jonas qui a été avalé par une baleine symbolise la mort et la résurrection, donc une renaissance, un recommencement. Elle donne au rêveur la certitude qu'il va sortir grandi d'une épreuve.

La baleine évoque les trésors qui sont cachés à l'intérieur du rêveur et elle symbolise le fait qu'il est capable de les trouver : il s'agit de toutes ses qualités, de ses forces et de ses talents. (L'aider à les identifier.)

Balle

1. Objet rond pour jouer. Ce genre de balle en rêve invite l'enfant à jouer, à faire du sport. Elle l'invite aussi à saisir les bonnes occasions. Elle signifie que, même s'il aime gagner, il doit aussi apprendre à perdre sans ressentir trop de frustration.

2. Projectile d'arme à feu. Ce genre de balle en rêve peut indiquer que les sentiments de l'enfant ont été blessés. Elle peut évoquer le danger et la violence. (En parler avec lui.)

Ballet

En rêve, ce type de danse symbolise la discipline, l'exigence et la perfection. Le ballet indique à l'enfant comment le corps, qui est un merveilleux instrument, arrive à se développer avec harmonie et élégance. Le ballet peut aussi faire référence au développement de sa vie intérieure.

Ballon

1. Ballon de sport, voir *Balle*.

2. Grosse vessie gonflée d'air. Ce genre de ballon en rêve évoque le désir de l'enfant de s'élever, de développer sa vie intérieure en lisant et en parlant à Dieu. Il symbolise aussi la joie des anniversaires. Il peut aussi lui rappeler qu'il manque de direction. (En parler avec lui.)

3. Montgolfière. En rêve, ce genre de ballon représente pour l'enfant la rêverie et l'évasion. Il l'invite à élever son âme. Il peut l'inviter à prendre du recul pour mieux juger une situation. Il peut aussi l'encourager à courir un risque calculé. Il peut enfin signifier qu'il manque de direction. (En parler avec lui.)

Banane

La banane en rêve évoque le sexe de l'homme. Elle symbolise les plaisirs sexuels faciles.

Banc

En rêve, un banc invite l'enfant au repos, à faire une halte pour examiner le chemin qu'il a parcouru depuis sa petite enfance. Il peut aussi l'inviter au partage et à la communication avec les autres.

Bandeau

1. Bande qui sert à ceindre la tête. Ce genre de bandeau en rêve fait référence à la dignité, à l'autorité ou à la tension*. Il peut être le signe de succès. Il peut aussi symboliser un besoin de concentration, d'attention.
2. Morceau d'étoffe qui sert à bander les yeux. Ce genre de bandeau en rêve évoque l'aveuglement. Peut-être que l'enfant ne voit plus très bien où aller. Il y a quelque chose qui l'empêche de bien voir. (En parler avec lui.)

Bandes dessinées

Les bandes dessinées en rêve font référence à un plaisir d'enfance. Elles peuvent aussi faire référence au fait que le rêveur ne lit pas d'autres sortes de livres. Elles peuvent également vouloir dire qu'il manque de sérieux. Ou encore qu'il exagère quelque part.

Bandit

En rêve, un bandit représente une peur ou un danger. Que craint l'enfant? (En parler avec lui.)/ Peut-être aussi qu'il se sent malhonnête ou coupable*. Voir *Voleur*.

Banque

La banque est un endroit où l'on met son argent* en sécurité. Et l'argent, en rêve, c'est de l'énergie. La banque, c'est donc beaucoup d'énergie. Selon l'histoire du rêve, l'enfant devrait être capable de savoir s'il gagne ou s'il perd de l'énergie. On en perd beaucoup quand on a des sentiments négatifs ou bien des émotions trop fortes.

Banquet

Si l'enfant rêve d'un banquet, c'est qu'il a des raisons de se réjouir, car ce sera fête dans sa vie. Ou bien c'est le contraire : il manque de nourriture. (En parler avec lui.)

Barbare

Un barbare en rêve symbolise l'agressivité. Le rêveur se sent agressif : il se sent pris par un sentiment violent. Ou bien c'est qu'il se trouve avec des gens primitifs et grossiers. (En parler avec lui.)

Barbe

Ce sont les hommes qui portent la barbe. ◆Si l'enfant est un garçon et qu'il a une barbe en rêve, c'est qu'il a hâte d'être un adulte pour avoir de l'autorité. Il a besoin de s'affirmer, d'être quelqu'un qu'on respecte. ◆Si l'enfant est une fille et qu'elle a une barbe en rêve, c'est qu'elle a besoin d'affirmer son petit côté masculin en faisant davantage preuve de décision, par exemple. ◆Si le rêveur voit un homme avec une barbe, c'est qu'on lui demande d'être raisonnable, d'être comme un vieux sage*.

Barbecue

Le barbecue du rêve représente la liberté de l'été. Ça peut aussi symboliser le feu*.

Barbelé

Le fil barbelé des rêves fait référence à l'interdiction, la prison*, la guerre*. L'enfant se sent empêché d'agir, peut-être par des difficultés. Peut-être aussi qu'il refoule des sentiments qui le tiennent comme en prison. (En parler avec lui.)

Baril

Un baril vu en rêve peut être un signe de réserves d'énergie. ◆S'il est plein, il assure à l'enfant qu'il est capable de développer ses talents. ◆S'il est vide, il se sent vide* et il a besoin d'aide. (En parler avec lui.)

Barque

Une barque en rêve évoque le voyage*, le changement. Elle rappelle à l'enfant qu'il doit se demander s'il contrôle bien ses émotions ou s'il se laisse aller à tous ses caprices.

Barrage

En rêve, un barrage indique un arrêt, un empêchement de continuer de se développer. Il y a un blocage dans les sentiments de l'enfant. (En parler avec lui.)

Barrière

Une barrière en rêve est un obstacle dans le développement de l'enfant. ◆Si elle est fermée, il a un blocage. (En parler avec lui.) ◆Si elle est ouverte, l'obstacle est enlevé. La barrière indique aussi comment l'enfant accueille les autres. ◆Si elle est ouverte, il a une attitude aimable, facile, confiante. ◆Si elle est fermée, il est fermé : il se méfie des autres ou bien il trouve que les autres ne l'accueillent pas comme il le voudrait. (En parler avec lui.)

Bas

Un bas est un vêtement qui couvre le pied et la jambe. En rêve, il indique à l'enfant qu'il sait se protéger et qu'il sait où il s'en va. ◆S'il a un seul bas, il se sent seul. (En parler avec lui.) ◆Si ses bas sont dépareillés, il sent que ça ne va pas dans sa vie. (En parler avec lui.) ◆Si ses bas sont percés, c'est qu'il ressent de l'insécurité. (En parler avec lui.)

Baseball

Le baseball en rêve invite l'enfant à attraper les occasions qui s'offrent à lui. Ça symbolise aussi la tension*, la victoire et la défaite. Ce genre de rêve est aussi le signe qu'il doit bien s'organiser. (Éclairer l'enfant.)

Basket-ball

En rêve, le basket-ball invite l'enfant à faire de l'exercice. Il l'invite aussi à se donner un but. (Éclairer l'enfant sur ce but.) Il évoque également les autres qui peuvent l'aider à remporter des victoires. Lui aussi, il peut les aider.

Bassin

1. Récipient. ◆S'il est plein d'eau en rêve, l'enfant a beaucoup d'énergie. ◆S'il est vide, il manque d'énergie. (En parler avec lui.)
2. Grand os à la base du tronc. S'il en rêve, c'est que son âme* manque d'équilibre. (En parler avec lui.) Voir *Hanche.*

Bataille

Voir *Bagarre, Combat, Guerre.*

Bateau

Un bateau en rêve représente le voyage* et le changement. Il symbolise le développement de l'enfant. ◆Un accident de bateau évoque le danger d'être dépassé par ses sentiments. (En parler avec l'enfant.) Voir *Voilier*.

Batman

Batman dans un rêve d'enfant représente l'action bienfaisante de son Moi* universel qui est toujours capable de le sauver. Il montre que si l'enfant fait face à ses peurs*, il va libérer des énergies qui vont l'aider.

Bâton

Un bâton est un long morceau de bois rond que l'on peut tenir à la main. En rêve, il fait référence à un appui, à une aide, à un bon moyen. Il peut désigner les adultes qui s'occupent de l'enfant. Il peut aussi représenter sa colonne* vertébrale. Il peut être une menace ou un moyen de se défendre. La qualité du bâton est importante : il peut être solide, faible ou cassé.

Battre

◆Si l'enfant bat quelqu'un en rêve, ça peut vouloir dire qu'il veut se sentir supérieur. Ou bien qu'il en veut à la personne battue. Peut-être qu'il a raison. (En parler avec lui.) ◆Si l'enfant se fait battre en rêve, ça indique qu'il se sent coupable*. Ou bien qu'il se laisse dominer. ◆S'il se bat avec quelqu'un, c'est peut-être qu'il veut se défendre et qu'il ne sait pas comment. (En parler avec lui.) Ça peut aussi signifier qu'il s'abandonne à ses instincts* comme la colère*. Peut-être qu'il est porté à perdre le contrôle de lui-même. (En parler avec lui.)

Bave

La bave en rêve symbolise la rage, la jalousie*, un grand désir ou la gourmandise. Voir *Salive*.

Bébé

◆En rêve, si l'enfant redevient un bébé, c'est qu'il ne progresse plus. Ça peut aussi vouloir dire qu'il fait le bébé. Mais ce n'est pas grave s'il le fait juste de temps en temps. ◆S'il voit en rêve un bébé qui se porte bien, c'est qu'il a confiance en l'avenir. ◆Si le bébé se porte mal, c'est que l'enfant manque de confiance en son avenir. (En parler avec lui.)

Bec

Un bec d'oiseau en rêve peut signifier une prise de bec avec quelqu'un. Ça symbolise aussi la défense et l'attaque. Ça peut également signifier à l'enfant qu'il parle trop. Voir *Baiser.*

Beige

La couleur beige est une couleur discrète. En rêve, elle peut désigner le calme ou l'ennui. Elle peut être un signe d'indécision. Elle peut aussi signifier que l'enfant manque d'énergie. (En parler avec lui.)

Béquille

Les béquilles du rêve évoquent un accident*, un besoin de soutien ou une difficulté à progresser. Ça peut aussi signifier que l'âme* de l'enfant est boiteuse. Ou bien que le rêveur a besoin de s'affirmer. Peut-être qu'il est trop soumis. Avec de l'aide il va s'en sortir. (En parler avec lui.)

Berceau

Un berceau est un lit de bébé. En rêve, il peut représenter l'enfance heureuse ou malheureuse du rêveur. Il est le signe qu'il peut manquer d'amour ou de protection. (En parler avec lui.) Il peut aussi signifier que l'enfant voudrait redevenir un bébé parce qu'il manque de confiance* en la vie. (En parler avec lui.) Le berceau peut enfin signifier que le rêveur va connaître une belle période de renouvellement, comme s'il revenait au monde.

Berceuse

1. Chaise à pieds courbes. Ce genre de chaise symbolise l'enfance du rêveur. Elle peut signifier qu'il a besoin de protection chaleureuse et d'amour. (En parler avec lui.)

2. Chanson que l'on chante pour endormir les enfants. Ça peut avoir le même sens que la chaise berceuse.

Berger, Bergère

Celui ou celle qui garde les moutons. Ce personnage en rêve peut indiquer que l'enfant a besoin de protection ou d'un bon guide. (En parler avec lui.)

Bête

Voir *Animal*.

Béton

Le béton en rêve évoque la solidité. Mais il est froid et sans vie : il peut signifier que l'enfant se sent bloqué dans ses sentiments. Peut-être qu'il manque de sécurité. (En parler avec lui.)

Bétonnière

La bétonnière du rêve représente la lourdeur et le mélange. Peut-être que l'enfant se sent un peu perdu. Ça symbolise aussi le changement, le brassage intérieur. (En parler avec lui.) Peut-être aussi que le rêveur a l'impression de tourner en rond, de ne plus progresser.

Betterave

La betterave est un légume rouge foncé qui pousse dans la terre. En rêve, elle fait référence aux énergies sexuelles et à la recherche d'équilibre.

Beurre

Le beurre en rêve symbolise pour l'enfant le plaisir de manger*. Il peut aussi faire référence au fait qu'il a un caractère très influençable et qu'il devrait se montrer plus indépendant.

Beurrée

Voir *Tartine*.

Bibelot

Si l'enfant rêve de bibelot, c'est peut-être parce qu'il se sent mis de côté. (En parler avec lui.) Les bibelots évoquent aussi les souvenirs.

Bibliothèque

En rêve, ce meuble qui contient des livres peut inviter l'enfant à lire. Il lui rappelle qu'on apprend beaucoup dans les livres et que son esprit* a le goût d'apprendre.

Biceps

Les biceps en rêve sont signe de force physique ou de force intérieure. ◆Si le rêveur a mal au biceps du bras droit, c'est qu'il fait trop d'efforts. Ou qu'il cherche à impressionner les autres. ◆S'il a mal au biceps du bras gauche, c'est qu'il manque de force ou d'affirmation personnelle. Ou peut-être qu'il ne fait pas assez d'efforts. ◆S'il a mal aux biceps des deux bras, c'est qu'il se sent impuissant dans les circonstances, il est un peu dépassé par les événements. Il doit attendre.

Bicyclette

En rêve, la bicyclette est un moyen de progresser qui demande effort et équilibre. Mais c'est aussi un signe de liberté. ◆Si le vélo a un pneu crevé ou dégonflé, c'est que le rêveur se laisse aller, il ne fait pas les efforts requis. Ou bien c'est le signe qu'il ne respecte pas un engagement qu'il a pris. ◆S'il tombe, c'est qu'il manque d'équilibre dans la vie. Ou qu'il risque de perdre sa liberté. Ou qu'il perd le contrôle de sa vie sexuelle. ◆Si on lui vole son vélo, c'est qu'il se fait voler son autonomie, il ne sait pas se conduire tout seul. ◆Si le rêveur a un accident, c'est que sa façon de se conduire n'est pas bonne. ◆Si son vélo a un bris de pédale ou de pédalier, c'est qu'il *perd les pédales,* il ne sait pas se maîtriser. La pédale droite parle d'un élan brisé, d'un désir déçu. La pédale gauche parle d'un manque de décision. ◆Si le vélo manque de freins, c'est que l'enfant a besoin de ralentir, il est trop impatient ou il manque de contrôle. ◆Si c'est la chaîne qui se détraque, c'est que l'enfant ne progresse plus. Ou bien il manque de jugement. ◆Un problème de guidon parle de mauvaise orientation ou de mauvaise conduite. ◆Un problème de selle parle d'un manque de confiance* en soi.

Bijou

Un bijou prend en rêve le sens du métal et de la pierre dont il est fait, ainsi que de la forme du bijou et de la partie du corps qui le porte. Voir *Anneau, Bracelet…* ◆Le bijou reçu en cadeau peut désigner une récompense pour les efforts que l'enfant a faits pour comprendre. ◆S'il est cassé, c'est peut-être que ça ne va pas bien avec la personne qui le lui a offert. ◆Si l'enfant l'a perdu ou si on le lui a volé, c'est que des sentiments négatifs lui volent de l'énergie.

Bille

Le jeu de billes en rêve parle de gain et de perte. Il parle aussi de mésentente avec des copains. ◆Une belle bille fait référence à la perfection ou elle signale à l'enfant que son Moi* universel est là pour l'aider. Elle l'invite aussi à bien se développer.

Biscuit

Un biscuit est une gâterie*. En rêve, il évoque une petite récompense, un petit plaisir. Il peut aussi faire référence à la gourmandise.

Blanc

En rêve, le blanc est la couleur de la lumière, de la conscience. Il invite l'enfant à comprendre certaines choses. Il symbolise aussi la pureté, la propreté et la promesse. Sous la forme d'une page blanche, il fait référence au fait que le rêveur doit prendre une décision. S'il s'agit d'une carte blanche, c'est qu'il a la liberté de choisir ce qu'il veut. ◆S'il rêve de noir associé au blanc, c'est qu'il est porté à opposer deux choses avec trop de force (voir *Oppositions*). Ou bien c'est qu'il ne voit pas ce qui devrait lui sauter aux yeux. ◆S'il rêve de blanc et de rouge, il est plein de vitalité. ◆Le blanc, quand il est associé au bleu, évoque le ciel, les aspirations de l'âme* de l'enfant. Son âme aimerait qu'il parle plus souvent à Dieu.

Blason

Un blason est un signe distinctif souvent représenté sur un écu. En rêve, il représente la fierté, la dignité ou les exploits. Il encourage l'enfant à avoir confiance* en lui. Il peut aussi lui indiquer qu'il a tendance à se monter la tête, à se penser plus important que les autres.

Blatte

La blatte est aussi appelée cafard, cancrelat ou parfois coquerelle. En rêve, elle représente la malpropreté. Elle peut aussi représenter des idées noires que l'enfant entretient. Elle parle aussi de tristesse, d'ennui ou de mépris. (Aider l'enfant.) Elle peut aussi être un signe d'hypocrisie.

Blessure

◆Si l'enfant subit une blessure en rêve, c'est qu'il est blessé dans ses sentiments. Ou bien on l'a offensé. Ou bien encore il accepte mal son frère ou sa sœur. Il est en concurrence avec lui ou elle. (En parler avec l'enfant.) ◆Si un rêve de blessure est fréquent, c'est que l'enfant ne s'aime pas. (Valoriser l'enfant.) Voir la partie du corps qui est blessée. Voir aussi *Égratignure, Éraflure, Écorchure, Bleu, Brûlure, Os.*

Bleu

1. Marque bleue sur le corps. Si l'enfant s'est fait un bleu en rêve, c'est que sa sensibilité est meurtrie : quelqu'un a blessé son âme. (En parler avec lui.)
2. Couleur. La couleur bleue évoque l'esprit* de l'enfant, sa pensée et ses relations avec le ciel. Ça peut faire référence au fait qu'il doit lire davantage ou parler à Dieu plus souvent. Parfois, le bleu symbolise la colère* ou une grande peur*. ◆Si le bleu est pâle et agréable à regarder, il peut représenter le calme, le bonheur. ◆Si l'enfant rêve de bleu et de blanc associés, voir *Blanc.* ◆S'il rêve de bleu, blanc, rouge, c'est que sa vie est belle, intéressante, équilibrée.

Blond, Blonde

En rêve, les cheveux blonds évoquent la beauté et l'amour.

Bœuf

Si l'enfant rêve qu'il mange du bœuf, c'est peut-être qu'il a besoin de viande rouge, qu'il a besoin d'énergie. Voir *Taureau.*

Bogue d'ordinateur

Si, en rêve, l'enfant est bloqué par un bogue à l'ordinateur, c'est qu'il ne se sert pas assez de sa tête, de sa raison. Ou bien c'est qu'il veut aller trop vite. Il est aussi possible que ce soient ses sentiments qui sont bloqués. (En parler avec lui.)

Bohémien, Bohémienne

En rêve, le monde des gitans symbolise une grande liberté et l'indépendance. Il peut aussi signifier à l'enfant qu'il ne se sent pas bien avec les gens. (En parler avec lui.) Peut-être aussi qu'il manque d'ordre dans sa vie.

Boire

◆Si l'enfant boit de l'eau claire en rêve, c'est peut-être parce qu'il a besoin de retrouver son équilibre. Ou qu'il ressent le besoin de se purifier, de mettre sa conscience au clair. ◆S'il boit de l'eau non potable, c'est que sa santé n'est pas très bonne. ◆S'il boit de l'eau boueuse, c'est qu'il progresse bien. ◆S'il boit du lait*, c'est qu'il se développe bien. ◆S'il boit du vin ou de l'alcool, c'est qu'il a perdu la tête. ◆S'il boit quelque chose d'excellent, c'est qu'il s'occupe de sa vie avec Dieu. ◆S'il boit quelque chose de vraiment mauvais, c'est qu'il accepte quelque chose qui ne fait pas son affaire. C'est peut-être qu'il ravale des sentiments qu'il devrait exprimer. (En parler avec lui.)

Bois

Voir *Forêt*.

Boîte

En rêve, une boîte peut désigner pour l'enfant le corps de sa mère. S'il en rêve, c'est peut-être qu'il sent le besoin de se coller au corps de sa mère. Peut-être aussi qu'il a besoin de protection. Ou bien il a un secret à confier à quelqu'un. ◆S'il ouvre une boîte en rêve, il est prêt à se confier à quelqu'un. ◆S'il ferme une boîte, c'est qu'il se ferme et refoule des sentiments qu'il devrait exprimer. ◆Si la boîte du rêve est vide, c'est qu'il a faim ou qu'il ressent un vide* intérieur. (En parler avec lui.) Il pourrait aussi lire un livre qui le nourrirait.

Boiter

Si l'enfant boite en rêve, c'est qu'il y a quelque chose qui cloche dans sa vie. Quelque chose ne va pas. (En parler avec lui.)

Bol

Si l'enfant rêve d'un bol peut-être a-t-il faim. Ou bien ça peut vouloir dire qu'il a un coup de chance. Ou encore qu'il est écœuré d'une chose. Voir aussi le mot *Boîte*. Il s'agit à peu près des mêmes sens.

Bombe

En rêve, une bombe peut symboliser un grand danger, une grande tension* nerveuse. (En parler avec l'enfant.) Une bombe peut signifier aussi que l'enfant se laisse aller à la colère* ou qu'il craint la colère de quelqu'un.

Bonbon

Un bonbon en rêve signale un petit plaisir, une gâterie que l'enfant s'accorde ou qu'on lui donne. L'abondance de bonbons peut signifier qu'il s'abandonne à ses caprices.

Bonne

Si l'enfant rêve qu'il a une bonne à la maison, c'est qu'il aura de l'aide. Ou bien qu'il a besoin d'aide. Ou bien qu'il se conduit en enfant gâté. (En parler avec lui.)

Bonnet

Un bonnet peut être pointu, rabattu ou cornu. C'est la coiffure des magiciens*, des lutins*, des gardiens de trésors*, voir *Nain*. ◆Si l'enfant porte un bonnet pointu en rêve, c'est qu'il a de bonnes idées, de l'inspiration.

Bosse

Une bosse est une enflure causée par un choc. En rêve, ça signifie que la sensibilité de l'enfant a été heurtée, que quelqu'un a blessé ses sentiments. Ou bien alors c'est qu'il se sent coupable*. L'endroit où il a la bosse le renseigne sur le sens de celle-ci. Voir *Enflure*.

Botte

Si l'enfant rêve qu'il porte des bottes, c'est qu'il se sent plein d'assurance et de confiance*. ◆S'il les a perdues ou si elles sont percées, c'est qu'il a perdu sa belle assurance. (En parler avec lui.) Voir *Soulier*.

Bottin

Le bottin est ce gros livre qui contient les noms, les adresses et les numéros de téléphone des gens. Si l'enfant en rêve, c'est qu'il doit se demander s'il se connaît bien lui-même. Ou peut-être doit-il se demander comment ça va avec les autres, avec ses amis. Ou c'est pour l'inviter à se faire de nouveaux amis.

Bouc

Le bouc est le mâle de la chèvre*. Si l'enfant en rêve, c'est qu'il se sent plein d'élan, d'énergie. Il pourrait employer cette énergie à faire de l'exercice. Ça veut peut-être dire aussi qu'il accuse toujours les autres d'être coupables. Lui aussi a ses responsabilités.

Bouche

En rêve, la bouche fait d'abord allusion à la nourriture*. Est-ce que le rêveur s'alimente bien ? La bouche peut aussi faire référence à la parole, à la vérité et au mensonge. ◆Si la bouche du rêveur est bâillonnée, voir *Bâillon*. ◆S'il a mal à la bouche, c'est qu'il se reproche de trop ou de ne pas assez parler. Ça peut aussi signifier qu'il a du mal à admettre de nouvelles idées.

Boucher, Bouchère

La présence d'un boucher ou d'une bouchère en rêve peut évoquer le fait que l'enfant a besoin de manger de la viande*. Peut-être aussi qu'il ne s'occupe pas bien de son corps.

Bouchon

Un bouchon dans le rêve d'un enfant peut vouloir dire qu'il est ouvert ou fermé dans son comportement avec les autres. Il peut signifier aussi qu'il est tenu de garder un secret ou qu'on l'empêche de parler. (Il faudrait qu'il se confie à quelqu'un en qui il a confiance.)

Boucle

◆En rêve, une boucle de ceinture symbolise la force, la décision, la volonté*. ◆Une boucle de cheveux évoque les amourettes, l'attachement.

◆Une boucle de tissu fait référence au cadeau, à la présentation, à la gentillesse. ◆Une boucle d'oreille évoque la coquetterie ou bien l'oreille* (voir *Bijou*).

Bouclier

Un bouclier en rêve représente la protection et l'adversaire*. Peut-être que l'enfant craint quelque chose. Ou peut-être qu'il refoule des sentiments qu'il devrait exprimer.

Bouder

Si l'enfant boude en rêve ou en réalité, c'est qu'il se sent frustré, contrarié. Ça ne va pas comme il le désire. Il faut pourtant qu'il s'habitue aux contrariétés, puisqu'elles sont nombreuses dans la vie. Au lieu de se retirer dans sa coquille en boudant, il ferait mieux d'attaquer le problème autrement et de tâcher de réussir ce qui est manqué. La bouderie ne lui apporte rien d'autre que de la tristesse. Il doit relever ses manches et se reprendre. (Lui faire comprendre cela.)

Boue

De la boue, c'est de la terre mélangée à de l'eau. En rêve, ça peut vouloir dire deux choses opposées : 1. Ça fait référence aux déchets, alors, c'est négatif. Ça évoque le fait que l'enfant doit mettre sa conscience au clair. 2. Ça représente la terre qui est prête à recevoir des semences. Alors, c'est positif, ça veut dire que c'est le début de quelque chose. L'histoire du rêve devrait indiquer de quel sens il s'agit.

Bougie

Une bougie est une mèche enveloppée de cire. En rêve, ça symbolise une panne d'énergie, un nouveau point de vue ou une fête. À cause de la flamme, ça fait aussi référence à la vie de l'âme*, au désir de l'âme de parler à Dieu.

Bouilloire

Rêver d'une bouilloire électrique évoque la chaleur humaine, les boissons chaudes. Donc, le réconfort. Ça signifie aussi que l'enfant a besoin d'être stimulé pour changer. (En parler avec lui.)

Boulanger, Boulangère

Rêver d'un boulanger ou d'une boulangère fait référence au plaisir et à la nécessité de manger*. L'enfant a-t-il bon appétit ? (En parler avec lui.) Ça fait aussi référence à la transformation de la farine en pain. Ça signifie que le rêveur doit accepter de faire des sacrifices pour arriver à se développer comme il faut.

Boule

Une boule dans un rêve peut évoquer le jeu, la tête* ou le mouvement. Ça peut vouloir dire que tout va bien, que la vie est facile présentement, que ça roule bien, quoi. Ça peut aussi signifier que l'enfant risque de se faire rouler. C'est une invitation à la prudence. Ça symbolise enfin tout ce qu'est déjà l'enfant et tout ce qu'il va devenir en se développant.

Bouquet

En rêve, un bouquet invite l'enfant à montrer de la gentillesse et à exprimer ses sentiments. ◆Si c'est lui qui le reçoit, c'est qu'on le félicite pour ce qu'il a accompli jusqu'ici. ◆Si c'est lui qui le donne, c'est qu'il exprime bien ses sentiments.

Boursouflure

Une boursouflure est un gonflement de la peau. Si l'enfant en a une en rêve, c'est qu'il est porté à exagérer. Et aussi peut-être qu'il se pense plus important que les autres. Voir *Ampoule*.

Boussole

Une boussole aide à s'orienter. Si l'enfant en rêve, c'est peut-être qu'il a besoin de se donner un idéal*, des buts* à atteindre. Ou bien c'est qu'il a besoin de conseils. ◆Si le rêveur l'a perdue, il a perdu la tête. (En parler avec lui.)

Bouteille

Une bouteille pleine en rêve signifie que l'enfant a ce qu'il faut pour répondre à sa curiosité et à ses désirs. Ce que contient la bouteille le renseigne sur ce qu'il lui faut le plus. ◆Si la bouteille est vide, ça veut dire qu'il sent un vide intérieur : il n'a pas ce qu'il lui faut pour cultiver son esprit* et son âme* qui ont soif. Il faut lire ou parler à Dieu. ◆Si la bouteille est cassée, ça peut indiquer la fin d'un rêve, d'un plaisir. Le rêveur vit une déception. Ça peut indiquer aussi de la violence, de la colère*. Voir *Boire.*

Bouton

1. En rêve, un bouton sur la peau indique que l'enfant se fait du mauvais sang. De quoi est-il inquiet ? Peut-être aussi qu'il manque de caresses. (En parler avec lui.) Voir *Peau.*

2. Un bouton de vêtement fait référence au lien, à l'attachement ou au détachement.

3. Un bouton électrique, voir *Interrupteur.*

4. Un bouton de fleur évoque la promesse, la préparation à l'éclosion d'un beau sentiment.

5. Un bouton de porte, voir *Poignée.*

Bowling

Le jeu de bowling en rêve symbolise l'agressivité. Si l'enfant y joue, c'est qu'il a trouvé ou qu'il va trouver le moyen d'exprimer sa violence de façon convenable, par les sports, par exemple. Voir *Quilles.*

Boxe

La boxe est un sport violent. En rêve, elle représente le combat et l'adversaire*. Elle peut aussi signifier que l'enfant ressent une rage qu'il doit évacuer. Elle peut vouloir dire qu'il craint la brutalité de quelqu'un. Elle peut enfin vouloir dire que les sentiments du rêveur ont reçu un choc. (Dans tous les cas, en parler avec lui.)

Bracelet

Un bracelet en rêve symbolise le lien amoureux. Ou bien il fait référence au fait que l'enfant se sent prisonnier. (En parler avec lui.)

Branche

Une branche d'arbre* peut représenter l'orientation dans la vie, un métier que l'enfant aimerait faire plus tard. Ou bien c'est le signe qu'il a un choix à faire.

Bras

Dans un rêve, un bras peut évoquer beaucoup de choses comme la force physique, le pouvoir, le travail, la protection, la justice et l'activité. ◆Les bras levés peuvent symboliser l'imploration, l'abandon, la réception, la soumission ou la victoire. ◆Un mal au bras droit est le signe que l'enfant doit se demander s'il fait la bonne action. Ou s'il fait trop d'efforts pour retenir quelqu'un. Ou bien s'il peut encore compter sur quelqu'un qui lui servait de soutien. ◆Un mal au bras gauche est le signe qu'il n'agit pas assez. Ou qu'il ne fait pas assez d'efforts. ◆Un mal aux deux bras est le signe que le rêveur veut trop en faire à la fois. Ou bien qu'il se sent inutile. Ou qu'il est trop égoïste. ◆Pour un mal à l'avant-bras*, c'est la même chose.

Brique

Une brique dans un rêve symbolise la maison, la ville, la sécurité. Elle peut aussi faire référence à un gros livre* ou à des connaissances, ou au fait que l'enfant va recevoir ou qu'il a reçu un coup dur. ◆Des briques évoquent un mur, un obstacle à franchir. Ou bien encore quelque chose de solide.

Briquet

En rêve, un briquet signifie que l'enfant est toujours prêt à s'enflammer pour quelqu'un ou quelque chose. Il l'invite à se servir de sa raison pour voir clair dans ses ardeurs.

Briser

◆Si l'enfant brise un verre en rêve, c'est qu'il est très nerveux ou en colère. ◆Si c'est un appareil de communication comme le téléviseur, ou le téléphone* qui est brisé, c'est que le rêveur a un problème de communication. Il n'arrive pas à bien se faire comprendre. Ou bien il n'exprime pas bien ses sentiments. Peut-être aussi qu'il a besoin d'un peu de silence pour mieux se comprendre.

Broche

Bijou à épingle, voir *Bijou*.

Brosse

1. Une brosse à cheveux en rêve invite l'enfant à mettre de l'ordre dans ses idées.

2. Une brosse à dents l'invite à plus d'exigence envers lui-même.

3. Une brosse à vêtements l'invite à faire de l'ordre dans ses sentiments et ses actions. Il doit tâcher de comprendre ce qu'il peut améliorer dans sa vie de tous les jours.

4. Une brosse à plancher l'invite à faire un grand nettoyage intérieur. Il est invité à mettre ses sentiments et ses idées en ordre. Et sa conscience au clair.

Brouette

Une brouette en rêve invite l'enfant à travailler fort. Il en aura l'énergie. Le contenu de la brouette lui indique ce dont il dispose pour l'instant.

Brouillard

Le brouillard du rêve est le signe que l'enfant ne voit pas très clair dans sa vie. Il ne fait peut-être pas preuve d'esprit de décision. Mais bientôt tout s'éclaircira, car le brouillard se dissipe tôt ou tard.

Broyeur à déchets

Un broyeur à déchets en rêve évoque les sentiments que l'enfant refoule. Il a peut-être des idées noires. (En parler avec lui.) ◆Si l'appareil est défectueux, l'enfant peut se demander ce qui le bloque. Peut-être qu'il se sent coupable* de quelque chose.

Brûler

En rêve, brûler quelque chose, c'est l'éliminer. Peut-être que l'enfant veut faire disparaître quelque chose de sa vie. Ou bien ça veut dire qu'il désire beaucoup quelque chose. Voir *Brûlure, Incendie*.

Brûlure

Une brûlure en rêve peut vouloir dire que l'enfant est impatient, il voudrait que le temps passe plus vite. Ou bien ça veut dire qu'il s'en veut pour quelque chose qu'il a fait. Ou bien encore qu'il se sent passionné pour quelque chose. Voir *Incendie*.

Brume

Voir *Brouillard*.

Brun

Le brun est la couleur de la terre. En rêver invite l'enfant à rester simple, à garder les pieds sur terre ou à ne pas se penser plus important que les autres. C'est une couleur qui parle aussi de ce qui est pourri, mort, perdu et qui va retourner à la terre.

Bûche

Une bûche est un morceau de tronc d'arbre ou de branche qu'on garde pour faire du feu. En rêve, elle assure l'enfant qu'il a beaucoup d'énergie en réserve. Elle parle aussi des sacrifices qu'il doit s'imposer parfois pour se développer.

Buisson

En rêve, un buisson évoque une cachette, un secret. Il symbolise aussi l'école buissonnière. Il peut parfois faire référence à une petite expérience sexuelle.

Buts

Tous les enfants ne sont pas faits de la même façon. Certains ont besoin de se fixer des buts pour se sentir stimulés ou motivés. L'enfant peut donc se donner un but à court terme comme celui de réussir telle chose, d'améliorer telle attitude ou de prendre telle habitude. Il peut se fixer un but à plus long terme comme réussir son année scolaire… Voir *Idéal*.

Bulldozer

Cet engin de terrassement suggère surtout la puissance, la force grossière. Il peut aussi faire penser à quelqu'un d'énergique à qui rien ne résiste. Cette personne peut apporter à l'enfant une aide importante. L'engin peut enfin signifier un grand bouleversement. (En parler avec lui.)

Bulle

Une bulle symbolise la légèreté et la fragilité. Elle peut faire référence à un rêve impossible. Elle peut aussi être pour l'enfant le signe qu'il ne doit pas se penser plus important que les autres.

Bureau

1. La table de travail en rêve évoque les études et invite l'enfant à être sérieux.

2. Le lieu de travail représente les rencontres, la consultation ou les affaires.

C

Cabane

Une cabane en rêve est une faible protection. Elle peut signifier que l'enfant a besoin d'aide. ◆Si elle est délabrée, ça peut indiquer qu'il souffre d'insécurité. (En parler avec lui.) ◆Si elle est solide, elle signifie qu'il gagnerait à simplifier sa vie. Il pourrait se débarrasser de ce dont il ne se sert plus.

Cabanon

Un cabanon est un petit lieu fermé. En rêve, il fait penser à une punition. Il peut aussi évoquer quelque chose que l'enfant refoule et qu'il devrait exprimer. Il symbolise peut-être le fait qu'il se sent comme en prison*. (L'inviter à en parler à quelqu'un en qui il a confiance.)

Cabinets

Voir *Toilettes.*

Câble

Un câble en rêve, fait référence à un attachement solide. Il fait aussi référence au manque de liberté. Il peut enfin symboliser une lourde tâche.

Caca

Voir *Éliminer, Excrément.*

Cacher

En rêve, cacher quelque chose peut signifier que l'enfant n'exprime pas ses émotions, ses sentiments (voir *Refoulement*). Il les refoule et ce n'est pas bon. Parfois, ça peut vouloir dire qu'il triche. Il devrait se demander où. Ou bien ça fait référence à un secret*.

Cachot

Un cachot en rêve fait penser à une punition sévère. Ou bien il signifie que l'enfant se sent isolé. Peut-être aussi qu'il refoule ses sentiments, alors qu'il devrait les exprimer pour se sentir mieux (voir *Refoulement*). Voir aussi *Prisonnier*.

Cactus

Le cactus est une plante à épines. En rêve, il peut désigner quelqu'un d'agressif. C'est peut-être le rêveur lui-même. En tout cas, il s'agit de quelqu'un qui ne se laisse pas marcher sur les pieds. On a le droit de se défendre, mais pas en blessant les autres. ◆Le cactus en fleur évoque un succès inattendu ou une récompense bien méritée.

Cadavre

Voir *Mort*.

Cadeau

Un cadeau en rêve représente le plaisir de donner ou de recevoir quelque chose. Il peut aussi symboliser une surprise agréable.

Cadenas

Si l'enfant rêve d'un cadenas, c'est qu'il est fermé. Peut-être qu'il refoule certaines choses (voir *Refoulement*). Peut-être qu'il retient un secret qu'il devrait confier à quelqu'un en qui il a confiance. Peut-être qu'il y a chez lui un sentiment d'insécurité qu'il pourrait confier à sa mère. Peut-être qu'il se méfie d'une personne.

Cafard

Voir *Blatte*.

Cage

Une cage en rêve est un symbole de prison*, de fermeture. L'enfant peut se sentir en prison. Ou il est trop attaché à quelqu'un. Ou bien c'est un sentiment de jalousie* qui le tourmente. Ou il éprouve un sentiment de solitude. (En parler avec lui.)

Cagibi

Un cagibi est un lieu de rangement. En rêve, il peut être un signe de punition. Ou bien d'une chose que l'enfant refoule (voir *Refoulement*). Enfin, il
peut signifier qu'il se sent coupable*.

Cahier

Un cahier évoque l'écriture. En rêve, il peut faire en sorte que l'enfant se
demande comment il effectue ses tâches scolaires. Ou bien il peut l'inviter
à exprimer ses sentiments.

Caillou

En rêve, un caillou fait référence à quelque chose de solide, de dur : ça peut
être une décision, une colère*, un entêtement… Le caillou, surtout s'il est
blanc, peut aussi représenter pour l'enfant son Moi* universel qui est alors
tout près de lui. Le caillou blanc peut également représenter un beau souvenir. Ou encore une chose très évidente qui devrait sauter aux yeux.

Caisse

1. Boîte*, coffre*. ◆Si l'enfant rêve d'une caisse en bon état, c'est qu'il se
sent en sécurité. ◆Si elle n'est pas en bon état, c'est le contraire. (En parler
avec lui.)

2. Coffre où l'on met de l'argent. Si l'enfant rêve d'une caisse enregistreuse, il
est question d'argent*. Ou bien il s'agit de réserve ou de dépense d'énergie
selon qu'il y dépose ou qu'il y prend de l'argent.

Calendrier

Un calendrier vu en rêve évoque le temps, l'âge de l'enfant, son développement. Il peut aussi évoquer la patience, surtout s'il attend après quelque
chose. Il peut enfin évoquer le recommencement ou le souvenir, selon que
l'enfant regarde les jours à venir ou les jours passés.

Caméléon

Un caméléon est un lézard qui peut changer de couleur selon le milieu
ambiant ou selon ses émotions. En rêve, ce reptile fait donc allusion à la
capacité d'adaptation ou aux émotions de l'enfant. Il peut aussi l'inviter à

la patience. Il peut aussi symboliser de mauvaises langues. Il peut également signifier que le rêveur a beaucoup de tact, qu'il a le tour de se faire des amis. Et il lui recommande de rester prudent.

Caméra

Une caméra est un appareil qui permet de faire un film ou une vidéo. En rêve, elle invite l'enfant à examiner les choses sous différents points de vue. Elle l'invite aussi à surveiller un peu plus ses actions. Voir *Film, Cinéma.*

Camion

Un camion en rêve peut représenter pour l'enfant un homme ou une façon solide de se développer. ◆Si le camion est très chargé, il peut faire référence au fait que sa progression est ralentie par un trop gros bagage de sentiments, d'attachements, de souvenirs. Tout dépend de ce que le camion transporte. ◆Si le camion n'est pas chargé, il peut indiquer que le rêveur connaît actuellement une période remplie de sécurité et qu'il se conduit avec assurance. Voir *Véhicule.*

Camionnette

Petit camion, mêmes sens que camion*, mais moins prononcés.

Camping

Le camping en rêve est synonyme de liberté, de voyage*, d'été, de vacances et de contact avec la nature. Il invite l'enfant à quitter certaines habitudes. Il fait aussi allusion à des découvertes et à de nouvelles rencontres.

Canal

Un canal évoque de l'eau qui coule, mais qui va dans une direction déterminée. En rêve, il évoque donc la distribution des énergies. Il peut aussi faire référence aux canaux du corps de l'enfant comme les veines, les artères, les intestins… Le rêve est donc positif ou négatif selon l'état du canal ou la qualité de l'eau* qui y coule.

Canard

En rêve, le canard fait souvent référence à un guide infaillible. Il fait donc allusion à quelqu'un de très sûr ou bien il désigne le Moi* universel de l'enfant. Parfois, le canard peut évoquer les bavardages. Il peut aussi évoquer des changements rapides. Il peut également inviter le rêveur à se montrer indifférent aux insultes. Enfin, il peut symboliser la gourmandise.

Canif

Un canif, en rêve, signifie que l'enfant doit prévoir et se montrer débrouillard. ◆Si le canif est ouvert, il peut évoquer l'agressivité ou le phallus*. ◆S'il est fermé, il symbolise l'agressivité refoulée (voir *Refoulement*).

Canne

Une canne est un bâton d'appui. En rêve, elle représente la vieillesse, la faiblesse, l'aide, le soutien. Elle peut aussi signifier qu'il y a quelque chose qui cloche dans la vie de l'enfant. (En parler avec lui.)

Cannibale

En rêve, un cannibale peut faire référence à la cruauté, à l'esclavage ou à la domination totale. Il peut aussi évoquer quelqu'un qui est l'esclave d'une passion dévorante. Ou encore quelqu'un qui se détruit lui-même parce qu'il ne s'aime pas. (En parler avec lui.)

Canoë

En rêve, un canoë symbolise une période de vie qui demande de bien contrôler ses instincts*. ◆S'il y a danger dans le rêve, le canoë peut signifier que l'équilibre de l'enfant est menacé.

Canon

Un canon en rêve évoque toujours une menace, de la violence, de la colère*, de la destruction, de la guerre*. Il représente une force brutale employée aussi bien pour l'attaque que pour la défense. Il peut aussi représenter l'exagération dans la peur*. Il peut enfin signifier le désir d'impressionner les autres.

Caoutchouc

Le caoutchouc invite à la souplesse ou à prendre des précautions. Il indique aussi parfois que l'enfant peut s'attendre à des rebondissements à la suite de certaines actions.

Cape

Une cape est un vêtement* ample, sans manches, comme peuvent en porter le berger*, le policier*, le héros* chevaleresque, le roi*, le toréador et le magicien*. Elle symbolise la protection, le secret*, le déguisement*, la dignité, l'autorité ou la noblesse. Elle peut aussi simplement évoquer quelqu'un qui jette de la poudre aux yeux, quelqu'un qui cherche à impressionner. Elle peut enfin représenter quelqu'un qui aime le drame.

Capitaine

Un capitaine est un chef. En rêve, il fait référence à la direction, à la responsabilité et à l'autorité. Il peut aussi amener l'enfant à se questionner : se sert-il bien de sa raison et de sa volonté* pour diriger sa vie ?

Capuchon

Un capuchon en rêve est une bonne protection. Mais c'est aussi une bonne façon de se cacher, de passer inaperçu. Le capuchon peut aussi évoquer une bonne inspiration qui viendrait du Moi* universel de l'enfant.

Carotte

La carotte est un légume orangé souterrain. En rêve, elle rappelle le sexe de l'homme. Elle symbolise aussi l'enrichissement par le travail. Sa couleur indique une passion violente. ◆Si elle est cuite, elle annonce un échec.

Carré

En rêve, un carré évoque les quatre points cardinaux, donc la Terre. Il évoque aussi la stabilité, la sécurité. Il indique à l'enfant que son Moi* universel est là, tout près. Le carré peut aussi évoquer un obstacle, une difficulté à vaincre. Enfin, il peut inviter l'enfant à faire preuve de plus de souplesse de caractère.

Carrousel

Le carrousel en rêve représente des plaisirs de la petite enfance du rêveur. Il évoque cette période qu'il regrette peut-être un peu. Il peut signifier qu'il a un blocage émotif. (En parler avec lui.) Il peut indiquer que l'enfant a l'impression de tourner en rond, de ne plus avancer. (En parler avec lui.) Il peut aussi simplement signifier que le rêveur cherche à se comprendre.

Carte à jouer

Le jeu de cartes en rêve symbolise la chance et la malchance. Il symbolise aussi l'honnêteté ou la tricherie. Ou encore il évoque l'avenir. Voici d'autres sens selon la carte vue en rêve. ◆CŒUR, As = grande joie, plénitude ; Roi = époux, père, protection ; Reine = épouse, amie de cœur, mère, protection ; Valet = amoureux, ami très cher ; 10 = grande joie imprévue à la maison ; 9 = plaisir d'amour ; 8 = petit plaisir, visite ; 7 = joie, bonne humeur ◆CARREAU, As = lettre, nouvelle très importante ; Roi = commerçant, intellectuel, frère marié ; Reine = commerçante, intellectuelle, sœur, parente, amie brillante, mais superficielle ; Valet = facteur, messager, jeune frère, étudiant ; 10 = voyage, étranger ; 9 = retard, indécision ; 8 = petit déplacement, transactions ; 7 = discussions ◆TRÈFLE, As = victoire ; Roi = homme de situation matérielle aisée ; Reine = femme de situation matérielle aisée ; Valet = célibataire distingué ; 10 = importante somme d'argent ; 9 = son gain, son travail ; 8 = petite somme d'argent ; 7 = petite transaction ◆PIQUE, As = surprise, événement imprévu, coup dur ; Roi = homme de loi, personne à craindre ; Reine = femme âgée, au cœur dur, rivale, veuve ; Valet = jeune homme timide, inquiet, désagréable ; 10 = contrariété passagère ; 9 = grosses difficultés ; 8 = difficultés moyennes et passagères ; 7 = petite colère, petit conflit.

Carte postale

En rêve, la carte postale représente le voyage*, l'étranger, les souvenirs. Elle représente aussi l'attachement et l'amitié. Elle peut aussi indiquer un court message du Moi* universel.

Carton

Le carton, en rêve, peut symboliser un certain durcissement dans les attitudes de l'enfant. Il symbolise aussi un besoin de protection. Il peut enfin évoquer un obstacle.

Cascade

En rêve, une cascade représente une grande énergie. Elle indique aussi un changement brusque. Elle peut indiquer que l'enfant va connaître une légère dépression. (En parler avec lui.) Elle peut l'inviter à maîtriser de vifs instincts*, à s'engager, à prendre une décision. Elle l'invite aussi à rester toujours lui-même, peu importent les événements de sa vie.

Casier

Un casier en rêve représente l'ordre et le classement. Il peut désigner aussi les choses personnelles de l'enfant, sa vie privée. Il peut aussi symboliser ses souvenirs.

Casque

En rêve, un casque désigne un besoin de protection. Il peut aussi symboliser le métier. Il peut signaler un danger et inviter à la prudence. Il peut également dire à l'enfant que ses idées sont trop figées. Il peut enfin indiquer au rêveur qu'il aimerait passer inaperçu. Peut-être que l'enfant se sent coupable*. Voir *Chapeau*.

Casse-noisette

Un casse-noisette est une sorte de pince en métal. En rêve, il représente un moyen pour découvrir un mystère, une chose difficile à comprendre. Il peut signifier que l'enfant se casse la tête avec un problème. Il peut aussi indiquer qu'il se sent coincé. (En parler avec lui.)

Casser

Voir *Briser*.

Casserole

Une casserole, en rêve, évoque la nourriture. L'enfant se nourrit-il bien? Ou nourrit-il bien son âme* et son esprit*? Voir *Chaudron*.

Catastrophe

Une catastrophe est un événement désastreux. En rêve, la catastrophe représente un changement négatif qui va permettre à l'enfant de se reconstruire autrement. Car il n'y a jamais de catastrophe irréparable. (En parler avec lui.)

Cauchemar

Un cauchemar est ce qu'on appelle un mauvais rêve. Il sert souvent à vider une peur qui doit sortir pour rétablir l'équilibre de l'âme*. L'enfant doit essayer d'identifier la peur qui a provoqué le cauchemar. Quand il l'aura identifiée, il devra se dire que dans un prochain rêve il va faire face à cette peur* pour qu'elle se change en amie. ◆Si le même genre de cauchemar revient souvent, l'enfant a besoin de l'aide de sa mère./ Il y a un moyen d'éviter certains cauchemars : avant de s'endormir, l'enfant pense rapidement aux images qui étaient dans son cauchemar précédent. Voir *Défoulement, Terreurs nocturnes.*

Cavalier

Un cavalier est une personne à cheval. En rêve, il peut représenter un amoureux ou un fiancé. Il représente aussi celui qui contrôle ses instincts* comme le cavalier contrôle bien son cheval. Le cavalier peut être le signe d'une victoire, d'un succès.

Cave

La cave, en rêve, fait référence aux sentiments que l'enfant refoule et qu'il devrait exprimer pour se sentir mieux (voir *Refoulement*).

Caverne

En rêve, la caverne rappelle l'utérus de la mère où l'enfant s'est développé avant de venir au monde. Elle peut signifier que le rêveur cherche un refuge, de la sécurité. (En parler avec lui.) La caverne peut aussi évoquer une épreuve à vivre. Voir *Grotte.*

Ceinture

En rêve, une ceinture représente la force, c'est comme une cuirasse de protection. Elle fait allusion à la volonté* personnelle. ◆Si l'enfant se serre la ceinture, ça veut dire qu'il se prive de quelque chose. ◆S'il la desserre, il ne se prive de rien. ◆S'il l'enlève, il s'abandonne aux plaisirs.

Céleri

Le céleri, en rêve, invite l'enfant à bien croquer dans la vie. Il symbolise aussi l'ordre. Le céleri peut aussi inviter l'enfant à aller au cœur de ses sentiments, à les comprendre.

Cendre

La cendre en rêve parle de mort* et de deuil. Elle parle aussi de regret. Elle peut aussi signifier que quelque chose est tout à fait terminé. Elle peut enfin rappeler à l'enfant de ne pas se penser plus important que les autres.

Cendrillon

En rêve, Cendrillon peut vouloir dire que l'enfant se dévalorise, qu'il ne s'aime pas. Ce personnage peut signifier qu'il se sent rejeté. (Faire comprendre à l'enfant que, si la vie l'a mis au monde, c'est qu'il est aimé par la vie. En parler avec lui.) Quand il aura repris confiance* en lui, l'enfant retrouvera le bonheur.

Centaure

Un centaure est un être fabuleux, mi-homme, mi-cheval. En rêve, il peut symboliser le côté animal et la sexualité de l'enfant. Il peut aussi évoquer l'harmonie entre son corps et son esprit* ou entre son corps et son âme*. Il représente aussi la période de l'adolescence.

Cerceau

Voir *Cercle*.

Cercle

En rêve, un cercle évoque la Nature. Il évoque aussi le développement complet de l'enfant. Il lui rappelle que son Moi* universel est là pour l'aider à y arriver. Le cercle peut aussi évoquer les planètes*. Il peut encore symboliser un besoin de protection. Il peut enfin inviter l'enfant à se faire des amis.

Cercueil

En rêve, un cercueil parle de séparation, de renoncement. Il peut indiquer à l'enfant ce qui est mort en lui et qui lui permet de passer à une autre étape. ◆Un cercueil blanc ou petit parle de la fin de certains enfantillages. Il peut aussi signaler que l'enfant a abandonné un projet. ◆Si le cercueil est ouvert, c'est que le rêve invite l'enfant à renaître, à se renouveler. Ou bien il fait référence à une grande peur*. (En parler avec lui.) ◆Si le cercueil est vide, il évoque une fausse peur, une fausse alarme.

Cerf

Un cerf en rêve représente la soif de l'âme* de l'enfant de parler à Dieu. Il annonce qu'il va comprendre une nouvelle chose. Il lui rappelle aussi que son Moi* universel est là tout près de lui. Il peut aussi faire référence à une grande joie, comme s'il était au paradis.

Cerf-volant

Un cerf-volant en rêve montre que l'âme* de l'enfant est captive de son corps. C'est normal. Elle est comme l'oiseau retenu par un fil à la patte. Le cerf-volant montre le désir du rêveur de s'élever dans un élan de l'âme*, alors qu'il reste pour l'instant, comme tout le monde, relié à son corps. Le cerf-volant exprime le désir qu'un jour on pourra partir dans le ciel, vivre autrement que sur la Terre.

Cerise

En rêve, la cerise peut représenter le clitoris. Ou alors elle parle de petits plaisirs. Les noyaux sont de petits inconvénients.

Chagrin

Si l'enfant a du chagrin en rêve, c'est qu'il devra renoncer à un plaisir. Ou bien il se sentira soulagé d'une peine. Voir *Larmes*.

Chaîne

Une chaîne en rêve peut représenter un attachement à une autre personne. Elle peut aussi faire référence à une mauvaise habitude. Elle peut également faire référence à un empêchement.

Chaise

En rêve, une chaise invite l'enfant à faire un arrêt, à prendre du repos. ◆Une chaise trop haute peut signifier que l'enfant se sent plus important que les autres. ◆Si elle est trop basse, c'est qu'il se sent inférieur aux autres. ◆Une chaise longue l'invite à la détente. Elle peut aussi représenter la paresse. Une chaise haute veut dire que le rêveur se comporte en enfant, qu'il fait des caprices.

Châle

Un châle en rêve symbolise la protection et la sécurité. Il indique que l'enfant se sent bien entouré ou qu'il désirerait l'être.

Chaleur

Une chaleur agréable en rêve est un signe de bien-être intérieur. Si la chaleur est trop intense, c'est que l'enfant est passionné par ce qu'il fait. Ou peut-être qu'il est en colère* ou trop inquiet.

Chambre

◆Si l'enfant rêve qu'il est dans sa propre chambre, ça veut dire qu'il se sent en paix, à l'aise. ◆S'il est dans la chambre de ses parents, c'est qu'il manque de sécurité. (En parler avec lui.) ◆S'il est dans une chambre avec des fantômes*, c'est qu'il est bouleversé. (En parler avec lui.) ◆S'il n'y a pas de meubles dans sa chambre, c'est qu'il manque d'amour. Ou bien c'est qu'il se sent vide*. (En parler avec lui.)

Chameau

Le chameau aide à traverser les régions désertiques. En voir un en rêve signifie que l'enfant demande de l'aide pour traverser la période difficile qu'il connaît. Le chameau peut aussi l'inviter à se montrer moins gourmand. Il peut aussi parler de privations. Il peut également faire allusion à quelqu'un qui a un sale caractère. C'est peut-être l'enfant lui-même. La présence d'un chameau en rêve peut signifier que l'enfant va rencontrer un sage*.

Champ

En rêve, un champ parle à l'enfant de liberté. Il peut l'inviter à prendre contact avec la nature. Il peut aussi l'inviter à faire de la recherche dans un domaine.

Champignon

Le champignon, en rêve, peut représenter le phallus*. Il peut aussi faire référence à une surprise. Il peut également faire référence à des sentiments cachés ou refoulés que l'enfant devrait exprimer (voir *Refoulement*). Les champignons montrent parfois que ça fermente à l'intérieur de l'enfant et que son Moi* universel va lui faire comprendre quelque chose d'important.

Champion

En rêve, un champion parle de victoire, de succès, de supériorité. Il signifie aussi combat, lutte et volonté* de vaincre, malgré les difficultés. Parfois, il peut inviter l'enfant à ne pas se penser plus important que les autres. Si c'est le rêveur le champion, ça signifie qu'il doit se faire confiance. Voir *Héros*.

Chandail

Un chandail en rêve symbolise le besoin de chaleur humaine et de protection de l'enfant. C'est le besoin d'être bien entouré par sa famille, ses parents et ses amis.

Chandelier

Un chandelier, en rêve, fait penser à un arbre* sacré. ◆Si les chandelles sont allumées, il est le signe de la lumière de l'âme*. ◆Si les chandelles sont éteintes, il signifie que l'âme* est négligée, qu'elle demande que l'enfant parle plus souvent à Dieu.

Chandelle

En rêve, la chandelle allumée évoque l'âme* qui se porte bien. ◆Si elle est éteinte, l'âme réclame que l'enfant s'occupe d'elle. Elle aimerait qu'il parle plus souvent à Dieu. Voir *Bougie*.

Chanson

Une chanson, en rêve, parle des sentiments et des émotions de l'enfant. Quels sentiments, quelles émotions ? Tout dépend des mots et de l'air de la chanson. Elle peut exprimer la joie, la tristesse, l'amour… ◆Une chanson chantée en chœur suppose que l'enfant s'entend bien avec les gens qui l'entourent.

Chant

Voir *Chanson*.

Chantage

En rêve, le chantage est un moyen désagréable pour faire pression sur quelqu'un afin d'obtenir de cette personne quelque chose qu'elle ne veut pas accorder. Le chantage peut aussi signifier que l'enfant se laisse conduire par ses émotions. Il pourrait se servir plus souvent de sa tête, de sa raison.

Chapeau

Un chapeau, en rêve, peut désigner une opinion ou un métier. Il peut signifier ce qu'est l'enfant ou comment il paraît aux yeux des autres. Le chapeau peut également indiquer un pouvoir. ◆S'il est percé ou ridicule, c'est que l'enfant a des idées folles. ◆S'il est pointu, il parle d'inspiration venant d'en haut, comme le chapeau du magicien* d'autrefois.

Chapelet

Un chapelet est un ensemble de grains réunis sur une chaînette et qui sert à prier. En rêve, il invite l'enfant à s'occuper de son âme*. Il peut aussi représenter la monotonie, la répétition ennuyeuse. Ou bien une série de choses qui s'enchaînent.

Charrette

En rêve, une charrette peut signifier à l'enfant que sa façon de se développer est un peu lente. Elle peut aussi lui indiquer qu'il est mal organisé.

Charrue

Une charrue est un instrument qui éventre la terre pour la préparer à recevoir les semences. En rêve, elle symbolise un travail pénible en préparation d'un succès. La charrue invite l'enfant à être plus appliqué. Elle fait référence au fait qu'il doit examiner les sentiments qui le mènent.

Chasse

En rêve, pour l'enfant, la chasse symbolise les découvertes, les recherches en vue de s'emparer de nouvelles connaissances. Elle peut aussi être un signe d'agressivité et de violence. Elle peut également évoquer une recherche amoureuse.

Chasse d'eau

Voir *Toilettes.*

Chat

Le chat en rêve désigne souvent le sexe de la femme. Il représente aussi la beauté, l'élégance, l'indépendance, la liberté et la souplesse. Il symbolise une douceur qui peut se transformer en agressivité, en méchanceté. Il évoque également une grande résistance, une grande énergie. Il peut représenter une aide à la guérison. ◆Les couleurs du chat apportent des nuances d'attitudes et les humeurs qui en découlent. Voir le nom des différentes couleurs. ◆Un chaton peut désigner un enfant, un bébé. Ou bien un besoin de tendresse.

Château

Un château est une super maison. En rêve, il symbolise un roi*, un prince*, une princesse*. Il évoque la superbe maison que tout le monde rêve d'habiter. Il représente notre être entier quand nous serons unis à notre Moi* universel, cette autre partie de nous-mêmes. Le Moi universel de l'enfant l'invite à construire son château intérieur en se développant. Il peut aussi signifier que l'enfant a besoin d'une grande protection. (En parler avec lui.) ◆Le château peut faire référence à la vie de château, à une vie facile, remplie de privilèges. ◆Si le château est noir, c'est peut-être que l'enfant se sent seul. Ou bien qu'il a un désir qui ne sera pas satisfait. ◆Si le château est blanc, c'est que l'âme* du rêveur va bien.

Châtiment

Voir *Punition*.

Chatouiller

Se sentir chatouillé en rêve, c'est se réjouir, rigoler. Ou bien au contraire, c'est se sentir agacé. Voir la partie du corps chatouillée.

Chaudron

Un chaudron ou une marmite en rêve peut indiquer une période de transformation importante. Il peut évoquer aussi un très grand savoir ou encore des pouvoirs magiques. Souvent, il signifie bonheur et prospérité. Il peut enfin évoquer l'immortalité. ◆Renversé, le chaudron symbolise un bouleversement majeur. (En parler avec l'enfant.)

Chaussette

Si l'enfant rêve de chaussettes, c'est qu'il se sent protégé. ◆S'il s'agit de vieilles chaussettes, ça peut vouloir dire qu'il aime retrouver ses vieilles habitudes. Ça peut aussi vouloir dire qu'il rejette quelqu'un qu'il n'aime pas. ◆S'il lui en manque une, c'est qu'il se sent isolé. (En parler avec lui.) Voir *Bas*.

Chaussure

Les chaussures en rêve évoquent certaines attitudes de l'enfant et de son cheminement dans la vie. Elles évoquent aussi le pouvoir et l'autorité. Elles rappellent également les démarches qu'il doit faire. Voir *Botte, Soulier*.

Chauve-souris

Les chauves-souris des rêves de l'enfant peuvent symboliser les terreurs* nocturnes. Ou bien elles l'invitent à se fier à son intuition* qui lui dit ce qu'il doit faire. Elles peuvent lui signaler qu'il est un peu tête folle. Elles peuvent aussi lui dire que quelqu'un vit à ses dépens. Si elles sont associées à des sorcières, voir le mot *Sorcière*. La chauve-souris invite aussi le rêveur à prendre conscience de ses sentiments, même si c'est un peu difficile. Il doit savoir ce qui le conduit. La chauve-souris peut représenter un dragon* ailé.

Chef

Un chef en rêve représente la direction et l'organisation. Peut-être que l'enfant a besoin de mieux s'organiser. ◆Si c'est lui le chef, en rêve, ça fait référence à ses responsabilités envers lui-même ou envers les autres. Ça peut évoquer le fait que, si c'est bien de diriger, dominer les autres ne l'est pas.

Chemin

En rêve, un chemin représente le déroulement de la vie de l'enfant. ◆Si le chemin est accidenté, c'est que, pour l'instant, le rêveur a à vaincre des obstacles. Il a des défis à affronter. ◆Si le chemin est en terre, c'est qu'il est invité à se fier à son intuition*. ◆Si c'est un chemin dans la forêt, c'est qu'il est invité à connaître ses goûts, ses tendances, ses habitudes. ◆S'il s'agit d'un chemin pavé, c'est que l'enfant a besoin de sécurité. ◆S'il s'agit d'un sentier, c'est qu'il peut faire son chemin tout seul. ◆S'il s'agit d'une auto-route, c'est qu'il connaît une période de développement rapide. ◆Tous les obstacles rencontrés en chemin sont des épreuves que l'enfant doit domi-ner pour devenir plus fort. Ce sont souvent des empêchements personnels comme de la gêne, de la crainte, de l'orgueil ou un manque de confiance*.

Chemin de fer

Voir *Voie ferrée, Train.*

Cheminée

Rêver d'une cheminée est presque toujours positif. La cheminée du rêve évoque la chaleur humaine, la vie familiale. Elle évoque aussi les influences du ciel et des prières qu'on lui adresse. ◆Un oiseau dans la cheminée est une bénédiction, une grâce, à moins qu'il ne soit mort. À ce moment-là, il peut annoncer une mort.

Chemise, Chemisier

Une chemise en rêve représente la peau* et la poitrine*. Elle symbolise aussi un besoin de protection et un besoin d'intimité. ◆Sa matière et sa forme indiquent un rang social. ◆Sa couleur* indique les humeurs, les sentiments et les opinions de celui qui la porte.

Chenille

Une chenille est la larve du papillon. En rêve, elle représente la préparation à une grande transformation. Pour l'enfant, elle fait référence à une période de sa vie qui peut être un peu pénible. Mais les résultats de ses efforts et de ses sacrifices en vaudront largement la peine.

Cheval

Un cheval est un animal puissant et souvent domestiqué. En rêve, il symbo-lise les efforts que l'on fait pour dominer notre partie animale qui veut tou-jours faire ses caprices. Il représente aussi la force de vie qui nous habite. Sa crinière évoque la fierté et sa queue, la sexualité. Il peut aussi évoquer la course, la rapidité, le courage et la générosité. Il rappelle le temps qui passe. ◆S'il s'agit d'un cheval sauvage, piaffant ou cabré, cela peut indiquer que les instincts* ou la sexualité de l'enfant le mènent par le bout du nez. ◆S'il est mordant, dévorant, il représente un danger pour le corps du rêveur. Prudence ces temps-ci. ◆Comme il travaille souvent pour l'homme, le cheval peut représenter aussi un gros travail à faire.

Chevalier

Un chevalier était un seigneur du Moyen Âge qui combattait à cheval. En rêve, il apporte habituellement à l'enfant de l'aide et de la protection. ◆Si c'est le rêveur qui est le chevalier, ça veut dire qu'il va remporter une victoire sur ses instincts*.

Cheveux

Les cheveux, en rêve, symbolisent pour l'enfant sa vigueur ou ses pensées, ses idées. Parfois, ils représentent aussi les inspirations qui viennent de son Moi* universel. ◆En rêve, ils peuvent être de différentes couleurs. Voir le nom de la couleur des cheveux pour en connaître la signification. ◆S'ils sont longs, ils indiquent que l'enfant a de l'influence sur les autres. Ou bien beaucoup de vigueur. ◆S'ils sont courts, c'est un signe de volonté* ou bien de manque de force. ◆S'ils sont rasés, ils indiquent que le rêveur domine bien ses instincts* ou peut-être qu'il fait du refoulement*. ◆S'ils tombent, c'est que le rêveur perd de l'énergie ou bien qu'il doit changer de mentalité. ◆S'ils sont frisés, c'est que l'enfant désire plaire. ◆S'ils sont tressés, ça veut dire que l'enfant a de bonnes intentions. ◆Un toupet signifie que l'enfant a de l'audace, peut-être même de l'effronterie. ◆Un cheveu trouvé là où il ne doit pas être signifie une négligence ou une mauvaise surprise.

Cheville

La cheville en rêve représente pour l'enfant la relation entre ses idées et ses sentiments. Ou bien elle signifie de la souplesse dans ses démarches. ◆Une douleur à la cheville peut indiquer un manque de confiance* en soi ou un mauvais départ. Voir *Droite/Gauche*.

Chèvre

Une chèvre en rêve peut être un signe d'aide. Elle peut aussi signifier que l'enfant a confiance* en lui. Elle peut également l'inviter à ne pas écouter que ses caprices.

Chevreuil

Voir *Cerf.*

Chewing-gum

Voir *Gomme à mâcher.*

Chien

En rêve, le chien symbolise pour l'enfant son corps qui aime bouger et courir en toute liberté. Il représente aussi ses amitiés et ses relations avec les autres. Il peut aussi faire référence à la sexualité masculine. Il peut également symboliser le sauveur et le guérisseur. Il annonce parfois la mort. Il peut encourager l'enfant à utiliser son flair, son intuition*. Il peut représenter son Moi* universel. Il parle également du besoin de sécurité de l'enfant. Il parle aussi de son côté qui aime rendre service. ◆S'il mord le rêveur, c'est que celui-ci s'occupe mal de son corps et de sa santé. Ou bien qu'il ne s'occupe pas de sa sexualité. ◆Si le chien est malade ou blessé, c'est que le corps de l'enfant court un certain danger. (En parler avec lui.)

Chiffon

En rêve, un vieux chiffon signifie qu'il faudrait que l'enfant se secoue un peu parce qu'il se laisse aller à la mollesse. Ça indique aussi qu'il pourrait faire le ménage dans ses idées et ses sentiments. L'enfant devrait se demander ce à quoi il tient vraiment.

Chiffre

Voir *Nombre.*

Chips

Voir *Croustilles.*

Chocolat

Le chocolat, en rêve, fait référence pour l'enfant, à des gâteries, à des plaisirs, à l'agrément. Il évoque aussi l'excitation et l'énergie. Il représente également la réussite et la récompense. Il symbolise enfin la tentation du rêveur de se laisser aller à ses caprices et à la facilité.

Chou

En rêve, le chou évoque la concentration de l'attention. Il représente les efforts que fait l'enfant pour se développer afin de se rapprocher de son Moi* universel.

Chouette

La chouette est un gros oiseau de nuit. En rêve, elle peut représenter la peur du noir* ou les terreurs* nocturnes. Elle peut aussi exprimer le désir de passer inaperçu, soit parce que l'enfant se sent coupable*, soit parce qu'il manque de confiance* en lui. (En parler avec lui.) La chouette peut représenter son Moi* universel qui l'aide à faire disparaître ses peurs*. Elle peut aussi symboliser l'intuition*, un don de voyance. Elle peut enfin signifier qu'une chose plaît vraiment à l'enfant.

Christ

Voir le Christ en rêve, c'est voir celui qui est le maître de la mort et de la résurrection. L'enfant peut se demander pourquoi il le voit. Pour se rassurer? Pour se rappeler qu'il a besoin de parler à Dieu? Pour se rappeler que tout ce qui compte, c'est l'amour? Pour lui parler de son âme* et de son esprit*, qui sont ses parties divines? ◆Il peut aussi signifier que l'enfant se sent perdu. (En parler avec lui.)

Chute

Voir *Tomber, Cascade*.

Cible

Une cible en rêve représente un but que poursuit l'enfant. Elle peut aussi signifier qu'il est la victime de quelqu'un. (En parler avec lui.)

Cicatrice

Une cicatrice en rêve rappelle à l'enfant que ses sentiments ont été blessés. Il s'agit d'une vieille blessure émotive ou d'un mauvais souvenir. (En parler avec lui.) Pour en connaître l'origine, voir la partie du corps où se trouve la cicatrice.

Ciel

En rêve, le ciel fait référence à l'atmosphère intérieure de l'enfant. Selon que le ciel est bleu, noir, dégagé ou chargé de nuages, il évoque ses humeurs, son état d'âme. Il peut donc symboliser le bonheur, la confiance*, la peur*, l'idéal*, la colère*, la culpabilité... ◆Le ciel représente aussi le paradis où se trouve Dieu. Il peut donc inviter le rêveur à parler à Dieu plus souvent.

Cierge

Voir *Chandelle*.

Cigarette

La cigarette en rêve met l'enfant en garde contre l'habitude de fumer. Elle peut aussi signifier qu'il joue à l'adulte. Ou bien qu'il subit une mauvaise influence. Voir *Fumer*.

Cils

Les cils en rêve sont un signe de beauté ou de charme. Peut-être que quelqu'un fait les yeux doux à l'enfant ou bien c'est l'enfant qui fait les yeux doux à quelqu'un. En tout cas, il y a de l'amour dans l'air. ◆Les faux cils symbolisent la volonté de plaire à tout prix. Ils symbolisent aussi une attitude artificielle, une attitude qui manque de sincérité.

Ciment

Voir *Béton*.

Cimetière

En rêve, un cimetière fait référence à la mort. Il peut aussi évoquer la peur de la mort*. Il peut également représenter des choses qui sont terminées et auxquelles l'enfant doit renoncer. Enfin, il peut faire référence à des souvenirs enfouis ou à des sentiments qu'il refoule, alors qu'il vaudrait mieux les exprimer (voir *Refoulement*).

Cinéma

Aller au cinéma en rêve est pour l'enfant un symbole d'histoires et d'aventures. Ça peut aussi évoquer le fait que l'enfant se fait du cinéma, c'est-à-dire qu'il se fait des rêves en l'air, qu'il entretient des désirs irréalisables.

Cire

La cire en rêve invite l'enfant à la souplesse de caractère. Elle peut aussi représenter de la mollesse. Elle peut également évoquer le sacrifice et l'effort. Elle peut mettre le rêveur en garde contre certaines influences.

Cirque

En rêve, le cirque évoque une joie tapageuse. Il évoque aussi l'excitation et le désordre. Et il peut inviter l'enfant à contrôler ses caprices et ses instincts*. Voir *Clown*.

Ciseaux

Cet instrument à deux lames symbolise, en rêve, un choix à faire. Ou bien une décision à prendre. Il peut aussi inviter l'enfant à rompre avec quelqu'un ou bien à renoncer à une habitude. Parfois, les ciseaux signifient la mort*.

Citron

Le citron du rêve peut représenter un sein de femme. Sa couleur évoque un vif désir, souvent charnel. Ses pépins représentent les ennuis, les petits problèmes. Son goût fait référence à la fraîcheur et à la stimulation. Il peut aussi être le signe d'un plaisir qui laisse un peu d'aigreur.

Citrouille

La citrouille est un très gros fruit vide. Sa forme peut représenter les fesses. Sa couleur fait référence à un attrait sexuel. Sa saveur un peu fade évoque une déception. Son vide évoque les organes sexuels féminins. Ou bien une fausse promesse. Ou bien encore un vide* intérieur. La citrouille évoque aussi Cendrillon*, les sorcières* et l'Halloween*. Sa grosseur peut inviter l'enfant à ne pas se penser plus important que les autres.

Classe

Une classe d'élèves en rêve symbolise d'abord le groupe de l'enfant. Ce rêve peut lui rappeler de se demander comment ça va avec les autres. Il représente aussi ses échecs et ses succès scolaires. Il peut aussi lui rappeler de se demander comment vont ses apprentissages. Il l'invite sans doute aussi à ne pas faire de comparaisons. Chacun est comme il est avec des défauts et des qualités. Voir *École*.

Clavicule

Les clavicules sont les os qui forment les épaules*. En rêve, elles parlent à l'enfant de ce qui arrive après la mort. ◆Si elles sont cassées, c'est qu'il a besoin de comprendre le sens de la vie. C'est qu'il a besoin de se donner des buts* et un idéal* dans la vie. (En parler avec lui.)

Clé

Une clé en rêve invite l'enfant à ouvrir son esprit*, à tâcher de comprendre au lieu de dire qu'il ne comprend pas. On a toujours des choses nouvelles à découvrir et notre esprit adore ça. La clé peut faire référence à un secret que porte en lui l'enfant. S'il est trop difficile à porter seul, le rêve l'invite à en faire part à quelqu'un en qui il a confiance. La clé peut aussi faire référence à un désir sexuel. ◆Si la clé est perdue, c'est que l'enfant ne se sert pas assez de son jugement. Ou bien encore c'est qu'il a perdu le contrôle. (En parler avec lui.) ◆Une clé trouvée ou nouvelle fait référence à une découverte inattendue ou à une nouvelle compréhension.

Climatiseur

Un climatiseur en rêve symbolise l'atmosphère intérieure de l'enfant, de son état d'âme. ◆Si l'appareil va mal ou s'il est en panne, c'est que l'enfant a besoin de sortir, de s'amuser.

Cloche

Une cloche dans un rêve annonce des malheurs ou des bonheurs collectifs. Elle représente aussi un appel pour que l'enfant change ses défauts en qualités. Elle peut encore indiquer qu'il doit se réveiller, se secouer un peu.

Elle veut attirer son attention sur ce qui se passe dans le rêve. Elle peut enfin l'inviter à s'occuper de son âme*.

Clocher

Un clocher est une construction qui contient une ou plusieurs cloches*. En rêve, c'est un appel à la conscience pour inviter l'enfant à se demander s'il agit bien. Et c'est aussi un appel de son âme* qui aimerait qu'il parle plus souvent à Dieu.

Cloporte

Les cloportes sont de petits animaux terrestres à mille pattes qui vivent à l'humidité, sous les pierres. Ils représentent de petits secrets, de petits soucis ou de petites inquiétudes. Ils peuvent aussi signifier que l'enfant vit trop replié sur lui-même. Peut-être aussi indiquent-ils qu'il ne s'aime pas et qu'il ne prend pas la place qui lui revient. (En parler avec lui.)

Clôture

Une clôture en rêve représente ce qui limite l'enfant, ce qui l'empêche de se développer. Peut-être qu'elle indique qu'il souffre d'isolement. (En parler avec lui.) Une clôture peut aussi faire référence à son intimité qu'il doit protéger.

Clou

1. En rêve, un clou en métal évoque le développement de l'enfant. Il peut aussi évoquer la violence, les coups répétés ou les blessures intérieures. (Inviter l'enfant à en parler à quelqu'un en qui il a confiance.) Le clou peut enfin faire allusion au sexe masculin.

2. Un bouton douloureux, voir *Bouton*.

Clown

Un clown en rêve invite l'enfant à se détendre complètement. Il a besoin de rire et de faire rire. Parfois, le clown peut signifier que le rêveur est tourné en ridicule par les autres. (En parler avec lui.)

Coccinelle

La coccinelle mange les pucerons. Elle est considérée comme un insecte utile. C'est pour ça qu'on l'appelle la *bête à bon Dieu*. En rêve, elle représente l'aide que l'enfant va recevoir dans son développement. Elle lui dit d'avoir confiance. Son Moi* universel lui rappelle qu'il veille sur lui.

Coccyx

Le coccyx est composé des dernières vertèbres de la colonne* vertébrale.
◆S'il est blessé en rêve, c'est que l'enfant doit agir, se décider à changer certaines choses dans sa vie.

Cochon

Voir *Porc*.

Cœur

Le cœur, que se soit en rêve ou en réalité, est l'organe qui fait référence à nos émotions, à nos désirs, à nos peurs ou à nos sentiments. Il fait aussi référence à l'amour, à la tendresse et à l'affection. Il invite aussi l'enfant à la générosité envers les autres. Il l'invite parfois au courage. Il fait également référence au centre de tout, Dieu le Père. Il peut lui rappeler de se demander s'il parle assez souvent à Dieu. ◆Si, en rêve, le cœur lui fait mal, c'est peut-être qu'il est écœuré de quelque chose. Ou bien qu'il manque de joie, de plaisir, de tendresse. (En parler avec lui.)

Coffre

Un coffre dans un rêve évoque la vie intérieure, les souvenirs ou les secrets*. Il évoque l'intimité de l'enfant. Il a droit à cette intimité.

Coffre-fort

On cache dans un coffre-fort ce qu'on a de plus précieux. Le coffre-fort du rêve peut représenter le cœur ou l'esprit* de l'enfant. Il symbolise aussi l'intimité à laquelle il a droit. Il symbolise aussi parfois des sentiments que le rêveur refoule, alors qu'il ferait mieux de les exprimer pour se sentir libéré (voir *Refoulement*).

Coin

Le coin d'une pièce en rêve peut être le symbole d'une punition méritée ou non. Il peut aussi symboliser le fait que l'enfant se sent coupable*. Ou bien qu'il se sent coincé. (En parler avec lui.)

Colère

En rêve, si l'enfant se met en colère, c'est qu'il n'ose pas la faire dans la réalité. Il a comme une rage refoulée. Il est bon alors de laisser sortir sa colère, surtout si elle est justifiée. Il arrive qu'on éprouve de la colère parce qu'on se sent impuissant ou indigné. L'enfant devrait aller voir la personne qui le met en colère et lui dire le fond de sa pensée. S'il a peur de le faire dans la réalité, il doit se dire quand il est éveillé qu'il le fera au moins en rêve. S'il rêve de colère, peut-être qu'il a peur de la colère de quelqu'un. (En parler avec lui.)

Colis

Si l'enfant rêve d'un colis, c'est peut-être un cadeau intérieur qu'il va recevoir. Peut-être qu'il va comprendre quelque chose qu'il n'avait pas encore compris. Voir *Paquet, Caisse*.

Colle

En rêve, la colle peut symboliser pour l'enfant le fait que quelqu'un lui « colle » après. Il doit lui faire comprendre qu'il a droit à sa liberté. Ou peut-être que le rêveur a un problème difficile à régler. (En parler avec lui.) Ou bien peut-être qu'il s'agit d'une punition à l'école.

Collection

Une collection en rêve symbolise les objets qu'aime l'enfant. Les objets collectionnés symbolisent ce à quoi il tient vraiment. Une collection représente aussi son besoin d'être aimé. Ou bien elle indique qu'il manque de sécurité. (En parler avec lui.)

Collet

L'encolure d'un vêtement en rêve fait allusion au cou* ou à la parole. Le collet peut aussi évoquer un certain étouffement intérieur. Peut-être que l'enfant refoule un sentiment ou une émotion qu'il gagnerait à exprimer pour se soulager (voir *Refoulement*). Parfois, un collet peut signifier que le rêveur se sent pris ou coupable*.

Collier

En rêve, un collier évoque le lien entre l'enfant et celui qui le lui a donné. Il peut aussi évoquer une récompense ou encore signifier que le rêveur est trop soumis. Comme le collier est une décoration, peut-être qu'il rappelle à l'enfant qu'il cherche à plaire parce qu'il veut être aimé. ◆La matière du collier est importante. Voir *Perle, Or*.

Collision

Une collision en rêve montre deux choses ou deux personnes qui se heurtent. L'enfant doit essayer de trouver ce qui oppose ces deux choses ou ces deux personnes. Peut-être que le rêveur se trouve devant une contradiction et qu'il doit faire un choix. ◆Collision d'auto, voir *Accident.*

Colonne

Une colonne est ce qui unit le haut et le bas. En rêve, elle peut représenter un soutien ou une aide qui est accordée à l'enfant. Elle symbolise aussi sa relation avec son Moi* universel. Elle peut évoquer une victoire, un succès.

Colonne vertébrale

La colonne vertébrale est ce qui tient le corps dressé et supporte la tête. En rêve, elle fait référence à la fierté, à la dignité. Elle peut aussi évoquer la force de caractère. Elle peut enfin symboliser le lien de l'enfant avec son Moi* universel. ◆Mal à la colonne, voir *Dos.*

Combat

Un combat en rêve fait référence à un combat intérieur. Il peut inviter l'enfant à tenir bon, malgré les difficultés. Il est une invitation à faire face, à ne pas se laisser avoir par les problèmes. Il y a beaucoup de petits combats dans la vie. Ce sont eux qui vont rendre le rêveur plus fort.

Comédien, Comédienne

Voir *Acteur, Vedette.*

Comète

Une comète en rêve est un signe de grande rapidité. Elle peut signifier que l'enfant a été ébloui par quelqu'un ou par quelque chose. Parfois, elle l'avertit d'un danger. Et à d'autres moments, elle représente une inspiration. Enfin, la comète peut signaler un succès soudain et passager.

Commode

Une commode est un meuble de rangement. En rêve, elle suggère à l'enfant de conserver son intérieur en ordre, sa conscience, tranquille. Voir *Armoire.*

Compas

En rêve, un compas invite l'enfant à faire le point, c'est-à-dire à faire le tour des idées auxquelles il tient et à se demander s'il agit bien avec les gens. Il peut aussi évoquer l'orientation (voir *Boussole*). Voir *Cercle*.

Compter

Compter en rêve pour un enfant, c'est une invitation à se demander s'il est en accord avec sa conscience ou avec les gens. Ça peut aussi être une invitation à se demander s'il est généreux ou égoïste.

Conducteur

En rêve, un conducteur de véhicule symbolise la direction. Il peut représenter la raison, l'esprit de l'enfant. Ou bien son Moi* universel. Il peut aussi évoquer ceux qui le conduisent dans la vie : ses parents et ses maîtres. Il peut également représenter sa conscience. Il peut enfin rappeler à l'enfant de se demander s'il se sent sur le bon chemin ou s'il se sent perdu. (En parler avec lui.)

Confiance en soi

Il est capital que l'enfant ait confiance en lui. Cette confiance vient de lui-même et des autres. Si les autres l'aiment, ça lui donne de la valeur et sa confiance en lui s'améliore. Elle grandit aussi chaque fois qu'il réussit à faire quelque chose avec succès. Et chaque fois qu'il domine ses mauvaises tendances ou ses caprices. ◆En rêve, s'il manque de confiance en lui, il doit se dire au moment où il est réveillé, que la prochaine fois il ne manquera pas de confiance en lui dans son rêve, il va foncer. Son Moi* universel l'aidera.

Confiture

En rêve, la confiture peut symboliser les plaisirs sensuels ou sexuels. Elle peut aussi évoquer les caprices. Ou bien la confusion. Voir le nom du fruit dont elle est faite.

Congé

Un congé en rêve fait référence à la liberté, à la détente. Il symbolise le fait que l'enfant se sent lui-même et qu'il ne ressent pas d'obligations.

Congélateur

En rêve, un congélateur évoque une réserve d'énergie. Il peut aussi représenter un arrêt dans le développement de l'enfant. Il peut indiquer que le rêveur a le droit de s'amuser. Il peut signaler qu'il manque de sécurité, de confiance* en lui. (En parler avec lui.)

Coq

Le coq en rêve fait référence à la fierté ou à la vanité. Il appelle aussi au réveil : il fait référence au fait que l'enfant devrait se secouer un peu et réveiller sa joie de vivre. Il symbolise aussi l'agressivité, la prétention, la susceptibilité. Il peut aussi annoncer une victoire.

Coquerelle

Voir *Blatte*.

Coquille

La coquille (ou le coquillage) évoque un besoin de protection. Ça invite aussi l'enfant à se demander s'il se développe bien, à l'encourager à sortir de sa coquille et à se montrer plus indépendant. Ça fait aussi allusion aux organes sexuels. Ça peut enfin signifier bouder*.

Corbillard

Un corbillard en rêve pose à l'enfant des questions sur ce qui se passe après la mort. Il peut aussi faire référence à quelque chose qui est mort chez le rêveur. Est-ce un talent ? Est-ce un sentiment ? Est-ce un sacrifice qu'il doit faire ?

Corde

Une corde en rêve symbolise l'attachement à une personne ou à une chose. Elle peut aussi symboliser un moyen. Elle fait également référence à la suite de la vie qui se déroule, donc au développement du rêveur. Elle peut évoquer un empêchement. Les différentes significations dépendent du rôle de la corde dans le rêve. Enfin, elle fait allusion à sa relation avec son Moi* universel.

Corde à linge

Une corde à linge en rêve signifie qu'il serait bon pour l'enfant de changer d'air, de sortir, d'aller jouer dehors. Elle l'invite aussi à exprimer ses sentiments, au lieu de les garder à l'intérieur. Elle peut enfin lui conseiller de ne pas se vanter ni se plaindre.

Corne

En rêve, une corne représente la force, la puissance, l'autorité. Ou bien elle symbolise la rage, la colère*. Elle invite l'enfant à se défendre si on l'attaque. Elle parle aussi de lumière, de conscience. Elle peut également faire référence au fait que le rêveur a de bonnes inspirations.

Corneille

La corneille en rêve signifie deux choses opposées. Ou bien elle signale le printemps, la fin de l'hiver, donc le succès, la victoire sur les épreuves. Ou bien elle annonce la mort, la fin de quelque chose. ◆Elle engage aussi l'enfant à faire face à ses peurs*.

Cornichon

Le cornichon en rêve représente le plaisir de vivre. Il peut aussi évoquer le fait que l'enfant se sent négligé, mis de côté. (En parler avec lui.)

Corps humain

Nous sommes faits de trois parties : le corps, l'âme* et l'esprit*. Le corps, l'enfant le connaît bien. C'est lui qui grandit, qui a besoin de bouger, de se nourrir, de se reposer. C'est lui qui peut voir par les yeux, écouter par les oreilles, sentir par le nez, goûter par la bouche et toucher par la peau. Il nous met en contact avec tout ce qui est sur Terre. ◆Rêver du corps humain invite le rêveur à comprendre ce qui ne va pas chez lui. Chaque partie du corps symbolise une partie de son âme*. Voir *Bras, Jambe, Tête, Pied.*

Cosmétique

En rêve, les cosmétiques évoquent la beauté, l'amélioration du corps et de l'âme* de l'enfant. Ils évoquent le désir de charmer les autres, d'attirer leur attention, de se faire aimer. Ils évoquent aussi un manque de naturel, un manque de spontanéité.

Costume

Le costume en rêve est un symbole de protection et aussi de la relation de l'enfant avec les autres. Il évoque son attitude envers eux. Le genre de costume du rêveur le renseigne sur sa façon d'aborder les autres, soit qu'il essaie d'en imposer, soit qu'il tente d'échanger ou de se protéger.

Côte

1. Une pente que l'enfant monte en rêve l'invite à fournir un effort. Elle signifie qu'il est en progrès. ◆Une pente qu'il descend indique qu'il passe par une période facile. Ou bien elle indique qu'il se laisse aller à la facilité. Elle peut aussi évoquer ses instincts* négatifs.

2. En rêve, les côtes du corps humain symbolisent le besoin de protection de l'enfant. (S'il se sent dans l'insécurité, en parler avec lui.) Les côtes l'invitent aussi à se demander quel genre d'amis l'entourent.

Coton

Le coton en rêve évoque le vêtement* ou le drap*. Il évoque aussi la simplicité et il encourage l'enfant à rester naturel. Il peut parfois lui signifier qu'il est un enfant gâté. Ou bien qu'il connaît un passage difficile.

Cou

Le cou établit la relation entre la tête et le corps. En rêve, il invite donc l'enfant à vivre selon ses idées. ◆Si le rêveur a mal au cou, ça peut signifier qu'il manque de souplesse de caractère : il est entêté, il a peur de changer d'opinion, de point de vue. Ça peut aussi vouloir dire qu'il a besoin de tendresse, de caresses. (En parler avec lui.) Un mal de cou peut indiquer enfin qu'il en a assez de telle chose. Voir *Torticolis*.

Couche

Une couche de bébé en rêve peut symboliser le fait qu'au lieu de se développer, l'enfant régresse. Elle peut aussi évoquer le fait qu'il joue au bébé*. (En parler avec lui.)

Coude

Le coude en rêve fait référence à un appui, à une défense ou à un changement de direction. ◆Si l'enfant a mal au coude droit, c'est peut-être parce qu'il veut écraser les autres. Ou bien c'est que son entêtement le fait mal agir. Ou bien encore que ses émotions et ses sentiments lui font perdre beaucoup d'énergie. ◆S'il a mal au coude gauche, c'est peut-être parce qu'il ne prend pas la place qui lui revient. Ou bien c'est que son entêtement l'empêche d'agir. Ou bien ça veut dire que quelqu'un l'exploite et qu'il est trop tolérant. Ça peut aussi vouloir dire que son agressivité est refoulée et qu'il devrait trouver un moyen de l'exprimer. Peut-être en faisant du sport. ◆Un coup de coude, voir *Coup*.

Couleur

Les couleurs en rêve évoquent les états d'âme, le climat intérieur, les humeurs de l'enfant. ◆Des couleurs vives montrent une bonne vitalité, une bonne atmosphère. Cela peut aussi signifier que le rêveur est trop excité. ◆Les couleurs ternes traduisent un manque de vitalité. ◆Les couleurs douces symbolisent une période de calme, de douceur. Voir *Ciel*.

Couleuvre

En rêve, la couleuvre peut évoquer le sexe de l'homme, ou représenter sa colonne* vertébrale. Elle peut désigner une attitude rusée, rampante, non franche, ou également indiquer une fausse peur.

Couloir

Un couloir en rêve désigne souvent le col de l'utérus que le nouveau-né doit franchir pour venir au monde. Il évoque donc la naissance, le renouvellement. Il signale une épreuve qui va changer l'enfant pour le mieux. Il peut l'inviter à comprendre de nouvelles choses. Il peut enfin faire référence à des rumeurs, à des commérages dont on ne doit pas s'occuper.

Coup

Un coup en rêve peut représenter un choc émotif : quelqu'un a pu blesser l'âme* de l'enfant. (En parler avec lui.) Un coup peut aussi évoquer un accident*. Il peut signaler aussi que le rêveur a un effort à fournir, une décision à prendre. ◆Donner un coup de coude peut vouloir dire que l'enfant doit se dégager de quelqu'un ou d'une situation qu'il n'apprécie pas. Il peut aussi signifier qu'il se sent agressif ou ambitieux. ◆Recevoir un coup de coude peut indiquer que l'enfant est victime d'agression, qu'il a besoin de se défendre, de réagir. Peut-être qu'il tolère trop de choses qui lui déplaisent. ◆Donner un coup de poing à quelqu'un suppose que le rêveur agresse quelqu'un et qu'il pense régler ses conflits par la violence au lieu de le faire par la parole. ◆Recevoir un coup de poing peut signifier que l'agressivité de l'enfant reste refoulée et qu'il aurait avantage à l'exprimer par les sports, par exemple. ◆Donner un coup de poing contre un objet est un symbole de rage, de colère* ou un sentiment d'impuissance, de frustration. ◆Donner un coup de pied à quelqu'un suppose qu'on l'envoie promener. ◆En recevoir un signifie honte* ou échec, ou bien le rejet. (En parler avec l'enfant.) ◆Donner un coup de pied contre un objet signifie colère*, dépit, défoulement*. ◆Un coup de soleil, voir *Insolation*.

Coupable

Si l'enfant se sent coupable, en rêve, c'est qu'il a mauvaise conscience. S'il a fait quelque chose d'incorrect, il peut tâcher de réparer ce qu'il a fait. (Lui expliquer qu'il y a des moments où l'on se sent coupable, mais où on ne l'est pas vraiment. Ça arrive quand on ne se sent pas à la hauteur, incapable de faire une chose. Il faut alors s'examiner pour voir si l'on a fait vraiment quelque chose d'incorrect. Si ce n'est pas le cas, on chasse ce sentiment. Il faut le faire chaque fois que ce sentiment se présente.)

Coupe

Une coupe est un verre avec un pied. En rêve, elle peut représenter le cœur*, le sein* maternel ou le crâne*. ◆Des coupes échangées symbolisent la fidélité. ◆Boire dans une coupe, c'est accepter quelque chose ou se réjouir. ◆Une coupe renversée est le signe d'un grand changement. ◆Une coupe vide évoque l'épuisement d'une énergie et la préparation à en recevoir une nouvelle. Voir *Verre à boire, Vase*.

Couper

La première coupure est celle du cordon ombilical. C'est la coupure de la mise au monde du nouveau-né. C'est le symbole de toutes les autres séparations. ◆Si l'enfant se coupe en rêve, c'est qu'il se montre assez raisonnable pour se conduire tout seul. Ou bien il se sépare de quelqu'un. Ou bien il supprime une habitude. Tout dépend de la partie du corps qui est coupée.

Si c'est du côté gauche, c'est que le rêveur devrait s'imposer une séparation. Si c'est du côté droit, c'est qu'il se fait du tort en se séparant de quelqu'un ou de quelque chose.

Cour

En rêve, une cour fait référence à l'intimité personnelle que l'enfant doit défendre. La cour peut être aussi un signe d'égoïsme ou que le rêveur n'est pas ouvert aux autres.

Courbature

Si l'enfant sent des courbatures en rêve, c'est qu'il n'est pas à l'aise à l'intérieur de lui-même. Ça peut signifier aussi qu'il ne se développe plus. ◆La partie du corps courbaturée renseigne sur le secteur de sa vie qui est bloqué.

Courir

Courir en rêve, c'est montrer de la hâte, de l'impatience. Ou bien ça indique que l'enfant a un besoin urgent. Ou bien qu'il veut aller trop vite. Ça peut aussi indiquer une fuite, voir *Poursuite*.

Couronne

En rêve, une couronne symbolise une victoire, un succès. Ou bien une autorité.

Cours

Si l'enfant suit un cours en rêve, c'est qu'il est invité à connaître et à comprendre. Son Moi* universel lui demande de se questionner : exécute-t-il bien ses tâches scolaires ? Tient-il compte de ses rêves ? ◆Cours d'eau, voir *Feuve, Rivière*.

Course

Une course en rêve fait référence à un esprit de compétition. Elle peut inviter l'enfant à faire du sport, de l'exercice. Elle peut lui rappeler qu'il est porté à aller trop vite. Elle peut aussi signifier qu'il est dans une période de développement rapide. Voir *Courir*.

Cousin, Cousine

Un cousin ou une cousine en rêve, c'est comme un autre soi-même. Si l'enfant s'entend bien avec cette personne, c'est une aide. S'il s'entend mal avec cette personne, c'est le contraire. La personne peut alors représenter tout ce que le rêveur n'exprime pas et qu'il refoule, mais qu'il ferait mieux de manifester (voir *Refoulement*).

Coussin

Si l'enfant rêve d'un coussin, c'est peut-être qu'il a besoin de repos. Ou bien c'est qu'il prend trop ses aises, qu'il paresse.

Couteau

En rêve, un couteau représente souvent une intervention énergique. Voir *Couper*. Le couteau fait aussi allusion au sexe masculin. Ou bien il indique une attitude agressive. Voir *Canif*.

Couvercle

Un couvercle en rêve évoque le besoin de se protéger, ou aussi le fait que l'enfant est fermé aux autres. Il peut également symboliser un besoin de solitude. Il peut enfin signifier que le rêveur se sent inférieur aux autres. (Le valoriser.)

Couvert

Cuiller*, fourchette*, couteau*. Un couvert en rêve invite l'enfant à bien nourrir son corps, son âme* et son esprit*. Il peut aussi l'inviter à se faire des amis. Il l'invite également à être généreux.

Couverture

En rêve, une couverture de lit ou de maison souligne le besoin de protection, de sécurité de l'enfant.

Cow-boy

Un cow-boy en rêve symbolise la liberté, la vie naturelle. Il peut symboliser aussi de la violence. Il peut enfin signifier que l'enfant n'accorde pas aux choses et aux gens tout le soin qu'il pourrait.

Crachat

En rêve, un crachat signifie un rejet, un mépris ou une trahison. Il peut indiquer que l'enfant se révolte ou qu'il se sent agressif. Il peut indiquer qu'il se sent plus important que les autres. Il peut tout au contraire signifier la création, la guérison. Voir *Salive*.

Cracher

Cracher en rêve peut signifier mépriser, trahir ou avouer. Ça peut aussi symboliser le fait qu'on s'engage à respecter la parole donnée — Juré, craché! Voir *Crachat*.

Craie

Une craie en rêve représente l'école*. Elle peut aussi indiquer un manque de résistance ou un manque de fermeté.

Crampe

En rêve, une crampe indique une tension* ou une inquiétude. Elle peut signifier aussi que l'enfant a la volonté de retenir quelqu'un ou quelque chose qui menace de lui échapper. Voir la partie du corps où survient la crampe.

Crâne

Un crâne en rêve peut évoquer le courage, le cran, l'audace. Il fait aussi allusion à la pensée. Il peut symboliser la mort de quelque chose chez l'enfant et la transformation qui va suivre. ◆Une fracture du crâne est un avertissement sérieux pour le rêveur de revoir son orientation : il ne s'occupe pas assez de développer son intelligence en lisant ou son âme* en parlant à Dieu. Voir *Tête*.

Crapaud

Un crapaud en rêve peut représenter une peur ridicule ou une peur de savoir. Ou bien il représente un problème de peau*. Il peut aussi évoquer les préjugés. Il peut inviter le rêveur à de l'humilité. Il peut symboliser quelqu'un d'empoisonnant. Il peut indiquer que l'enfant se sent méprisable, qu'il manque de confiance* en lui. Parfois, c'est son Moi* universel qui s'est déguisé en crapaud parce que l'enfant ne tient pas compte de lui, mais le crapaud peut se transformer en prince*, si le rêveur continue à se développer. ◆Quelqu'un qui crache des crapauds dit des méchancetés, voir *Sorcière*.

Crayon

En rêve, un crayon évoque l'écriture et les études. Il peut inviter l'enfant à écrire ses rêves. Il peut aussi l'inviter à exprimer des choses qu'il ne dit pas, alors qu'il serait plus heureux s'il les exprimait.

Crème

La crème en rêve exprime la joie de vivre. Elle annonce un agrément, un délice. Elle peut aussi parler d'embonpoint*. La crème représente également ce qu'il y a de meilleur.

Crêpe

En rêve, une crêpe symbolise un moyen très rapide. Elle peut faire référence au fait que l'enfant est trop soumis. Ou bien qu'il est dominé par quelqu'un. Elle peut enfin indiquer qu'il va changer d'opinion.

Crevaison

Voir *Automobile*.

Cri

Un cri dans un rêve peut être un signe de douleur, de surprise ou de délivrance. Il peut indiquer une victoire. Il peut être un appel, une attaque. ◆S'il est prolongé, c'est un appel au secours. (En parler avec l'enfant.) ◆S'il est grave, il indique une douleur intérieure, une souffrance. (En parler avec l'enfant.) Voir *Gémissement*.

Crime

Un crime en rêve peut représenter un appel au secours. (En parler avec l'enfant.) Peut-être aussi que le rêveur se sent coupable*.

Croc

Un croc est une longue canine. En rêve, il peut inviter l'enfant à bien croquer dans la vie, à vivre avec intensité. Ou bien il symbolise l'attaque, la colère*, la rage, la menace, la peur* ou l'angoisse*. Il peut également signifier que l'âme* de l'enfant a été blessée dans ses sentiments. (En parler avec lui.) Voir *Mordre*.

Crochet

Un crochet en rêve peut représenter un désir tenace ou un attachement trop fort. Il peut également symboliser un besoin de sécurité.

Crocodile

En rêve, le crocodile peut faire allusion à l'angoisse*. Il peut représenter une grande menace, un danger. (En parler avec l'enfant.) Il peut aussi évoquer l'envie de l'enfant de mordre parce qu'il est en colère*. Il peut faire référence à la force des instincts* ou des sentiments négatifs que le rêveur refoule et qui doivent s'exprimer (voir *Refoulement*).

Croix

La croix en rêve symbolise le sacrifice. Elle invite aussi l'enfant à prendre une décision importante. (Encourager l'enfant à en parler à quelqu'un en qui il a confiance.)

Croquer

Voir *Croc, Mordre*.

Crotte

La crotte en rêve indique que les difficultés de la vie peuvent être transformées en or si on les assume. ◆Une crotte d'oiseau sur l'enfant peut lui suggérer de rester simple, de ne pas se penser plus important que les autres. Elle peut aussi évoquer le fait qu'ainsi il est béni du Ciel. ◆Marcher dans la crotte signifie un désagrément ou une erreur dans ses démarches. Ça signifie aussi que le rêveur est victime de la négligence des autres. Ou bien c'est qu'il critique trop. Voir *Excrément*.

Croustilles

En rêve, des croustilles représentent des gâteries* que l'enfant s'accorde. Elles l'invitent à ne pas exagérer.

Croûte

1. Partie extérieure du pain*. Cette croûte en rêve évoque pour l'enfant l'appétit, la faim et la nourriture. Pas seulement la nourriture pour la bouche, mais pour son esprit* et pour son âme*. Elle fait aussi référence à une attirance envers les choses et les gens qu'il aime.

2. Partie superficielle durcie sur la peau. Cette croûte sur la peau qui se forme après une blessure symbolise pour l'enfant son besoin de protection. Voir *Blessure, Cicatrice*.

Cube

Un cube en rêve représente le monde matériel ou la stabilité. Il représente aussi la sagesse, la vérité et la perfection. Il fait référence à un sentiment de certitude et de solidité. Il peut représenter pour l'enfant son Moi* universel qui lui dit qu'il se développe bien. Il l'encourage à continuer.

Cuiller

Une cuiller en rêve évoque la nourriture*. Ou bien elle évoque quelque chose que l'enfant doit accepter dans sa vie. Elle peut aussi symboliser le remède et la guérison. Elle fait allusion au fait que la vie est faite de détails qu'il ne faut pas négliger.

Cuir

En rêve, le cuir représente la peau* ou le cuir chevelu de l'enfant (voir *Crâne*). Il peut aussi faire référence à son besoin de protection. Il peut l'inviter à faire preuve de souplesse de caractère ; il l'invite à ne pas s'entêter. Il peut aussi l'inviter à exprimer ses sentiments.

Cuisine

La cuisine en rêve représente la nourriture pour l'enfant, mais pas seulement pour son corps, pour son âme* aussi. Elle peut faire référence au fait que quelque chose est en préparation en lui et qu'il va connaître un changement.

Cuisse

En rêve, la cuisse évoque la force et l'énergie. Elle peut aussi évoquer la dignité ou l'orgueil. Enfin, elle peut faire référence à la sensualité et à la sexualité.

Culpabilité

Voir *Coupable*.

Cuvette

Voir *Toilettes*.

Cyclone

Un cyclone en rêve symbolise un grand bouleversement. Il peut aussi évoquer une crise. Ou bien une grande agitation. Il peut faire référence à de nombreuses difficultés, à des tourments ou à de la violence. Il peut désigner une personne étourdissante. Il peut évoquer une tempête d'émotions chez l'enfant. (En parler avec lui.) Voir *Vent*.

Cymbale

Une cymbale est comme une assiette de cuivre qu'on frappe pour produire un son éclatant. Un coup de cymbale en rêve signale une grande émotion qui provoque un choc chez l'enfant. Ce choc peut provenir d'une découverte, d'une surprise, d'une inquiétude, d'une peur ou d'une menace. (En parler avec l'enfant.)

D

Danger

Si l'enfant est en danger en rêve, c'est qu'il a besoin de protection, d'être rassuré. (En parler avec lui.)

Danser

Dans un rêve, si l'enfant danse, c'est qu'il a besoin de bouger, besoin d'exercice. C'est aussi une façon d'exprimer sa joie, son goût de vivre. La danse en rêve peut indiquer la présence divine. Elle peut exprimer une victoire, une grande émotion ou une prière. Danser peut enfin exprimer le désir de faire l'amour.

Datte

Ce fruit en rêve parle de désirs ou de plaisirs sexuels. Ses noyaux annoncent une surprise désagréable. Ce fruit peut aussi évoquer une grande récompense à la suite des efforts que l'enfant a faits.

Dauphin

Un dauphin est un animal amical. En rêve, il peut représenter pour l'enfant l'aide de son Moi* universel. Il peut l'inviter à être aimable. Il peut souligner le plaisir qu'il retire de ceux qui l'entourent. Il peut parler d'élévation de son âme*. Il peut l'inviter à partager sa joie de vivre.

Dé à coudre

Un dé à coudre en rêve signifie que l'enfant doit prendre des précautions pendant un certain temps. Il lui indique qu'il doit être prudent pour ne pas être la victime des autres.

Dé à jouer

Un dé à jouer en rêve évoque la chance et la malchance. Il représente les risques. Il faut en prendre dans la vie, mais si l'enfant en prend, il doit accepter de perdre. Le dé peut faire référence à une indécision. Il faut pourtant que l'enfant fasse un choix.

Décapité

Être décapité en rêve, c'est perdre la tête, perdre le contrôle de soi-même. (En parler avec l'enfant.) Ça peut aussi signifier que l'esprit* de l'enfant est trop peu nourri. Ou bien ça symbolise une chose qu'il n'arrive pas à comprendre. Ça peut signifier qu'il se développe mal ou pas du tout, ou qu'il se trompe en s'attachant à de fausses valeurs. Ça fait référence au fait qu'il a besoin de retrouver un sens à sa vie. (En parler avec lui.)

Déchet

En rêve, un déchet est une chose dont l'enfant doit se débarrasser. C'est peut-être une mauvaise habitude. Peut-être un manque de confiance* en lui. Peut-être des sentiments qu'il doit exprimer au lieu de les garder au plus profond de lui. Le déchet peut aussi indiquer que le rêveur se sent rejeté par les autres. (En parler avec lui.)

Décor

Les décors de film, de théâtre ou de télévision en rêve évoquent l'idée de faire semblant. Et si l'enfant fait semblant, c'est qu'il n'est pas lui-même, il se ment à lui-même et aux autres. Ça peut aussi signifier qu'il aime se mettre en vedette, qu'il a besoin de l'attention et de l'amour des autres. Ça peut aussi indiquer son atmosphère intérieure (voir *Ciel*).

Découragement

Voir *Désespoir*.

Déesse

Une déesse en rêve représente souvent la Nature. Elle peut aussi représenter une image positive de la mère de l'enfant. Ou bien la partie élevée en lui, son Moi* universel. Elle peut aussi désigner son âme*. ◆Si la déesse est oubliée ou négligée, c'est que l'âme* de l'enfant ou son esprit* sont négligés.

Déféquer

Voir *Éliminer*.

Défilé

En rêve, le défilé d'une fête peut signifier que l'enfant a besoin d'exprimer sa joie. Il peut lui rappeler un besoin d'attention, un besoin d'être admiré, en somme, un besoin d'amour. (En parler avec lui.) ◆Un défilé militaire signifie que quelqu'un cherche à impressionner le rêveur. Ou bien que l'enfant emploie la violence pour régler ses problèmes, au lieu de les régler par la parole.

Défoulement

Il n'est pas bon pour l'enfant de garder en lui ses sentiments, surtout s'ils sont négatifs. L'équilibre de son âme exige qu'il les exprime. Autrement, ils risquent de s'exprimer sous forme de violence. L'enfant risque de se défouler sur quelqu'un ou de passer sa rage sur les objets. Les sports et les arts lui offrent une excellente façon d'exprimer ses sentiments. Une autre façon est d'en parler à quelqu'un en qui il a confiance. Il va en retirer un grand soulagement. Voir *Refoulement*.

Déguisement

Si l'enfant se déguise en rêve, c'est souvent pour cacher ce qu'il est vraiment. Il doit se demander ce qu'il n'aime pas en lui. Il est invité à changer. Il ne peut pas passer toute sa vie déguisé! (En parler avec lui.) Voir *Masque*.

Démangeaison

Si l'enfant sent une démangeaison en rêve, c'est qu'il a un désir insatisfait. Ça symbolise aussi un besoin d'agir. ◆Si c'est à droite de son corps, c'est qu'il se sent coupable*. Ou bien il est trop agité. ◆Si c'est à gauche de son corps, c'est qu'il n'agit pas assez.

Déménagement

En rêve, le déménagement est un signe de besoin de changement. Ça peut même être un signe de bouleversement. Ça peut aussi signifier que l'enfant exagère ou qu'il se conduit de façon ridicule.

Démon

Si l'enfant voit un démon en rêve, c'est peut-être parce qu'il se sent coupable*. Ou bien il a la tentation de faire quelque chose de mal. Voir *Satan*.

Dent

Si l'enfant rêve de dents, c'est peut-être parce qu'il a le goût de mordre quelqu'un. Ou bien son rêve l'invite à bien mordre dans la vie. Ou bien il est invité à se défendre. ◆S'il a mal aux dents, c'est peut-être parce qu'il se nourrit mal. Ou bien parce qu'il ne brosse pas ses dents tous les jours. ◆S'il se fait extraire une dent malsaine, c'est qu'il va éprouver un soulagement. ◆Si ses dents tombent, c'est qu'il a besoin de vitamines ou d'un supplément de nourriture. (En parler avec lui.) Ça peut être aussi parce qu'il manque de combativité, d'initiative. Il ne mord pas assez dans la vie, il n'est pas assez actif. Si ce sont les dents d'en avant qui tombent, c'est qu'il craint de ne pas bien paraître ou qu'il manque de confiance* en lui.

Dentelle

En rêve, la dentelle symbolise la délicatesse de l'âme*, la finesse d'esprit*. Ça peut aussi évoquer quelque chose de compliqué.

Dentiste

Un dentiste en rêve représente la peur d'avoir mal. Il peut aussi faire référence à un soulagement. Ou bien il évoque un mensonge. Voir *Dent, Piqûre*.

Dépotoir

Pour l'enfant, un dépotoir en rêve symbolise le refoulement*. Ou bien un ménage à faire dans son âme*. Ou bien le rêve l'invite à se débarrasser des choses inutiles.

Déraillement

Le déraillement d'un train en rêve signifie que l'enfant subit trop de pression, de tension* ou qu'il a trop d'obligations. Ou bien il manque de liberté. Ou bien il a des idées folles. (En parler avec lui.) Voir *Train*.

Derrière

Partie du corps, voir *Fesse*.

Descendre

Si l'enfant descend en rêve, ça peut vouloir dire qu'il suit ses mauvais instincts* et ses caprices. Ou bien ça veut dire que son développement va bon train. L'enfant accepte bien les épreuves qui vont le rendre plus fort.

Désert

Si l'enfant rêve de désert, c'est peut-être parce qu'il se sent isolé ou abandonné*. (En parler avec lui.)

Désespoir

Si l'enfant rêve qu'il est désespéré, c'est qu'il ne voit plus comment se sortir d'affaire. (Lui faire comprendre que c'est une illusion : il y a toujours une solution. Lui redonner confiance en misant sur ses points forts.)

Déshabillé

Voir *Nudité*.

Dessert

En rêve, le dessert évoque le plaisir de vivre. Il parle aussi de sensualité, de plaisir du palais et peut-être de gourmandise. Il peut aussi parler de la douceur de l'amour. Ou bien de récompense, de gâteries, de caprices. Ou bien d'une joie bien méritée.

Dessin

Un dessin symbolise l'image et l'imagination. Il peut faire référence au genre d'idée que l'enfant se fait de quelque chose. Ou bien l'image dessinée représente l'une de ses intentions.

Dessins animés

Les dessins animés en rêve évoquent les plaisirs retrouvés de l'enfance. Ils symbolisent les fantaisies de l'imagination auxquelles l'enfant a bien le droit de rêver tout éveillé. Ils peuvent signaler de l'excitation, ou indiquent à l'enfant qu'il faut aussi garder les pieds sur terre.

Destruction

En rêve, une destruction représente l'échec ou la déception. Elle peut aussi parler d'une épreuve et de la nécessité de recommencer. Elle peut également symboliser le découragement. Alors, l'enfant a besoin d'aide. (En parler avec lui.)

Dévorer

Si l'enfant dévore en rêve, c'est que son corps, son âme* ou son esprit* ont une grande faim. Ou bien ça veut dire qu'il prend un vif plaisir à quelque chose. ◆S'il se fait dévorer, c'est qu'il éprouve une grande peur*. (En parler avec lui.)

Diable

Si l'enfant rêve du diable, ça peut vouloir dire qu'il se sent coupable*. Peut-être qu'il a beaucoup de désirs négatifs. Ou bien il oppose trop le bien et le mal. Peut-être éprouve-t-il une grande peur. Ou bien il souffre de refoulement*. (En parler avec lui.)

Diadème

Un diadème en rêve représente la dignité, la noblesse et la supériorité. Il peut aussi évoquer la prétention et l'orgueil. Il peut aussi faire référence au fait que l'enfant a beaucoup d'intuition* et une belle intelligence et qu'il doit s'en servir. Voir *Bandeau, Couronne*.

Diamant

Le diamant, c'est la pierre des pierres. En rêve, c'est un signe de perfection, de transparence. Il représente l'âme* ou le Moi* universel de l'enfant. Il évoque la force et le pouvoir de son âme. Il fait allusion au fait que le rêveur voit clair grâce à son esprit. Cette pierre est une promesse d'immortalité pour son âme.

Dictée

Faire une dictée en rêve, c'est être précis et exact. Ça symbolise les fautes que l'enfant a pu commettre (voir *Coupable*). Ça suppose qu'il est très bien discipliné ou qu'on lui demande de l'être.

Dictionnaire

Si l'enfant rêve d'un dictionnaire, c'est qu'il est question d'ordre et de connaissances (voir *Esprit*). Ça peut aussi vouloir dire qu'il a besoin de comprendre certaines choses, ou le fait qu'il lui faut accepter certaines choses comme elles sont.

Dieu

On appelle Dieu l'Être suprême, créateur, infini, éternel, tout-puissant. On ne le voit pas directement, mais on constate son action dans la création : il est fait d'énergie (Père), d'amour (Fils) et d'intelligence (Esprit). Son représentant auprès de l'enfant est son Moi* universel. L'âme* de l'enfant a besoin de Dieu comme principe d'ordre et de transcendance. Le concept de Dieu sert de stabilisateur et de sécurité psychologique.

Dispute

Si l'enfant rêve d'une dispute, c'est qu'il a un problème à régler avec quelqu'un. Son rêve l'invite à régler le conflit par la parole plutôt que par la violence.

Disque

Un disque en rêve fait penser à une planète*, à un astre, au Soleil*. Il désigne la perfection totale. Il représente le Moi* universel de l'enfant. Le disque peut aussi symboliser Dieu*. Voir *Ovni*.

Divan

En rêve, un divan est signe de repos, de détente. Il peut aussi parler à l'enfant de son intimité. Ou bien faire référence à la paresse.

Divorce

Un divorce en rêve est une séparation. L'enfant peut avoir peur d'être abandonné*. (En parler avec lui.)

Doigt

Les doigts en rêve peuvent représenter pour l'enfant ses frères et ses sœurs. Ils peuvent aussi l'inviter à agir, à être plus actif. Voir aussi *Main, Pouce, Index, Majeur, Annulaire, Auriculaire.*

Dollar

Voir *Argent.*

Dommages

S'il est question de dommages en rêve, c'est peut-être parce que l'enfant se sent coupable*. C'est peut-être lui-même qui se punit sans le vouloir clairement en gâchant des choses qui lui appartiennent.

Doré

Voir *Jaune.*

Dormir

Si l'enfant rêve qu'il dort, c'est peut-être qu'il manque de conscience. Ou bien c'est qu'il a vraiment besoin de repos.

Dos

Le dos en rêve est ce que l'on ne voit pas, les choses non conscientes. ◆Si l'enfant a mal au dos, c'est peut-être parce qu'il manque d'encouragement. Ou bien c'est qu'il laisse ses talents non développés. Ou bien encore c'est qu'il fait du refoulement*. C'est peut-être enfin parce qu'il a trop de responsabilités. (En parler avec lui.) ◆Si le rêveur sent une menace dans son dos, c'est que quelque chose le menace et qu'il a besoin d'aide. (En parler avec lui.) ◆S'il tombe sur le dos, voir *Tomber.*

Douche

En rêve, si l'enfant prend une douche, c'est qu'il a besoin de se purifier des choses qui agacent sa conscience. ◆Si le renvoi de la douche est bouché, voir *Baignoire.*

Douleur

Si l'enfant sent de la douleur en rêve, la partie de son corps qui est douloureuse lui indique quelle partie de son âme souffre. Voir *Pied, Main, Bras, Tête.*

Dracula

Dracula représente un mort ou une morte dont l'enfant doit se détacher, qu'il doit oublier en n'y pensant plus. Le personnage peut aussi représenter une grande peur*. (En parler avec lui.) Ou bien il représente une personne qui profite du rêveur, qui l'exploite.

Dragon

Un dragon est un monstre* qui n'existe pas dans la réalité. On le représente comme un genre de gros lézard avec une gueule dévorante, des griffes déchirantes, une queue agitée et, souvent, il crache le feu. Si l'enfant rêve d'un dragon, c'est qu'il a une grande peur* de quelque chose. Il sent une menace. (En parler avec lui.) Peut-être que sa peur du dragon est la peur de reculer au lieu de se développer. Ou bien qu'il a peur de la mort. (Lui rappeler que c'est rare que l'on meure à son âge. Et que de toute façon mourir n'est pas si grave, puisqu'il irait rejoindre Dieu. Et que son Moi* universel est là pour le protéger.) Tous les héros affrontent le dragon qui représente leurs mauvaises tendances et leurs caprices (voir *Instincts*). Et quand ils ont vaincu le dragon, ils rentrent en possession d'un trésor. C'est-à-dire qu'une fois dominé, le dragon met ses forces à notre service. C'est le mal qui est devenu bien. Si le dragon du rêve est le gardien d'une princesse prisonnière, c'est que l'âme* de l'enfant a besoin d'être libérée de ses tendances négatives. Il est possible aussi que le dragon représente la peur de vieillir et de passer à une autre étape, à l'adolescence qui vient, par exemple. (Rassurer l'enfant. Il a peur seulement parce qu'il est devant quelque chose de nouveau qui lui apparaît bien pire que ce ne l'est en réalité.)

Drap

Les draps en rêve symbolisent pour l'enfant son lit, donc le repos et le sommeil. Ils parlent aussi de son besoin de sécurité. ◆Si les draps sont sales, c'est qu'il se retrouve dans une situation embêtante. (En parler avec lui.)

Drapeau

Un drapeau en rêve rappelle à l'enfant qu'il fait partie d'une nation, d'un grand groupe. Le drapeau l'invite à s'affirmer, à prendre la place qui lui revient. Il peut signifier aussi une victoire, un succès. Il peut encore signifier que le rêveur se vante trop. ◆Si le drapeau est blanc, c'est que l'enfant a perdu, qu'il a subi un échec, ou tout simplement qu'il accepte quelque chose qui ne fait pas son affaire.

Droite

La droite du corps représente ce qui est conscient. ◆Si l'enfant a mal à la droite de son corps, c'est qu'il a mal agi ou qu'il a exagéré. Voir le mot suivant.

Droite/Gauche

◆Le côté droit représente ce qui est conscient, ou ce qui est à venir, ou ce que l'on fait. ◆Le côté gauche* représente ce qui est inconscient, ou ce qui est passé, ou ce que l'on ne fait pas. ◆Si l'enfant a mal du côté droit de son corps, c'est qu'il agit mal ou qu'il exagère. ◆S'il a mal du côté gauche de son corps, c'est qu'il se fait du tort parce qu'il n'agit pas./ Peu importe que le rêveur soit droitier, gaucher ou ambidextre, les sens pour la droite et la gauche sont les mêmes pour tous.

Dynamite

La dynamite en rêve suppose que l'enfant va connaître un bouleversement. Ou bien qu'il se sent extrêmement nerveux. (En parler avec lui.) Ça peut aussi symboliser une situation explosive. Ou bien la violence, la menace ou la colère*. Peut-être aussi que le rêveur fait du refoulement*. Ça peut aussi évoquer un scandale. En tout cas, ça signifie que l'enfant est en présence d'une énergie puissante et qu'il doit être prudent. (En parler avec lui.)

E

Eau

L'eau, c'est comme l'âme de la Terre. C'est elle qui permet la vie. ◆Si l'enfant rêve d'un cours d'eau, il poursuit bien son développement. ◆S'il rêve d'un torrent*, il suit aveuglément ses mauvaises tendances et ses caprices. ◆S'il rêve d'une source*, c'est son Moi* universel qui l'encourage. ◆S'il rêve d'une mare d'eau, c'est qu'il a arrêté de se développer. ◆S'il rêve d'un lac*, c'est qu'il a la force qu'il faut pour se développer. ◆S'il rêve de la mer*, c'est qu'il va connaître un nouveau départ, une nouvelle naissance. ◆S'il rêve de pluie*, il va recevoir une aide pour se développer. ◆S'il rêve d'eaux noires, il a besoin d'aide. (En parler avec lui.) ◆S'il rêve d'eau sale ou boueuse, c'est qu'il va récolter le fruit de ses efforts. ◆Si l'eau coule du toit ou du plafond ou par la fenêtre, c'est qu'il subit l'influence trop forte d'une autre personne.

Échapper

Si quelque chose échappe des mains de l'enfant en rêve, la chose qu'il laisse tomber le renseigne sur ce qu'il perd. Voir le nom de la chose qui lui échappe.

Échasses

Les échasses en rêve évoquent l'équilibre de l'âme* de l'enfant. Ou bien elles symbolisent qu'il se pense plus important que les autres. ◆Si ça marche mal, c'est qu'il fait du refoulement*. ◆Si ça marche bien, c'est qu'il domine bien les difficultés.

Échec

Si l'enfant connaît un échec en rêve, c'est qu'il a peur de se tromper. Il doit reprendre confiance* en lui.

Échecs (jeu d')

En rêve, si l'enfant voit un jeu d'échecs, c'est qu'on l'invite à mieux s'organiser et à se montrer plus intelligent que ses difficultés. Les difficultés sont toujours là pour nous rendre plus intelligents. Il y a des solutions à tout. Les échecs peuvent aussi être un signe qu'il ne doit pas jouer au plus fin avec sa conscience. La conscience nous dit ce qui est bien ou mal. (Lui faire comprendre que ce qui est bien pour lui est tout ce qui l'aide à se développer comme un être de plus en plus indépendant et responsable de lui-même.)

Échelle

Une échelle en rêve évoque le progrès, c'est une invitation à se développer. Elle peut aussi représenter des choses dans lesquelles l'enfant croit. Elle symbolise aussi le fait que les gens ne sont pas tous au même niveau, qu'il y a des adultes et des enfants. Une échelle peut aussi l'inviter à élever son âme*.

Écho

Si l'enfant entend de l'écho en rêve, c'est signe qu'il va devoir répéter ou expliquer de nouveau. Ou bien c'est qu'une parole va atteindre sa sensibilité et va le marquer ou le blesser. Ou bien c'est qu'il va avoir une réponse à ce qu'il a demandé. Ou bien encore c'est qu'il est invité à réfléchir à ce qu'il dit.

Éclair

Si l'enfant voit un éclair dans son rêve, c'est qu'une colère risque d'éclater autour de lui. Ou bien lui-même pique une colère* ou il est témoin de la colère de quelqu'un d'autre. Il risque d'y avoir une blessure intérieure à cause de cette colère. Ça peut aussi indiquer qu'il fait du défoulement*. Ou bien il se sent menacé peut-être parce qu'il se sent coupable*. Voir *Foudre*.

École

En rêve, l'école peut faire référence à l'apprentissage et aux études de l'enfant. Elle peut aussi symboliser la réussite ou l'échec. Ou bien elle peut évoquer le développement social de l'enfant, l'harmonie avec son groupe scolaire. (S'il se sent rejeté, en parler avec lui.)

Écorce

L'écorce représente l'extérieur, l'apparence. Elle est aussi un signe de protection. L'enfant se sent-il en sécurité? (Sinon, en parler avec lui.)

Écorchure

Une écorchure en rêve évoque, pour l'enfant, son agressivité retenue qui se retourne contre lui-même. Il fait peut-être du refoulement*. Ça peut aussi signifier qu'il est blessé dans ses sentiments. (En parler avec lui.) Peut-être aussi qu'il n'a pas bien agi et qu'il se sent coupable*. ◆La partie du corps qui est écorchée peut l'éclairer sur le sens. Voir *Éraflure, Poing, Coude.*

Écriteau

En rêve, un écriteau est un avertissement ou un message. Il peut s'agir aussi d'une interdiction. Tout dépend de ce qui y est écrit.

Écriture

Si l'enfant voit de l'écriture en rêve ou s'il écrit lui-même, le sens dépend de ce qui est écrit. Ça l'invite aussi à se demander comment ça va à l'école. Voir *Crayon.*

Écureuil

Un écureuil en rêve est un signe de vivacité et parfois d'étourderie. Il évoque le besoin de bouger, de faire de l'exercice. Il est signe de gaieté, de rapidité et de spontanéité. Il évoque aussi la curiosité, la recherche. Il parle enfin de sexualité.

Édifice

Un grand édifice en rêve fait référence à la société. Il est aussi le signe d'une construction mentale, c'est-à-dire d'un ensemble de pensées qui forment un tout.

Édredon

Si l'enfant rêve d'un édredon, c'est qu'il apprécie un bonheur bien douillet. L'édredon symbolise la sécurité que lui procure sa mère. Son rêve l'invite à se demander si cette sécurité le fait progresser ou non.

Éducateur

Voir *Maître.*

Égarer (s')

Si l'enfant s'égare en rêve, c'est qu'il a peur d'être abandonné*. Ou bien c'est qu'il se sent isolé ou rejeté. (En parler avec lui.)

Église

Voir *Temple*.

Égouts

Les égouts en rêve sont le signe d'élimination de déchets intérieurs. Ce rêve peut indiquer que l'enfant se demande s'il fait du refoulement*. Surtout si les égouts refoulent. Ça peut aussi l'inviter à surveiller la qualité de ses amis. Ou bien ce rêve veut dire qu'il se sent méprisé. (En parler avec lui.) ◆Si les égouts puent, il fait sûrement du refoulement*.

Égratignure

Une égratignure en rêve est un signe de maladresse ou bien de mépris de soi-même. Pour l'enfant, elle peut faire allusion à un sentiment d'insécurité. (En parler avec lui.) L'égratignure du rêve peut être le signe d'une colère refoulée. Ou bien elle signifie qu'il se sent coupable* et qu'il cherche à se punir inconsciemment. Ou bien enfin l'égratignure montre que sa sensibilité est blessée. Voir le nom de la partie du corps égratignée.

Élan

1. Mouvement, voir *Poussée*.

2. Cervidé, voir *Orignal*.

Élastique

En rêve, un élastique invite l'enfant à montrer de la souplesse de caractère. Ou bien il l'invite à bien ouvrir son esprit à de nouvelles connaissances. Parfois, il peut signifier que le rêveur est un peu égoïste.

Éléphant

Un éléphant en rêve a souvent un sens positif. Il parle de lourdeur, mais aussi de bonté, de patience et de dignité. Il peut représenter pour l'enfant toute la puissance de la vie qui est en lui et l'énergie qu'il détient pour se développer. La trompe de l'animal peut l'inviter à se fier à son intuition*, à ce qu'il ressent. L'éléphant peut être un signe de gourmandise et de poids excessif (voir *Embonpoint*). Il signifie aussi la force et la stabilité, mais également le manque d'élégance. Cet animal passe pour un sage qui a une excellente mémoire. Il peut évoquer pour le rêveur son besoin de sécurité et d'affection. Il peut enfin représenter la lourdeur de la vie avec ses difficultés. La présence de l'éléphant en rêve peut indiquer à l'enfant son désir d'être aussi fort que cet animal.

Élève

S'il y a un élève dans le rêve de l'enfant, cela représente l'école*, son apprentissage, son éducation. Ce genre de rêve le questionne sur sa qualité de bon élève. Il lui rappelle son devoir d'enfant qui est de se développer.

Éliminer

Éliminer (aller aux toilettes) en rêve, c'est sortir de soi des déchets comme des sentiments négatifs, des mauvais souvenirs. C'est se libérer de certains problèmes. Voir *Excrément, Uriner* et *Vomir*.

Embonpoint

Si l'enfant rêve que quelqu'un fait de l'embonpoint, ou s'il rêve de quelqu'un de gros, peut-être que ça fait référence à un excédent de poids ou bien à la gourmandise. Ce genre de rêve indique aussi qu'il a un grand besoin d'amour. (En parler avec lui.) Il peut également signifier qu'il fait du refoulement*. Ou bien qu'il connaît un sentiment d'insécurité, qu'il a peur des privations, ou qu'il craint d'être rejeté par les autres. (En parler avec lui.)

Encyclopédie

Une encyclopédie en rêve évoque toutes les connaissances que l'enfant peut acquérir en lisant (voir *Esprit*). Elle symbolise aussi le fait qu'il peut devenir savant s'il le veut.

Enfant

◆Si l'enfant rêve d'un enfant plus jeune que lui, voir le mot *Bébé*. ◆Si l'enfant rêve d'un enfant à peu près de son âge, c'est pour lui rappeler qu'il a une vie à l'intérieur de son âme. Ça l'invite à se demander s'il s'occupe de son âme* et de son esprit*.

Enfer

Rêver d'enfer, c'est avoir une grosse peur*. Ou bien c'est que l'enfant se trouve dans une situation pénible, ou qu'il se sent très coupable*. (En parler avec lui.)

Enflure

◆En rêve, si l'enfant a une enflure du côté droit de son corps, c'est peut-être parce qu'il exagère, ou parce qu'il se pense très important. ◆Si l'enfant a l'enflure sur la gauche de son corps, c'est peut-être parce qu'il se sent écrasé par quelqu'un, ou parce qu'il se plaint beaucoup trop. (En parler avec lui.)

Engelure

En rêve, si l'enfant a une partie de son corps gelé, c'est peut-être parce qu'il a peur d'être abandonné*, ou qu'il se sent paralysé par la peur*. (En parler avec lui.)

Enlèvement

Si l'enfant rêve que des méchants l'enlèvent en rêve, c'est parce qu'il a peur d'être abandonné* ou qu'il est dans une mauvaise situation. Peut-être est-il victime de chantage, a besoin d'être sécurisé, ou bien, se sent isolé. (Dans tous les cas, en parler avec lui.)

Ennemi

Voir *Adversaire.*

Enseignant, Enseignante

Voir *Maître.*

Enterrement

Si l'enfant voit un enterrement en rêve, c'est qu'il ressent de la tristesse ou qu'il doit se séparer de quelqu'un. (En parler avec lui.) Ou bien ça veut dire qu'il doit renoncer à un projet.

Entonnoir

Si l'enfant rêve d'un entonnoir, c'est qu'il a quelque chose à comprendre. Cela symbolise aussi le fait qu'il ne doit pas croire tout ce qu'on lui dit, ou bien, qu'il doit accepter quelque chose qui ne fait pas son affaire.

Entorse

Si en rêve l'enfant se fait une entorse, c'est qu'il fait une entorse à un règlement ou qu'il n'est pas honnête en n'écoutant pas sa conscience. Ou bien
il fait une démarche inutile.

Enveloppe

En rêve, une enveloppe est un signe de discrétion ou peut-être de cachette
ou d'intrigue. Elle fait aussi référence à un message personnel, à des nouvelles. Elle peut signifier une surprise ou indiquer que l'enfant souffre de
refoulement*. (L'inviter à s'ouvrir.)

Épaule

Si l'enfant rêve d'une épaule, c'est qu'il cherche une aide, un soutien. Il est
possible aussi qu'il s'agisse de ses responsabilités. ◆Si l'enfant a mal à
l'épaule droite ou aux deux épaules, c'est qu'il porte trop de responsabilités.
Ou bien il bouscule trop quelqu'un. Ou peut-être manque-t-il de tolérance.
◆Si l'enfant a mal à l'épaule gauche, c'est qu'il fuit ou qu'il néglige ses responsabilités. Ça peut signifier qu'il pourrait aider les autres davantage, ou
évoque le fait qu'il se compte pour battu. Ou bien il est trop indifférent.

Épée

Une épée en rêve représente une action qui sépare, qui tranche, qui coupe,
qui combat ou attaque. Pour l'enfant, elle peut représenter l'autorité paternelle. Elle représente aussi le combat et la victoire sur ses mauvaises tendances et ses caprices. L'épée représente également la conscience, la force.
Elle évoque enfin la justice humaine ou divine.

Épeler

Si l'enfant épelle un mot dans un rêve, c'est peut-être qu'il veut préciser
quelque chose. Ou bien qu'il désire mieux se faire comprendre.

Épice

Si l'enfant rêve d'épices, c'est peut-être qu'il manque d'appétit, de stimulation, ou bien qu'il en a trop. (En parler avec lui.) Ou il aime les sensations
fortes et doit surveiller sa sensualité.

Épine

En rêve, une épine est signe de piqûre*. Elle signifie aussi qu'on a rien sans peine. Elle peut désigner un caractère désagréable ou une humeur massacrante. Elle peut aussi indiquer à l'enfant que ses sentiments sont blessés. Elle peut signaler un souci grave, comme une épine au pied. Ça peut vouloir dire qu'il se défend de sa souffrance en blessant les autres. Ou bien elle évoque une trop grande susceptibilité ou une remarque blessante. Elle peut enfin évoquer le fait qu'il ne prend pas la place qui lui revient (voir *Confiance*).

Épingle

Une épingle en rêve peut désigner un attachement temporaire avec quelqu'un. Elle peut aussi symboliser une petite offense, ou un détail agaçant. Ou bien une façon adroite de se tirer d'affaire. Elle peut aussi signifier que l'enfant a trop ou pas assez de stimulation.

Éponge

En rêve, une éponge peut faire référence à une soif de l'âme* ou de l'esprit*. Elle peut inviter l'enfant à pardonner, lui signifier qu'il est victime d'extorsion, d'intimidation*. (En parler avec lui.) L'éponge peut aussi symboliser l'ivrognerie.

Équipe

Une équipe en rêve est le signe d'une collaboration. Elle est aussi le signe d'une organisation ou d'une entente.

Éraflure

Une éraflure est une entaille superficielle de la peau, plus grave que l'égratignure*, mais moins grave que l'écorchure*. En rêve, elle signale une maladresse. Elle peut signifier que l'enfant se sent coupable* de quelque chose qu'il a fait. Elle peut aussi indiquer un manque ou une perte de protection, ou signaler que sa sensibilité est à vif, blessée. (En parler avec lui.) Voir la partie du corps qui est éraflée.

Escalier

Un escalier en rêve indique un changement de niveau : l'enfant progresse ou il recule. ◆Si l'enfant le monte ou le descend, c'est qu'il accède à un étage supérieur ou inférieur sur le plan social, psychologique ou spirituel. ◆Si l'enfant le monte, c'est qu'il fait un effort pour élever son âme* ou pour prendre conscience de quelque chose de nouveau. ◆Tout dépend où conduit l'escalier. À interpréter selon la pièce où l'escalier mène (but visé). ◆Si l'enfant déboule l'escalier, c'est peut-être parce qu'il veut brûler les étapes, aller trop vite. Ou bien c'est qu'il n'a pas la conduite de sa vie bien en main. Ou qu'il craint un échec. Il est dans l'insécurité. Ou bien il se sent coupable*. Voir *Tomber*. ◆Si l'escalier du rêve est large, il peut annoncer un succès, une cérémonie ou de la facilité. ◆Si l'escalier est délabré, c'est que le rêveur éprouve du mal à s'élever. ◆Un escalier en colimaçon indique l'évolution de l'âme*. ◆Dans le cas d'un escalier mécanique, voir *Ascenseur*.

Escargot

Un escargot a un corps mou dans une coquille dure en spirale. En rêve, il évoque la protection, la lenteur et la ténacité. Il peut aussi symboliser l'évolution de l'enfant dont certaines phases sont lentes. Il peut lui conseiller de ne pas se presser. Ou bien il lui reproche d'aller trop lentement. Il lui conseille de faire confiance à la nature. Il peut lui indiquer le besoin de sortir de sa coquille ou bien d'y rester le temps que l'orage soit passé. Il est certain que l'escargot fait référence à une période productive de sa vie.

Espion

Un espion en rêve fait référence au mensonge, à la dissimulation, à la cachotterie et parfois à la trahison. L'espion peut aussi faire en sorte que l'enfant se demande s'il se sent coupable*. Voir *Secret*.

Esprit

Nous sommes faits de trois parties : le corps, l'âme et l'esprit. L'esprit, c'est ce qui peut penser en nous. Il est surtout logé dans le cerveau. C'est lui qui permet de comprendre, d'imaginer, d'inventer, de se souvenir… C'est l'esprit qui pose des questions et qui veut des réponses. L'esprit n'est pas comme le corps, on ne peut pas le voir. Mais comme le corps, il a besoin de se nourrir. Il se nourrit d'idées, de pensées, de connaissances. C'est la curiosité qui le mène. Quand l'enfant a envie de tout connaître, c'est son esprit qui lui donne ce goût. Une des bonnes façons de le nourrir, c'est de faire des études et de lire des livres.

Essence

En rêve, de l'essence à automobile symbolise pour l'enfant l'énergie de son âme*. Elle évoque aussi un certain risque et des précautions à prendre.

Estomac

Un estomac en rêve peut faire en sorte que l'enfant se demande s'il tient compte des messages de ses rêves. ◆Si l'enfant a mal à l'estomac, c'est qu'il a eu une émotion trop grande ou trop d'émotions. Ou bien une peine. Ou qu'il a du mal à accepter certaines choses. Ou qu'il a une ambition démesurée. C'est peut-être enfin qu'il manque de nourriture pour son esprit* ou son âme*.

Étage

Un étage en rêve peut représenter un état d'âme*. Il évoque aussi l'élévation ou l'approfondissement (voir *Âme*). Voir *Ascenseur.*

Étang

Un étang en rêve peut signifier que l'enfant ne se développe pas, ou qu'il est attiré par les choses interdites. L'étang représente aussi la vie secrète, l'obscurité ou le calme. Voir *Marais.*

Étincelle

Une étincelle en rêve symbolise un élan de départ. Elle invite aussi l'enfant à faire une prise de conscience. Elle peut signaler une provocation. Ou bien désigner quelqu'un qui jette de la poudre aux yeux. Voir *Alumette.*

Étiquette

Une étiquette est un petit papier… En rêve, elle représente l'origine de quelque chose. Elle identifie quelque chose. Elle parle d'une catégorie. Elle peut inviter l'enfant à se demander s'il se connaît bien. Elle peut signaler un préjugé. Ou bien le prix à payer pour obtenir telle chose.

Étoile

Une étoile en rêve évoque le centre lumineux lointain comme le Moi* universel de l'enfant. Elle représente aussi l'inspiration. Ou bien une bonne chance. Ou bien encore quelqu'un d'exceptionnel. Ou bien l'orientation dans la vie, le choix d'un travail. Ou bien enfin un idéal*. ◆S'il s'agit d'une étoile filante, il est question d'une chance à saisir, d'une occasion très favorable ou d'une inspiration subite.

Étouffement

Si l'enfant étouffe en rêve, c'est qu'il souffre de refoulement* ou d'angoisse*. Peut-être que son milieu lui paraît insupportable. (L'inviter à en parler à quelqu'un en qui il a confiance.)

Étourdissement

Si l'enfant est étourdi en rêve, c'est que son âme* est déséquilibrée peut-être par trop d'émotion. Ou bien c'est qu'il a une attitude écervelée. C'est sûr, en tout cas, qu'il a besoin de s'arrêter et de mettre de l'ordre dans ses pensées et ses sentiments. (En parler avec lui.)

Étranger

Si l'enfant rencontre un étranger ou qu'il est dans un pays étranger en rêve, c'est qu'il a besoin de s'habituer à une situation nouvelle. Ou bien c'est qu'il est victime de préjugés ou qu'il se sent rejeté. (En parler avec lui.) ◆L'étranger peut aussi indiquer la proximité de son Moi* universel.

Évier

Un évier en rêve symbolise pour l'enfant le bon contrôle de ses émotions et de ses sentiments. ◆Si le renvoi est bouché, c'est que le rêveur fait du refoulement*. Peut-être aussi qu'il s'en fait pour rien. (En parler avec lui.)

Examen

En rêve, si l'enfant passe un examen dans une matière scolaire, ça peut indiquer que cet examen provoque de l'angoisse* chez lui.. Un examen peut aussi l'inviter à passer une épreuve de vie, ou peut signifier pour lui un échec. Mais souvent, un examen signifie que le rêveur est invité à changer d'attitude. L'examen peut enfin signaler un manque de confiance* en lui. (En parler avec lui.)

Excrément

Des excréments sont de la crotte. En rêve, ils représentent le rejet. Voir *Éliminer*. Ils évoquent la saleté, la puanteur, le mauvais. Mais la bonne élimination est signe de santé. Et les excréments qui retournent à la terre sont liés à l'enfouissement comme l'or (or = excrément des dieux). Dans ce sens, les excréments sont un signe positif. Ils symbolisent l'honneur et la perfection. Ils peuvent aussi symboliser la transformation d'un défaut en qualité.

◆Si l'enfant a des problèmes avec des excréments, c'est qu'il sent le besoin de se soulager d'un problème, ou qu'il crée des ennuis autour de lui, ou qu'il ne doit pas se penser trop important. Enfin les excréments peuvent représenter un sentiment d'indignité : le rêveur peut se sentir coupable*. Voir *Crotte*.

Explosion

Voir *Dynamite*.

F

Facteur

Le facteur dans un rêve annonce à l'enfant qu'il va recevoir les réponses qu'il attendait. Il peut aussi apporter de bonnes ou de mauvaises nouvelles. Il peut également représenter son Moi* universel qui lui envoie un message par les rêves.

Faim

Si l'enfant a faim en rêve, c'est peut-être qu'il ne mange pas assez ou qu'il mange mal. Ça peut aussi indiquer que son esprit* et son âme* ont faim. Voir *Manger*.

Famille

Si l'enfant rêve de sa famille, c'est pour qu'il pense aux membres qui la composent. Ça peut lui suggérer de s'interroger sur la relation qu'il entretient avec ceux qui sont dans son rêve. La famille représente aussi son besoin de sécurité. Elle symbolise également sa dépendance ou son indépendance par rapport à sa famille. Ça peut aussi désigner une partie de sa personnalité qui n'est pas encore bien épanouie.

Fantôme

Voir *Mort.*

Farine

En rêve, la farine peut évoquer l'alimentation de l'enfant. Elle peut l'inviter à se demander s'il mange bien. Elle peut aussi représenter la nourriture plus fine comme celle de son esprit* et de son âme*. La farine peut aussi faire allusion à la tromperie ou à l'hypocrisie. Elle peut également faire référence à une épreuve qui écrase le rêveur. (En parler avec lui.)

Fauteuil

Le fauteuil en rêve peut évoquer le repos, mais aussi la paresse. Il peut signifier également que l'enfant se pense plus important que les autres. Ou bien le fauteuil fait référence au fait que le rêveur recevra des félicitations.

Fée

◆Une bonne fée en rêve peut indiquer à l'enfant qu'il obtiendra une faveur, ou qu'il se sent protégé et gâté par sa mère ou sa marraine. Elle peut signifier qu'il souhaite que les choses s'arrangent comme par magie. ◆Une mauvaise fée signale qu'il voit la présence de sa mère comme une chose négative (voir *Sorcière*). (L'encourager à se confier à quelqu'un en qui il a confiance.)

Femme

Une femme dans le rêve d'un enfant peut représenter sa mère. ◆Si l'enfant est un garçon, une femme en rêve représente son petit côté féminin qui voudrait s'exprimer (par la bonté, la gentillesse, l'amour, la douceur, la compréhension, le respect de la vie…) ◆Si l'enfant est une fille, cette femme invite la rêveuse à devenir une adulte. Ou bien elle représente tout ce qu'elle refoule (voir *Refoulement*).

Fenêtre

Une fenêtre en rêve est une invitation pour l'enfant à s'ouvrir l'esprit et à prendre conscience de quelque chose qui le concerne.

Fer à repasser

Un fer à repasser en rêve représente le soin que l'enfant apporte à ses vêtements et à sa tenue. Il peut aussi représenter un mauvais pli, une mauvaise habitude qu'il a prise. ◆Si l'appareil est en panne, c'est que le rêveur néglige son apparence ou bien qu'il y accorde trop d'importance. Ça peut aussi signifier que le rêveur est froissé, blessé dans ses sentiments. Il peut aller en parler à la personne qui l'a froissé.

Ferme

Une ferme en rêve symbolise pour l'enfant la campagne et le calme. Elle lui rappelle aussi les besoins de son corps et de son âme*.

Fermeture Éclair

Une fermeture Éclair en rêve évoque la facilité et la rapidité. Elle peut aussi inviter l'enfant à ouvrir son esprit aux idées nouvelles. Elle symbolise également un grand attachement pour une personne. Enfin, elle peut lui suggérer qu'il fait du refoulement*.

Fesse

Les fesses en rêve évoquent la sensualité et la sexualité. Elles peuvent aussi faire allusion à une certaine paresse. Ou bien elles représentent une punition. ◆Si l'enfant a mal à la fesse droite, c'est qu'il n'est pas assez actif. Ou bien qu'il manque de spontanéité. Ou bien que la sexualité l'occupe trop. ◆Si l'enfant a mal à la fesse gauche, c'est qu'il est trop agité, ou encore que ses désirs sexuels restent insatisfaits. ◆Si l'enfant a mal aux deux fesses, c'est qu'il se sent coupable* ou qu'il se punit lui-même.

Festin

Si l'enfant rêve d'un festin, c'est qu'il mange trop ou pas assez. Si l'enfant mange trop, son rêve lui reproche sa gourmandise. Dans le deuxième cas, c'est que son alimentation fait défaut. (En parler avec lui.)

Fête

Une fête en rêve est une occasion de réjouissances. Elle représente donc un bonheur, une joie. Voir *Anniversaire, Banquet.*

Feu

Un feu en rêve est lumière et chaleur. À moins qu'il ne s'agisse d'un incendie* qui est destruction. L'ardeur du feu suggère aussi à l'enfant une chose qu'il aime ou qu'il déteste passionnément. Le feu peut donc aussi représenter une colère* que l'enfant maîtrise mal. Ou bien l'amour passionné. Et parce qu'il est lumière, le feu du rêve évoque aussi la conscience et la compréhension. Il peut encore faire allusion à un grand désir de l'âme* de se transformer. Parfois, il fait allusion à une excitation sexuelle. Il peut également signifier une épreuve qui purifie, qui rend plus fort, plus vrai. Parfois, il représente la présence de Dieu. ◆S'il s'agit d'une colonne de feu, il peut symboliser l'Esprit de Dieu, le centre des univers. Ou bien simplement la colonne* vertébrale.

Feu d'artifice

Un feu d'artifice en rêve évoque une fête*, une occasion de se réjouir. Il symbolise aussi un moment magique, féerique, merveilleux. Il fait référence à l'enchantement, parle d'enthousiasme, de débordement de joie. Il fait aussi référence au fait que l'enfant est peut-être tombé sous le charme de quelqu'un qui le fascine, de quelqu'un qui lui en met plein les yeux pour l'étonner et le dominer.

Feux de signalisation

Les feux de signalisation en rêve permettent de mettre de l'ordre dans la circulation des énergies. Ils suggèrent le règlement, l'ordre. Ils font aussi référence au fait que dans la vie, c'est souvent chacun son tour. ◆Si le feu est vert, c'est que l'enfant se développe bien, qu'il a la liberté d'avancer. ◆Si le feu est rouge, c'est qu'il est devant une interdiction. C'est signe qu'il ne va pas dans le bon sens. Si l'enfant grille un feu rouge, c'est qu'il y a danger, que le rêveur doit s'arrêter et changer la façon de se développer. ◆Si le feu est orangé, c'est qu'on l'avertit que sa façon de se développer ne suit pas sa façon d'être à lui. Il y a risque de se tromper de chemin. ◆Si les feux sont défectueux, c'est qu'il y a du désordre dans la vie de l'enfant et qu'il risque de heurter les autres ou de se faire blesser dans sa sensibilité.

Feuille

1. Les feuilles des plantes en rêve représentent la façon personnelle de l'enfant de recevoir les messages des rêves. Elles désignent aussi ses émotions ou ses sentiments. ◆Si elles sont d'un beau vert, c'est que l'enfant sait comment s'y prendre dans sa vie affective. ◆Si elles tombent, c'est qu'il ne tient pas compte de ses rêves ou qu'il néglige ses sentiments et même son corps. Ou bien c'est qu'il a une nouvelle étape à franchir dans sa vie. Il doit se dépouiller de certains sentiments et les remplacer par d'autres.

2. Feuille de papier, voir *Page, Papier.*

Ficelle

Une ficelle en rêve représente un petit attachement à une personne ou à une habitude. Elle peut aussi indiquer un truc, une façon de faire qui n'est pas honnête. Voir *Marionnette.*

Fil

Le fil dans un rêve peut parler du temps qui passe. Ou bien d'une suite, d'un enchaînement d'événements. Il peut évoquer un lien qui rattache l'enfant à quelqu'un. Le fil évoque également un empêchement. Il peut signifier aussi une épreuve obligatoire. Il peut être enfin le fil conducteur qui va mener le rêveur à la cause de ce qu'il cherche.

File

Une file en rêve suppose que l'enfant doit attendre, malgré son impatience. C'est peut-être les autres qui le retardent dans son développement. La file peut signifier qu'il éprouve un certain blocage dans ses sentiments. (Lui suggérer d'en parler à quelqu'un en qui il a confiance.)

Filet

Un filet, c'est un réseau de mailles. En rêve, il peut inviter l'enfant à faire du sport, de l'exercice. Mais le filet peut aussi indiquer que le rêveur est prisonnier d'un piège, soit sur le plan social, soit sur le plan intérieur. Il peut ne plus comprendre où va sa vie. (En parler avec lui.)

Fille

Si l'enfant a une fille en rêve, cette file désigne ce qui vient de l'enfant, ce qu'il a fait. C'est la façon de se conduire qui est en cause. La fille peut représenter un projet qu'il a commencé. Si la fille est bien portante, son projet se porte bien. Sinon, son projet est chancelant. ◆Si la personne qui rêve est une fille, une autre fille en rêve représente ce qu'elle refoule (voir *Refoulement*). Elle peut aussi symboliser l'amitié. ◆Si le rêveur est un garçon, une fille en rêve représente les petits côtés féminins en lui qu'il doit exprimer. Ou bien elle évoque les amourettes.

Film

Un film permet à l'enfant de voir la vie des autres et de s'éclairer sur la sienne. Voir un film en rêve invite donc le rêveur à choisir à qui il aimerait ou non ressembler. Il l'invite aussi à juger sa vie, ses actions, à accepter ou non les suggestions du film du rêve. C'est à lui de juger ce qui lui convient ou non. ◆Un film d'horreur, voir *Horreur*. Voir *Cinéma, Photo*.

Fils

Si l'enfant a un fils en rêve, ce fils désigne ce qui vient de l'enfant, ce qu'il a fait. C'est la façon de se conduire qui est en cause. Ou bien c'est un projet qu'il a commencé. Si le fils est bien portant, son projet se porte bien. Sinon, son projet est chancelant. ◆Si le rêveur est un garçon, un autre garçon en rêve évoque ce qu'il refoule (voir *Refoulement*). Il peut aussi symboliser l'amitié. ◆Si le rêveur est une fille, un garçon en rêve représente les petits côtés masculins en elle qu'elle doit exprimer. Ou bien il évoque les amourettes.

Flamme

Une flamme en rêve fait référence pour l'enfant à une passion amoureuse, ou à une aspiration de son âme*. Ou encore à une révolte. Ou bien il s'agit d'une inspiration ou d'un vif souvenir. Voir *Feu*.

Flèche

Une flèche en rêve peut indiquer une direction à suivre, ou signaler une bonne idée qui traverse l'esprit de l'enfant. Elle peut aussi indiquer un but que poursuit le rêveur, ou désigner la vitesse d'exécution de quelque chose. Elle peut aussi signifier une inspiration qui vient du Moi* universel de l'enfant. Elle peut symboliser que son âme* veut s'élever. Elle peut par ailleurs représenter des désirs insatisfaits qui le blessent parce qu'ils n'ont pas été accomplis. La flèche peut aussi désigner une attaque de la part des autres, une opinion d'autrui qui blesse l'enfant. Ou bien elle peut être le signe d'un regard perçant, d'une conscience claire mais impitoyable. Enfin, elle peut inviter le rêveur à se donner un idéal*.

Fleur

En rêve, une fleur symbolise surtout l'épanouissement d'un sentiment et annonce un succès. Évidemment, elle évoque aussi le charme, la séduction, la délicatesse, la fragilité, la beauté, l'harmonie, la perfection et l'amour. Elle est aussi une image du Moi* universel de l'enfant. ◆Une fleur belle et en pleine nature indique l'expression d'un beau sentiment. ◆Si elle est coupée, le sentiment est beau mais passager. ◆Si elle est en pot, il s'agit d'un sentiment que le rêveur veut durable. ◆Si les fleurs sont nombreuses et de même nature, il s'agit d'un sentiment exprimé plusieurs fois. ◆Si les fleurs sont nombreuses et de différents types, le sentiment sera différent d'une fois à l'autre. ◆Si la fleur est fanée, flétrie, sans fruits, il s'agit d'un sentiment qui n'existe plus. ◆Si elle est fanée, mais laisse voir le fruit ou les graines, il s'agit d'un sentiment qui est rempli de promesses. ◆Si la fleur est séchée, il s'agit d'un sentiment passé à l'état de souvenir, dépassé. ◆Si elle est blanche, il s'agit d'un sentiment innocent, spirituel ou discret. ◆Si la fleur est bleue, il s'agit d'un sentiment de bonheur un peu irréaliste. ◆Si la fleur est jaune, il s'agit de joie de vivre. ◆Si la fleur est mauve, il s'agit d'un sentiment de mélancolie. ◆Si la fleur est orangée, il s'agit d'un sentiment de joie concrète. ◆Si la fleur est rose, il s'agit d'un sentiment de grande douceur, d'harmonie, de tendresse. ◆Si la fleur est rouge, il s'agit d'un sentiment amoureux, douloureux ou violent. ◆Si la fleur est violette, il s'agit d'un sentiment de renoncement, de privation. ◆Si la fleur est couleur d'or, il s'agit d'un sentiment de grandeur et de puissance. Cette fleur d'or représente très bien le Moi* universel du rêveur. Le Moi universel rappelle à l'enfant comment il tient à lui. ◆Si les fleurs sont grosses, il s'agit de sentiments évidents, importants ou exagérés. ◆Si elles sont petites, il s'agit de sentiments délicats, discrets ou même secrets. ◆Si l'enfant rêve de fleurs qui n'existent pas sur la Terre, c'est qu'il reçoit des idées toutes nouvelles ou bien que son âme* connaît un bel épanouissement spirituel.

Fleuve

Un fleuve en rêve évoque la vie qui passe, avec son mouvement et le changement continu des conditions de la vie de l'enfant. Il désigne un renouvellement. ◆Si l'enfant va avec le courant, il suit le développement que tout le monde connaît. ◆Si l'enfant remonte le courant, c'est qu'il se bat contre les événements, qu'il ne veut pas céder et se laisser aller à la facilité. ◆Si l'enfant traverse le fleuve, c'est qu'il franchit un obstacle. Ou bien qu'il passe d'un état à un autre : il change (voir *Pont*). Parfois, le fleuve désigne la mort*. Voir *Eau*.

Flûte

Une flûte en rêve symbolise l'expression des sentiments et des émotions. L'enfant les exprime avec calme et douceur. Et il est sincère. Son âme ressent par moments des élans vers Dieu. ◆S'il s'agit d'une flûte de Pan (à plusieurs tuyaux juxtaposés), le rêveur exprime ses sentiments avec beaucoup de naturel et de spontanéité. ◆S'il s'agit d'un piccolo, l'enfant exprime des sentiments très vifs. ◆S'il s'agit d'une flûte à bec, l'enfant exprime ses sentiments avec douceur et simplicité.

Foin

En rêve, le foin représente de l'argent, des économies. Il peut aussi évoquer une protestation ou du mépris.

Fond

Si l'enfant rêve du fond de quelque chose, il s'agit du fond sur lequel sa vie est établie : son corps ou son Moi* universel. ◆Le fond d'un récipient peut représenter un épuisement physique, un vide intérieur. (En parler avec lui.) ◆Si le récipient est percé, c'est que le rêveur perd de l'énergie en ne contrôlant pas assez ses émotions. ◆S'il s'agit du fond de l'eau, il est question du Moi* universel qui rappelle à l'enfant qu'il peut compter sur lui.

Football

Le football en rêve évoque tout ce qui peut se produire dans la pratique de ce sport : attaque (voir *Attaquer*), défense, but visé, coup* de pied, blocage (voir *Refoulement*), dégagement, interception, course (voir *Courir*), envoi, adversaire*, mêlée, coups*, compétition, performance. ◆Le football évoque aussi pour l'enfant l'esprit d'équipe. Il l'invite à combattre pour gagner et apprendre à perdre. Ce genre de rêve lui rappelle que la vie, c'est comme le football : il faut être prêt à donner des coups et à en recevoir.

Forêt

La forêt est la nature qui s'exprime librement et entièrement. En rêve, elle évoque la masse des tendances et des sentiments du rêveur. Comme elle est sombre, elle représente la peur de se perdre (voir *Égarer*). Comme elle abrite des bêtes féroces, elle représente aussi les peurs* et les angoisses* de l'enfant. Mais la forêt est également le lieu où peut se trouver une princesse endormie. Pour l'enfant, cette princesse est son âme* qui sera libérée s'il ne se laisse pas dominer par ses mauvaises tendances et ses peurs.

La forêt est aussi le lieu des sorcières*, des lutins* et du trésor* caché. C'est la partie de l'enfant qui contient ses tendances négatives et positives dans lesquelles il doit faire un choix pour trouver le trésor de son âme purifiée. La forêt représente aussi pour l'enfant l'attachement à sa mère. Cet attachement ne doit être ni trop grand ni trop petit, parce que l'enfant doit se séparer peu à peu de sa mère pour devenir quelqu'un de responsable de lui-même. ◆Si l'enfant coupe des arbres en forêt, c'est qu'il est au début de la séparation de son enfance : il commence à distinguer les valeurs transmises par sa mère et ses propres valeurs. ◆Un incendie de forêt indique qu'il y a urgence et danger. (En parler avec l'enfant.)

Fossé

Le fossé sert à l'écoulement des eaux. En rêve, il indique une soupape à une énergie trop grande. Il invite l'enfant à faire de l'exercice. Il délimite la part du conscient et celle de l'inconscient. Il peut indiquer que le rêveur fait du refoulement*.

Foudre

La foudre est une décharge électrique naturelle qui se produit lors des orages. En rêve, elle représente une tempête intérieure. Le tonnerre* symbolise un choc émotif. (En parler avec l'enfant.) L'éclair* peut évoquer une libération, une colère*, un déchirement intérieur, un défoulement*, une grande peur ou une menace. L'orage* signifie violence, tension* et bouleversement. Si l'enfant rêve de la foudre, il a besoin d'aide. (En parler avec lui.) Parfois, la foudre représente le coup de foudre, c'est-à-dire un sentiment d'amour très vif envers quelqu'un.

Fouet

Un fouet en rêve symbolise une punition ou la peur d'une punition. Peut-être que l'enfant se sent coupable*. Ou bien le fouet symbolise qu'il a besoin d'être stimulé, encouragé. (En parler avec lui.)

Foulard

Un foulard en rêve parle à l'enfant d'un bien-être intérieur, ou de son besoin de caresses. Il peut même évoquer une petite aventure amoureuse.

Foule

En rêve, une foule représente la société, tous les gens qui entourent l'enfant. Elle représente aussi la façon générale de penser et d'agir. La foule du rêve invite l'enfant à former ses propres idées et sa propre façon d'agir selon sa conscience. Elle l'invite à devenir de plus en plus responsable de lui. En somme, la foule du rêve lui indique qu'il peut compter sur les gens pour l'aider, mais que ces gens ne doivent pas l'empêcher de devenir lui-même.

Four

Le four en rêve invite l'enfant à brûler les choses trop infantiles pour se transformer peu à peu en personne responsable. Il peut aussi évoquer une période sombre où il a du mal à se comprendre. Il doit se rendre compte que ce n'est que passager. Le four peut aussi parfois représenter un échec. Après un échec, on retrousse ses manches et on recommence.

Four à micro-ondes

Le four à micro-ondes en rêve symbolise la transformation de l'enfant. Il évoque le fait qu'il est dans une période de changement rapide. Il va comprendre de nouvelles choses. Ça va lui sembler un peu magique.

Fourche

Une fourche en rêve indique que l'enfant hésite entre deux choses. Il faudrait qu'il choisisse. Elle l'invite aussi à se mettre au travail sérieusement. Elle peut aussi l'inviter à faire des économies pour réaliser certains projets. Parfois, elle indique que le petit diable en lui s'agite. C'est à lui de choisir entre ses bonnes et ses mauvaises tendances.

Fourchette

En rêve, une fourchette invite l'enfant à examiner sa façon de se nourrir. Elle fait en sorte qu'il se demande s'il a bon appétit et s'il ne mange pas trop de gâteries. Elle peut l'inviter à choisir entre deux choses très différentes. Elle peut aussi faire allusion à sa clavicule*.

Fourmi

Une fourmi en rêve évoque pour l'enfant la nécessité de travailler. Elle lui rappelle que l'on n'arrive à rien sans travail. Elle lui rappelle aussi que la société est organisée, qu'il est un jeune membre de cette société et qu'il se développe en étudiant et en jouant. Parce qu'elle creuse dans la terre, la fourmi peut inviter le rêveur à faire des recherches partout où sa curiosité se porte. Elle peut aussi lui signifier qu'il ne sait pas bien se reposer. Il souffre peut-être de suractivité ou de surexcitation. Il doit apprendre à se calmer. La fourmi peut évoquer le fait qu'il se sent trop petit, trop peu important. Il a besoin qu'on lui dise qu'on l'aime. (En parler avec lui.) La fourmi peut également l'encourager à faire des économies en vue de réaliser des projets qui lui tiennent à cœur.

Fourrure

La fourrure en rêve représente pour l'enfant la chaleur humaine, la protection. Elle représente aussi les tendances animales en lui. Elle symbolise la sensualité, le plaisir des caresses.

Foyer

En rêve, un foyer où l'on allume un feu évoque pour l'enfant sa famille. Il lui rappelle tout le réconfort qu'il en retire. Il représente aussi l'aspiration principale de son âme* d'entrer en contact avec Dieu ou avec son Moi* universel. Il symbolise également son besoin d'aimer et d'être aimé.

Fracture

Voir *Os*.

Fraise

La fraise en rêve représente pour l'enfant de petits plaisirs sexuels. ◆Si elle est cultivée, elle parle du plaisir de vivre, et de plaisirs sexuels discrets. ◆Si elle est sauvage, elle représente des aventures sexuelles cachées.

Framboise

En rêve, la framboise représente pour l'enfant de petits plaisirs sexuels qui risquent de le blesser. ◆Si elle est cultivée, elle lui parle d'un succès obtenu après de gros efforts, ou d'une petite aventure sexuelle un peu pénible. ◆Si elle est sauvage, elle symbolise un succès inattendu qui suit de grands efforts. Et peut-être une petite aventure sexuelle qui reste cachée.

Franc

Monnaie, voir *Argent*.

Frayeur

Voir *Peur, Horreur, Terreurs nocturnes*.

Freins d'automobile

Voir *Automobile*.

Frère

Un frère en rêve pour un enfant est comme un autre lui-même. ◆Si l'enfant s'entend bien avec son frère, il a une bonne attitude par rapport à son développement. ◆Si l'enfant s'entend mal avec lui, son attitude est mauvaise, il se développe mal. Ce qu'il reproche à son frère, dans le fond, il se le reproche à lui-même. Si l'enfant est un garçon, son frère représente tout ce qu'il refoule au lieu de l'exprimer (voir *Refoulement*). Si l'enfant est une fille, elle n'exprime pas assez son petit côté garçon. ◆Si l'enfant rêve que son frère est dévoré par un monstre, c'est qu'il a besoin d'attention, d'affection. Il ressent de la jalousie* envers lui.

Frigo

Voir *Réfrigérateur*.

Fromage

Le fromage en rêve représente pour l'enfant le soutien intérieur : son âme* réclame de la nourriture. Il peut se demander s'il a un idéal*. Le fromage représente aussi la transformation des choses infantiles en choses plus solides : il invite le rêveur à devenir de plus en plus responsable de lui-même.

Front

En rêve, le front invite l'enfant à avoir un idéal*. Il parle aussi de fierté, de confiance* en soi. Ou bien il signale la présence d'une bonne inspiration, de bonnes pensées. Le front peut également évoquer la force, la ténacité

et le courage. Il peut aussi signaler la présence de la honte*, de l'effronterie ou de l'orgueil. ◆Si l'enfant a mal au front, c'est qu'il a trop ou trop
peu de fierté. Ou bien qu'il a besoin d'un idéal*. Ou bien que sa timidité
l'empêche de s'affirmer. Ou bien qu'il a trop d'audace, qu'il prend des risques trop souvent. Ou bien qu'il doit dominer ses soucis et faire face à ses
difficultés.

Fruit

Le fruit est le produit de la fleur. En rêve, c'est donc le succès, le bon résultat qui vient à la suite d'un épanouissement, à la suite d'un effort. ◆Les fruits
désignent souvent les organes génitaux. Ils font donc allusion à des expériences sexuelles. Si le fruit est pourri, l'expérience est gâtée, elle n'est pas
positive. Les fruits peuvent également représenter une tentation. ◆Les fruits
peuvent aussi évoquer les conséquences de ses actes. Ces conséquences
sont positives ou négatives selon que le fruit du rêve plaît ou non au rêveur.
Voir le nom du fruit du rêve : *Pomme, Orange, Fraise…*

Fugueur

Si l'enfant est un fugueur en rêve, c'est qu'il a besoin d'attention, d'affection,
ou qu'il a un milieu familial étouffant. Ou bien c'est qu'il se plaint facilement.
(L'encourager à en parler à quelqu'un en qui il a confiance.)

Fuite

Si l'enfant fuit en rêve, c'est qu'il refuse de faire face à ses peurs*. Il manque
du courage nécessaire pour en examiner les causes. Mais il doit comprendre qu'elles sont là pour qu'il les affronte et les vainque. C'est comme ça que
son âme se libère et devient plus forte. Chaque peur vaincue est une victoire.
Il doit se dire maintenant que, la prochaine fois, au lieu de fuir en rêve, il va
faire face à ce qui lui fait peur. Il va demander son nom à son adversaire. S'il
en prend la décision maintenant, il verra qu'en faisant face, l'adversaire de
son rêve va se transformer en ami. Les dangers et les ennemis sont des énergies qui peuvent se mettre à son service s'il ose leur faire face et leur demander qui ils sont. Voir *Poursuite*.

Fumée

Une fumée en rêve est le signe qu'il y a un feu quelque part. La fumée avertit l'enfant qu'il doit prendre une décision, car il y a urgence. La fumée peut aussi représenter l'élévation de son esprit ou de son âme par des pensées ou des désirs vers son idéal* ou vers Dieu. Parfois, elle indique qu'une âme s'élève dans le Ciel parce que quelqu'un est mort et vient d'abandonner son corps. Voir *Feu*.

Fumer

Fumer la cigarette, le cigare ou la pipe en rêve, avertit l'enfant qu'il ne doit pas prendre l'habitude de s'adonner à ces plaisirs dangereux. Ça peut signifier aussi qu'il ressent de l'insécurité, de l'insatisfaction ou de la frustration. (En parler avec lui.) Peut-être aussi que le rêveur éprouve trop de nervosité.

Fumier

Le fumier sert à engraisser la terre pour que les plantes poussent mieux. Rêver à du fumier est donc un signe de réussite, de succès. Voir *Excrément*.

Fusée

Si l'enfant rêve d'une fusée, c'est qu'il éprouve un désir qui élève son âme*. Il sent en lui un élan, une joie qui le porte vers son Moi* universel. Une fusée est le signe de son désir d'explorer son espace intérieur, c'est-à-dire son âme. Elle peut donc signifier qu'il est en train de découvrir quelque chose de nouveau en lui. La fusée peut aussi indiquer qu'il va connaître une progression rapide. Parfois, la fusée désigne le pénis en érection (voir *Phallus*).

Fusil

Si l'enfant rêve d'un fusil, c'est peut-être qu'il ressent de l'insécurité, de la peur* ou une menace. (En parler avec lui.) Un fusil en rêve évoque aussi une blessure* intérieure, ou le goût de se défendre ou d'attaquer. Il parle aussi d'agressivité et de violence. Il traduit le désir du rêveur de devenir plus fort. Il peut également symboliser la guerre* et, parfois, le phallus*.

G

Galerie

Une galerie ou une véranda en rêve signifie que la conscience de l'enfant va s'élargir parce qu'il va comprendre quelque chose de nouveau. Elle peut aussi l'inviter à se montrer plus accueillant envers les autres.

Gant

Un gant sert de protection à la main. En rêve, il parle donc de prudence dans l'action. Il peut représenter aussi de la chaleur humaine. Il peut parler d'un moyen qui convient parfaitement. Ou bien d'un défi à relever, ou d'une provocation. Ou enfin, il peut signaler les précautions que doit prendre le rêveur pour éviter de froisser quelqu'un.

Garage

1. En rêve, un garage où l'on répare les voitures évoque pour l'enfant les besoins de son corps en nourriture, en exercice et en soins. Ou bien il représente la maladie et la guérison. Il peut aussi signifier un empêchement, une immobilité imposée, ou faire allusion aux vieilles personnes handicapées par l'âge.

2. Un garage où l'enfant remise son auto signifie que son développement est arrêté pour un moment. ◆S'il n'y a pas d'auto dedans, c'est que son corps peut courir un certain risque. Prudence.

Garçon

◆Si l'enfant est un garçon, un autre garçon en rêve lui parle de ce qu'il refoule en lui (voir *Refoulement, Adolescent*). Cet autre garçon peut aussi symboliser l'amitié. ◆Si l'enfant est une fille, le garçon du rêve évoque les petits côtés masculins en elle qu'elle doit exprimer pour mieux se sentir. Ou bien il lui parle d'amourettes. Voir *Fils, Fille*.

Garde-robe

La garde-robe est un lieu clos. En rêve, elle représente pour l'enfant les différentes attitudes qu'il a avec les gens. Elle fait en sorte qu'il se demande s'il est assez ouvert ou s'il est fermé. Elle l'invite aussi à faire face à ses peurs*. Ou bien elle lui parle de toutes ses possibilités. Ou bien elle fait allusion à une punition.

Gardien, Gardienne

La personne qui garde l'enfant en rêve représente sa raison, celle qui dirige ses actions. Elle évoque la nécessité d'écouter encore les adultes parce qu'il ne peut pas encore s'en passer. Elle peut symboliser son besoin de protection. Elle lui rappelle aussi d'être un peu prudent. Un gardien peut également désigner son Moi* universel. ◆S'il s'agit d'un gardien de trésor, voir *Trésor*.

Gare

Une gare en rêve évoque le voyage*, le départ et l'arrivée. Elle signifie que l'enfant fait face à un changement en lui. Il va connaître une nouvelle étape. Peut-être qu'elle lui suggère de prendre une décision. Parfois, elle évoque une expérience sexuelle. ◆Si la gare est vide ou sans train, c'est que le rêveur se sent abandonné*. ◆Le chef de gare représente la société ou son Moi* universel. Voir *Train, Valise*.

Gâteau

Un gâteau en rêve symbolise la récompense ou l'agrément. Il peut aussi représenter l'anniversaire* de l'enfant, ou évoquer le fait qu'il est gâté, qu'il n'écoute que ses caprices.

Gâterie

Si l'enfant s'accorde des gâteries en rêve, c'est qu'il se gâte, qu'il n'écoute que ses caprices. Il faut se gâter de temps en temps, ça apporte de la joie de vivre. Mais on doit aussi savoir se priver de friandises pour ne pas être esclave des plaisirs du palais, c'est-à-dire tomber dans la gourmandise.

Gauche

1. Contraire de droite. La gauche en rêve représente ce qu'on ne fait pas. Elle peut aussi signifier ce que l'enfant pourrait faire. Si l'enfant a mal à une partie gauche de son corps, c'est qu'il ne fait pas ce qu'il devrait faire et ça lui fait du tort. La gauche peut aussi désigner ses mauvaises tendances. Voir *Droite*.

2. Quelqu'un de maladroit. Si l'enfant en rêve, c'est qu'il est invité à faire attention à ne pas commettre d'impair. Ça peut aussi signifier qu'il ne se sent pas à l'aise ou qu'il se montre incertain, hésitant. Il peut manquer de confiance* en lui. (En parler avec lui.)

Gaz

1. Corps fluide comme de l'air. Un gaz en rêve évoque quelque chose de très léger. Il peut représenter pour l'enfant son esprit* qui cherche à s'élever. Ou bien il représente son Moi* universel qui est tout près de lui. ◆Un gaz mortel peut signifier que l'état intérieur du rêveur est empoisonné. Son âme* souffre d'une mauvaise atmosphère.

2. Rot et gaz intestinal. Ces gaz en rêve sont le signe que l'enfant a l'esprit agité ou qu'il vit des émotions fortes. Peut-être aussi qu'il veut trop bien faire : s'il vise la perfection, il va se décourager. Ou bien signifie qu'il a trop de hâte, d'impatience ou de précipitation. Ou bien qu'il ne fait pas assez d'exercice, ou encore, qu'il se croit trop important. Ou bien, enfin, qu'il fait du refoulement*.

Géant, Géante

Un géant ou une géante en rêve peuvent représenter les parents de l'enfant. Ou bien il s'agit d'une personne très importante pour lui, ou une personne qui l'impressionne beaucoup et dont il exagère l'importance. Le géant et la géante en rêve peuvent aussi représenter ses mauvaises tendances incontrôlées, ou bien, des habitudes. Ou ils montrent qu'il est dominé par quelqu'un de terrible. (L'encourager à en parler à quelqu'un en qui il a confiance.) ◆Un bon géant qui fait un exploit dans son rêve peut représenter son Moi* universel qui lui vient en aide. ◆Si le géant est le rêveur, ça indique qu'il doit se faire confiance. Voir *Superman*.

Gelée

Corps gélatineux. La gelée en rêve peut représenter pour l'enfant son cerveau dans lequel se loge son esprit*. Elle peut aussi évoquer une certaine agitation de ses sentiments. Elle représente aussi l'influence que chacun exerce sur les autres (et peut ainsi lui faire savoir que son caractère est trop mou). Il lui faudrait rendre son âme* plus solide. Peut-être que la gelée évoque son manque d'assurance, de confiance* en lui.

Gémissement

Un gémissement en rêve peut signifier que l'enfant se plaint. Qu'il se demande s'il se plaint pour rien. Si l'enfant gémit, c'est peut-être qu'il sent une douleur intérieure. (En parler avec lui.)

Gêne

En rêve, l'enfant peut éprouver de la gêne parce qu'il a honte* ou parce qu'il se sent coupable*. Ou bien c'est qu'il manque de confiance* en lui.

Genou

Un genou en rêve, c'est ce qui permet de progresser. Il peut aussi inviter l'enfant à ne pas se penser plus important que les autres. ◆Si l'enfant a mal au genou droit, c'est qu'il se développe de travers. Ou bien que son caractère manque de souplesse. Peut-être qu'il est trop orgueilleux ou entêté, ou qu'il a peur de l'opinion des autres et ça le fait agir de travers. ◆Si l'enfant a mal au genou gauche, c'est qu'il ne se développe pas. Il y a quelque chose qui l'en empêche, soit l'orgueil, soit un entêtement, soit la peur de l'opinion des autres. ◆Si l'enfant a mal aux deux genoux, c'est qu'il est peut-être épuisé. (En parler avec lui.) Ou indique qu'il refoule trop ses sentiments (voir *Refoulement*).

Gifle

Une gifle en rêve, c'est une insulte que l'enfant adresse ou qu'il reçoit. Ça peut vouloir dire qu'il est humilié par quelqu'un. Ou encore que quelqu'un le provoque. Ça peut aussi signifier qu'il prend conscience de quelque chose qui l'étonne énormément. Ou bien, enfin, qu'il va connaître un échec retentissant. Mais il n'aura qu'à se reprendre.

Girafe

Une girafe en rêve peut signifier que l'enfant exagère, qu'il veut épater son entourage pour se donner de l'importance. La girafe peut évoquer la curiosité, celle qui le pousse à connaître et à s'instruire. Ou la curiosité qui est le défaut de s'occuper des affaires des autres. Comme la girafe est muette, peut-être qu'elle l'invite à être discret. Elle peut aussi l'inciter à beaucoup de douceur. Peut-être enfin fait-elle allusion au fait qu'il doit élever ses pensées pour faire progresser son âme*.

Glace

1. Eau gelée. L'eau, c'est de l'énergie. Si elle est gelée en rêve, c'est qu'elle ne circule plus et qu'il y a chez l'enfant un blocage émotif (voir *Refoulement*). Ça peut aussi signifier que quelqu'un lui témoigne une indifférence glaciale, ou qu'il se sent isolé, qu'il manque d'amour. (En parler avec lui.) Ou bien, enfin, peut-être éprouve-t-il une grande timidité. (En parler avec lui.) Voir *Glisser*.

2. Crème glacée. En rêve, une glace est un plaisir qui passe vite. Ça fait partie de la joie de vivre si l'enfant n'en abuse pas. Voir *Gâterie*.

3. Couche de sucre verni sur un gâteau. Ce sucre est un plaisir supplémentaire qui fait partie de ceux de la vie. Ça peut aussi représenter la gourmandise, une attirance, une tentation.

4. Vitre, voir *Miroir, Verre*.

Glaçon

En rêve, un glaçon dans un verre peut évoquer un agrément. Si le glaçon pend à l'extérieur, il peut représenter une menace temporaire, ou désigner une personne au contact froid. Il peut aussi indiquer à l'enfant un blocage émotif (voir *Refoulement*).

Glaise

La glaise est une terre grasse avec laquelle on fait de la poterie. En rêve, elle invite l'enfant à la souplesse, à la disponibilité. Elle représente aussi toutes ses possibilités, tout ce qu'il peut devenir. Elle peut l'inviter à faire des arts plastiques. Elle lui rappelle enfin qu'il est en période de développement et qu'il ne doit accepter que les bonnes influences.

Glisser

◆Si l'enfant glisse et que c'est agréable en rêve, c'est qu'il connaît une période où tout va bien. ◆Si c'est désagréable, c'est qu'il perd le contrôle. Peut-être est-il épuisé. (En parler avec lui.)

Globe

Un globe ou une sphère en rêve représente la Terre* pour l'enfant. Ça peut aussi évoquer son petit monde à lui, ou son Moi* universel.

Gobelet

Voir *Dé à jouer, Tasse.*

Goéland

Un goéland en rêve peut représenter la liberté. Il peut inviter l'enfant à être très sociable. Il évoque aussi l'endurance, l'audace et le voyage. Il signifie qu'il peut comme lui être débrouillard et s'adapter à tout. Mais l'oiseau peut signifier aussi des choses négatives comme l'égoïsme, ou signaler la présence d'un malfaiteur ou d'un voleur* dans les environs.

Gomme à mâcher

Chewing-gum. Mâcher de la gomme, c'est mâcher sans se nourrir. En rêve, ça peut vouloir dire avoir de la rancune, ou ruminer une vengeance, ou avoir un problème à régler. Ou bien ça peut indiquer de la colère* ou de la nervosité.

Gorge

Lieu du boire, du manger et de la voix. ◆Si l'enfant a mal à la gorge en rêve, c'est peut-être parce qu'il fait de l'angoisse*, qu'il rejette une situation. Ou bien il devrait exprimer une émotion qui l'incommode. Ou bien il a dit des choses blessantes à quelqu'un, ou il a peur de parler à quelqu'un. Il peut aussi avoir besoin de se confier à quelqu'un en qui il a confiance. (L'encourager à faire ce qu'il faut pour se soulager.)

Gorille

Un gorille en rêve peut symboliser pour l'enfant la force corporelle. Ou bien l'animal fait allusion au fait que l'enfant a agi de façon primitive (en se montrant grossier, par exemple). Ou peut révéler sa tendance à régler ses problèmes avec les autres par la violence au lieu de le faire par la parole. Ou bien le gorille lui rappelle qu'il a comme tout le monde une partie animale (son corps*) qui a ses propres besoins et qu'il doit s'en occuper, sans céder à ses caprices.

Gourdin

Voir *Massue*.

Gourmand

Voir *Embonpoint.*

Goutte

Une goutte en rêve fait penser à une toute petite quantité de quelque chose. Elle peut évoquer la pluie*, ou la sueur, ou une larme*. Elle peut aussi faire référence au fait que l'enfant exagère. Ou qu'il est submergé par quelque chose.

Graine

Une graine de semence en rêve est une promesse de succès, car on récolte ce qu'on a semé. Elle peut aussi signifier quelque chose qui se développe dans la vie intérieure de l'enfant. Il peut aussi s'agir d'un secret, ou d'une contrariété.

Graisse

De la graisse en rêve peut signifier que la souplesse de l'enfant rend les choses aisées. Ça peut aussi évoquer le poids ou la grosseur (voir *Embonpoint*), ou indiquer de la mollesse ou de la malhonnêteté. Voir *Glisser*.

Grammaire

La grammaire en rêve représente les règles que l'enfant doit suivre. Elle lui conseille d'être correct et sérieux. Elle symbolise l'autorité, l'ordre et l'exigence. Évidemment, elle évoque aussi l'école*, les fautes de conduite. Elle peut aussi évoquer une exception. Elle peut parler de contrainte, d'obéissance et de discipline, ou représenter un accord. ◆Si l'enfant a une faiblesse en grammaire, c'est qu'il rejette l'autorité. Ou bien qu'il a un blocage émotif (voir *Refoulement*).

Grand-mère

Voir *Grands-parents*.

Grand-père

Voir *Grands-parents*.

Grands-parents

Un des grands-parents de l'enfant en rêve est un allié et même un complice. Il représente souvent la tendresse et la protection. Il peut parler de la vie, du temps qui passe, de l'âge du rêveur. Il peut évoquer l'ancien temps, le passé de l'enfant ou son origine, ou faire référence à l'expérience de la vie et à la sagesse.

Grange

Une grange en rêve représente des réserves, des récoltes, des économies. Ou bien c'est le Moi* universel de l'enfant qui vient lui rappeler ce qu'il est et tout ce qu'il peut encore devenir. ◆Si l'enfant est installé dans la grange, celle-ci peut lui indiquer qu'il manque de sécurité ou de confiance* en lui. (En parler avec lui.)

Gratter (se)

Si l'enfant se gratte en rêve, c'est signe de guérison ou de réveil. Tout dépend de la partie du corps qu'il gratte. Voir le nom de cette partie du corps. Voir *Démangeaison*.

Gravier

Le gravier en rêve peut évoquer pour l'enfant que son attention est trop dispersée, le fait qu'il s'entête, qu'il se braque trop facilement.

Grêle

La grêle en rêve représente pour l'enfant la violence, la colère*. Elle signifie aussi qu'il s'entête trop facilement. Elle peut également symboliser un défoulement* violent, ou une déception. Le rêveur peut ressentir une désolation intérieure, un état d'accablement émotif. (L'encourager à en parler à quelqu'un en qui il a confiance.) Voir *Orage*.

Grelot

Un ou des grelots en rêve évoquent de petites joies enfantines. Ou bien des petites peurs*. Ils peuvent signaler une période d'agitation, être le signe d'un avertissement, indiquer que l'enfant est dans une petite prison* intérieure. Il faudrait qu'il en sorte en décidant d'en parler à quelqu'un en qui il a confiance. Les grelots peuvent enfin évoquer sa conscience ou une petite voix* intérieure.

Grenier

Un grenier en rêve peut indiquer à l'enfant qu'il fait du refoulement*. Il peut évoquer des souvenirs, des choses passées qui lui montrent pourquoi il pense de telle ou telle façon. Il peut signaler le fait qu'il se sent abandonné* ou parfois faire allusion à de petites expériences sexuelles.

Grenouille

La grenouille en rêve est le signe d'une transformation importante comme celle qui se produit à l'adolescence (voir *Adolescent*). Elle peut représenter une période où l'enfant semble ne pas se développer. Elle peut aussi parler de fuite* ou de peur*, ou de commérages. Elle peut lui indiquer qu'il remportera un succès sur une difficulté. ◆Si elle est associée à la sorcière, voir *Sorcière*.

Griffe

Les griffes en rêve évoquent la menace, l'attaque, la défense et l'agressivité. Elles peuvent aussi représenter des mots blessants, ou même de la cruauté. Elles peuvent également symboliser le besoin de sécurité de l'enfant. (En parler avec lui.) ◆Une griffe peut aussi évoquer la signature.

Grillage

En rêve, un grillage évoque la sécurité, la protection. Mais il peut aussi symboliser un blocage, un empêchement d'agir. L'enfant peut se sentir dans une prison* intérieure. (En parler avec lui.)

Grille

Voir *Grillage*.

Grille-pain électrique

Si l'enfant rêve d'un grille-pain, c'est qu'il sent le besoin d'agir, de prendre une décision. ◆Si l'appareil est en panne, c'est que le rêveur sent trop de pression, de tension*. Il a besoin de se défouler (voir *Défoulement*).

Grillon

Le grillon (ou son chant) en rêve fait allusion au fait que l'enfant se sent en sécurité dans sa famille. Cet insecte évoque la joie de vivre, une espèce de petit bonheur tranquille, un réconfort. Il rappelle au rêveur qu'il a une vie intérieure (voir *Âme*).

Grimace

Une grimace en rêve peut être le signe d'un effort, d'une douleur, d'une déception, d'une indignation. Elle symbolise aussi un malaise intérieur, une moquerie et du mépris. Elle peut annoncer un succès, malgré une opposition.

Gris

Le gris en rêve peut parler de douleur, de tristesse, d'ennui et de pénitence. Il peut inviter l'enfant à sortir de la routine en changeant un peu ses habitudes. Mais il peut aussi signifier au rêveur qu'il est dans une période de calme ou qu'il a besoin de calme.

Gronder

Voir *Réprimande*.

Gros, Grosse

Voir en rêve quelque chose ou quelqu'un de plus gros que dans la réalité veut attirer l'attention de l'enfant sur cette chose ou cette personne. Ou bien ça peut signifier que le rêveur accorde trop d'importance à cette chose ou à cette personne. Voir *Embonpoint*.

Grossissement

Un grossissement en rêve veut attirer l'attention de l'enfant sur la chose grossie. Il lui indique que cette chose est importante. Ou bien, au contraire, il lui signifie que le rêveur en exagère l'importance. Ou bien l'enfant éprouve une grande émotion qu'il doit contrôler.

Grotte

En rêve, une grotte fait allusion à la naissance de l'enfant dans le ventre de sa mère. Elle peut signifier qu'il va renaître en changeant d'étape. Elle peut indiquer la naissance d'un enfant divin en lui, c'est-à-dire le développement de son esprit* et de son âme*. Mais dans les cavernes, il peut y avoir des monstres, des nains* et un trésor*. C'est-à-dire que, si l'enfant libère les énergies qu'il refoule, il peut trouver une grande source d'énergie (voir *Refoulement*). Peut-être aussi que le rêveur cache un secret qui le libérerait s'il le confiait à quelqu'un en qui il a confiance. La grotte est souvent le lieu où le héros* subit des épreuves pour devenir plus fort. Voir *Caverne*.

Guêpe

Une guêpe en rêve invite l'enfant à se secouer. Il a besoin d'être stimulé. Elle peut indiquer qu'il est tombé dans un piège. Elle peut aussi signifier une inquiétude. Elle révèle parfois des désirs sexuels qui ne sont pas satisfaits. Ou encore elle fait allusion à son tour de taille. Voir *Piqûre*.

Guerre

La guerre en rêve représente pour l'enfant un conflit, un danger, une crise en lui. Il peut avoir besoin de l'aide de sa mère. Il éprouve une grande tension*, ou de l'hostilité dans son milieu. La guerre l'invite peut-être à se défendre. En tout cas, il est soumis à un bouleversement émotif sérieux. (L'engager à en parler à quelqu'un en qui il a confiance.)

Gueule

Une gueule est la bouche des animaux carnassiers. En rêve, elle signifie danger. L'enfant doit en parler à quelqu'un en qui il a confiance. Voir *Mordre, Lion, Loup, Ogre*.

Guimauve

Une guimauve en rêve parle à l'enfant de gâteries* et aussi de mollesse, de ses caprices, de ses mauvaises tendances (voir *Instincts*).

Guitare

Une guitare en rêve peut évoquer les rondeurs féminines. Mais elle invite surtout l'enfant à exprimer ses sentiments et ses émotions, plutôt qu'à les refouler (voir *Refoulement*).

Gymnase

Un gymnase en rêve est une invitation à faire de l'exercice. Il invite aussi l'enfant à dominer les difficultés pour rendre son âme* plus forte. Ce lieu peut l'inviter aussi à élargir sa conscience.

H

Hache

Une hache en rêve est un signe de guerre*, de violence et de destruction. Elle peut signifier que l'enfant doit faire le sacrifice de quelque chose. ◆Si elle a un double tranchant, elle représente un avantage et un inconvénient. ◆Un coup de hache peut évoquer la brutalité. Ou bien une décision très importante. L'enfant doit se faire aider. (L'encourager à en parler à quelqu'un en qui il a confiance.)

Haie

Une haie en rêve évoque pour l'enfant un obstacle. Elle peut aussi l'inviter à avoir de la discipline, de la volonté*. Elle peut signifier qu'il fait du refoulement*, ou lui dire de se protéger.

Haine

En rêve, la haine symbolise l'indignation, le dégoût, la rivalité ou l'antipathie. Elle peut évoquer une colère rentrée (voir *Refoulement*) ou une blessure émotive. (Engager l'enfant à en parler à quelqu'un en qui il a confiance.)

Halloween

L'Halloween est la fête américaine de la veille (31 octobre) de la Toussaint, comparable à la mi-carême. Cette fête symbolise pour l'enfant le déguisement* et le masque*. Elle l'invite à se changer intérieurement. Elle lui dit de ne pas trop craindre la mort qui n'est qu'un changement d'état. Elle l'invite aussi à faire face à ses peurs*. Enfin, elle fait allusion au fait que de temps en temps il est bon de lâcher son fou et de se gaver de friandises.

Hameçon

Pour l'enfant, un hameçon en rêve fait référence à un piège. Ou à une illusion. Ou encore il signifie que le rêveur est en train d'ancrer une habitude dans sa vie : il doit se demander si c'est une bonne ou une mauvaise habitude.

Hanche

Les hanches en rêve évoquent l'équilibre de la personnalité de l'enfant. ◆Un problème de hanche signifie qu'il est devant un très grand défi, devant une décision importante. Il a besoin de se faire aider. (En parler avec lui.)

Hangar

Un hangar en rêve peut signaler à l'enfant qu'il fait du refoulement*. Ce lieu peut lui parler de choses dont il pourrait se débarrasser. Il l'invite à mieux se protéger. Il peut parfois représenter de petites expériences sexuelles.

Hanneton

Un hanneton en rêve rappelle au rêveur qu'il est encore un enfant qui a besoin de se développer pour devenir un adulte. Son Moi* universel lui rappelle qu'il doit développer son âme* et son esprit*.

Haricot

Ce légume-graine rappelle la vulve* et le clitoris. Ou bien encore les testicules*. Il symbolise l'union sexuelle ou l'union des oppositions*. Il peut aussi signifier le début d'un projet.

Harmonica

Un harmonica en rêve encourage l'enfant à exprimer un sentiment au lieu de le refouler (voir *Refoulement*).

Hâte

La hâte en rêve évoque l'impatience. Ou bien un retard. Elle peut signifier que l'enfant veut aller trop vite.

Hélice

En rêve, une hélice symbolise un progrès. Elle peut aussi rappeler à l'enfant qu'il sent un élan, un enthousiasme en lui. Elle peut signaler une inspiration. Elle peut aussi lui signaler qu'il s'agite beaucoup pour rien.

Hélicoptère

Un hélicoptère en rêve invite l'enfant à élever son esprit* et son âme*. Il lui annonce un changement. Il l'invite à regarder vers l'avenir et à cesser d'hésiter. Il peut lui signifier qu'il a besoin d'aide. (L'encourager à parler de son hésitation à quelqu'un en qui il a confiance.)

Herbe

L'herbe en rêve évoque pour l'enfant un moment reposant. Elle représente la joie de vivre et la liberté. Elle symbolise la nourriture pour son âme*. Elle peut faire référence à un traitement, à un remède et à une guérison. Elle lui promet peut-être un succès.

Herbe (mauvaise)

Une mauvaise herbe en rêve fait allusion au fait que l'enfant doit choisir entre les bons et les mauvais sentiments, ou indiquer qu'il y a quelqu'un qui a une mauvaise influence sur lui. Elle peut évoquer la négligence ou le rejet. (En parler avec lui.)

Héros, Héroïne

Le héros ou l'héroïne du rêve invite l'enfant à l'imiter. C'est celui ou celle qui lutte contre les forces du mal pour en triompher. C'est une invitation à dominer ses instincts* et ses caprices. C'est aussi une invitation à se rapprocher de son Moi* universel en se développant. Parfois, le héros peut indiquer que l'enfant se pense plus important que les autres. (Cela ne l'empêche pas d'avoir de la valeur.) Le héros lui rappelle qu'il peut se donner un idéal*. La présence d'un héros en rêve invite le rêveur à fortifier son âme*. Si c'est lui le héros ou l'héroïne du rêve, ça indique à l'enfant qu'il doit se faire confiance*. Voir *Dragon*.

Hibou

Le hibou en rêve invite l'enfant à distinguer ses bonnes tendances de ses mauvaises. L'oiseau fait allusion au fait qu'il doit être attentif à sa façon de se conduire. Il l'invite à faire face à ses peurs*. Ou bien il représente les terreurs* nocturnes. Il lui rappelle que son Moi* universel est toujours près de lui pour l'aider à voir clair.

Hippopotame

Un hippopotame en rêve peut faire allusion à un problème de poids (voir *Embonpoint*). Il peut représenter une certaine lourdeur intérieure qui indique que l'enfant fait du refoulement*. Peut-être que le rêveur ne veut pas faire les efforts nécessaires pour se développer correctement. (L'encourager à en parler à quelqu'un en qui il a confiance.)

Hockey

Le hockey en rêve invite l'enfant à avoir l'esprit d'équipe. Il peut aussi symboliser la vie : il faut être prêt à recevoir des coups et à en donner. Le rêveur doit s'attendre à rencontrer des adversaires* et des difficultés. C'est à les vaincre que son âme deviendra forte et courageuse.

Homme

Un homme en rêve peut représenter le père de l'enfant. ◆Il invite le garçon à se développer pour devenir lui-même un adulte. Il peut aussi représenter l'autorité. ◆Pour une fille, un homme représente également l'autorité, mais aussi l'image de celui qui deviendra peut-être son amoureux, son époux. ◆S'il s'agit d'un homme fort, voir *Superman*. ◆S'il s'agit d'un homme très grand, un géant*, alors le rêveur est en présence de son Moi* universel qui lui assure qu'il sera toujours là pour l'aider.

Honte

Avoir honte en rêve, c'est se sentir indigne, dévalorisé. (En parler avec l'enfant.) Peut-être que le rêveur a connu un échec. Mais ce n'est pas grave : il n'a qu'à se reprendre. Peut-être aussi se sent-il coupable*, ou c'est sa vanité qui est écorchée. (Lui faire comprendre que ce n'est pas la peine de se montrer aussi susceptible.)

Hôpital

Un hôpital en rêve évoque la maladie et la guérison. Il peut signifier que l'enfant a des difficultés intérieures. (L'inviter à parler à son Moi* universel.) Ou bien alors l'hôpital représente le fait qu'il se sent isolé. (En parler avec lui.)

Horloge

Une horloge en rêve évoque le temps, la précision ou l'autorité. ◆Si elle est en retard, c'est que l'enfant remet souvent les choses à plus tard. Ou bien qu'il a du retard dans son développement. ◆Si elle est en avance, c'est qu'il veut aller trop vite, il est impatient. ◆Si elle est détraquée, c'est qu'il ne suit pas les étapes normales de son développement. Ou qu'il manque d'ordre. Ou bien que son développement est bousculé. ◆Si l'horloge est arrêtée, c'est que le temps est venu de passer à une autre étape. Ou bien que le développement du rêveur est arrêté. ◆Si l'enfant remet l'horloge à l'heure, c'est qu'il est décidé à continuer son développement.

Horreur

L'horreur est une peur* extrême. En rêve, elle est le signe d'un gros refoulement* (voir *Cauchemar*). Peut-être que l'enfant se sent coupable*. Il a besoin d'aide. (En parler avec l'enfant.) ◆Si l'enfant a le goût des films d'horreur, il désire éprouver des sensations fortes. Ou il a le goût de vibrations négatives ou troublantes. Ça peut servir de défoulement*. Peut-être que ça le rassure. Ou bien il a besoin de se prendre pour un héros*. Voir *Monstre*.

Huile

L'huile du rêve invite l'enfant à de la souplesse de caractère, à de la douceur. Elle peut indiquer aussi de la facilité. Ou bien de l'autorité, de la puissance. L'huile évoque aussi la conscience supérieure. Elle représente également le lien intime qui rattache l'enfant à son Moi* universel et à Dieu. Elle peut inviter l'enfant à lutter pour dominer ses mauvaises tendances (voir *Instincts*).

Hurler

Hurler en rêve, c'est peut-être avoir peur*. C'est peut-être souffrir ou être enragé. Il est possible aussi que l'enfant exagère ses difficultés. Chose certaine, si c'est lui qui hurle, il lance un appel au secours. Il a besoin d'aide. (En parler avec lui.) Voir *Cri*.

Hydravion

En rêve, un hydravion est un signe d'une bonne adaptation à une situation nouvelle. C'est le signe que l'enfant domine bien sa sensibilité. C'est aussi un signe de changement important. Voir *Avion*.

■

Idéal

Certains enfants ont besoin de se fixer un idéal pour se sentir motivés. Pour un enfant, un idéal peut signifier ce qu'il veut devenir plus tard, la profession ou le métier qu'il veut embrasser. Ce n'est pas grave s'il se trompe, il aura eu au moins un but lointain qui l'aura stimulé. Il aura toujours le temps de changer d'orientation au cours de ses études. Voir *Buts*.

Île

Une île en rêve peut représenter pour l'enfant son centre intérieur fait de son esprit* et de son âme*. L'île le symbolise en tant qu'être particulier. Elle peut aussi signifier qu'il cherche un refuge ou qu'il se sent isolé et qu'il a besoin d'aide. (En parler avec lui.) Ou bien l'île évoque un bonheur, un paradis.

Image

Une image en rêve invite l'enfant à interpréter ce qu'elle veut dire. Tout dépend de ce qu'elle représente. Elle peut représenter de quelle façon il se voit.

Imitateur, Imitatrice

Un imitateur en rêve invite l'enfant à se voir tel qu'il est vraiment. Il évoque aussi les moqueries ou les critiques. Il invite également l'enfant à avoir de l'humour : il faut qu'il sache se moquer de lui-même s'il fait des choses ridicules. Un imitateur peut aussi évoquer des influences que le rêveur subit. Mais il n'est pas mauvais d'imiter quelqu'un qui est admirable.

Immeuble

◆S'il s'agit d'une tour d'habitation en rêve, ça symbolise pour l'enfant son besoin de vivre avec les autres. S'il se retrouve très haut dans l'immeuble, ça peut vouloir dire qu'il n'a pas les pieds sur terre, qu'il manque de contact avec la nature. ◆Rêver d'une tour à bureaux évoque ses obligations.

Imperméable

En rêve, un imperméable invite l'enfant à se protéger, à ne pas se laisser influencer négativement par les autres. Mais ce vêtement peut aussi indiquer qu'il se sent isolé. (En parler avec lui.) Peut-être aussi qu'il ne veut rien savoir de son Moi* universel ou de Dieu (voir *Âme*). Un imperméable peut signifier qu'il ne se sent jamais concerné ni coupable* de rien. Pourtant, il a des responsabilités comme tout le monde…

Incendie

Un incendie en rêve représente pour l'enfant un sacrifice qu'il doit faire. Ou bien il lui dit l'urgence d'agir, de prendre une décision. L'enfant peut avoir besoin d'aide. L'incendie peut signifier que le rêveur est très tendu, très nerveux ou qu'il craint un danger. (En parler avec lui.)

Incontinence urinaire

Si l'enfant fait pipi au lit ou dans sa culotte en rêve, c'est peut-être parce que son père lui paraît terrible. Peut-être a-t-il peur de déplaire à quelqu'un. Ou bien c'est qu'il éprouve une grande douleur intérieure, ou une grande peur. (Dans tous les cas, l'inviter à en parler à quelqu'un en qui il a confiance.)

Index

L'index est le deuxième doigt de la main. Ce doigt évoque le commandement, l'interdiction, l'avertissement ou la menace. Il peut aussi indiquer une direction, un conseil à suivre. ◆Si l'enfant a mal à l'index droit, c'est qu'il devrait s'interdire une chose qu'il fait ou qu'il va faire. Ou bien c'est qu'il se trompe de direction. ◆Si l'enfant a mal à l'index gauche, c'est qu'il a tort de s'interdire quelque chose. Ou bien c'est qu'il refuse de suivre la bonne direction. Ou bien c'est qu'il manque de confiance* en lui. ◆Si l'enfant pèle à l'index, c'est un signe positif qui lui indique qu'il fait ce qu'il faut pour bien se diriger et se développer.

Indien

Un Indien d'Amérique en rêve est un guide sûr, il fait référence au fait que la conscience de l'enfant sait très bien distinguer ce qui est bon ou non pour lui. Il parle à l'enfant d'une vie saine et libre. Il invite l'enfant à élever son âme*. ◆S'il est question d'un scalp, c'est qu'on invite l'enfant à changer sa façon de penser.

Indigestion

Une indigestion en rêve ou en réalité signifie que l'enfant rejette une situation qu'il n'aime pas. Elle peut lui indiquer qu'il est en mésentente avec quelqu'un. Voir *Estomac, Vomir*.

Inondation

Une inondation en rêve est le signe pour l'enfant du débordement de ses sentiments. Il a sans doute besoin d'aide pour se retrouver. (En parler avec lui.) Ça peut aussi signifier qu'il est accablé, peiné et même désespéré. Il a besoin de se faire aider. (L'inciter à se confier à quelqu'un en qui il a confiance.) Quand il verra plus clair dans ses sentiments, il se sentira soulagé et encouragé pour reprendre son développement.

Insecte

Un insecte en rêve indique ce qui tracasse, ce qui agace ou tourmente. Il s'agit de soucis qui énervent l'enfant, mais qui restent inexprimés (voir *Refoulement*). Les insectes indiquent un besoin de comprendre ce qui chicote le rêveur. Voir *Abeille, Sauterelle, Mouche, Grillon*.

Insolation

L'insolation est un coup de soleil qui en rêve peut évoquer une imprudence. ◆Si c'est tout le corps qui est brûlé par le soleil, voir *Peau*. ◆Si c'est la tête ou l'ensemble du corps qui sont atteints, l'insolation peut signifier un manque de jugement. Ou bien il s'agit d'une chose que le rêveur ne comprend pas et qui le trouble. Parfois, l'insolation veut dire qu'on n'aime pas son corps. (En parler avec lui.) Parfois, ça veut dire qu'on veut changer de situation, ou désigne une passion amoureuse. Ça représente également une domination trop grande du père. (En parler avec lui.)

Instincts

Les instincts sont des tendances qui nous poussent à agir. Nous avons certains instincts qui sont positifs comme l'instinct de protection. D'autres sont plutôt négatifs, ils correspondent à de mauvaises tendances comme la gourmandise, la paresse, la colère, la jalousie, la mollesse, l'égoïsme… Ce sont des excès qui risquent de nous perdre. C'est pourquoi il faut les contrôler et non pas les laisser nous dominer. C'est comme avec un cheval que l'on monte : il faut lui montrer qui est le maître. Il ne s'agit donc pas de détruire les instincts, pas plus qu'on doit détruire le cheval, mais de les maîtriser.

Instituteur, Institutrice

Voir *Maître*.

Instrument de musique

Un instrument de musique en rêve symbolise le désir d'exprimer ses sentiments. Il évoque aussi l'apprentissage, la répétition et la discipline. Voir *Flûte, Piano*.

Insulte

Une insulte en rêve désigne une humiliation et une dévalorisation qui conduisent à la perte de la confiance* en soi. Ou bien ça signifie que l'enfant se sent coupable*, ou qu'il se montre trop susceptible.

Interrupteur

Si un interrupteur est défectueux en rêve, c'est que l'enfant a du mal à entretenir un bon contact avec quelqu'un ou les autres en général. Ou bien c'est le contact avec son Moi* universel ou avec Dieu* qui ne va pas. Peut-être qu'il a besoin de comprendre une chose nouvelle et qu'il n'y arrive pas. (En parler avec lui.)

Intimidation

Si quelqu'un cherche à intimider l'enfant en rêve, c'est que celui-ci subit une trop grande influence d'une personne. Il se sent menacé, il a peur et il a besoin d'aide. (En parler avec lui.)

Intuition

L'intuition est ce que sent l'enfant. C'est une façon de savoir qui est spontanée. C'est la capacité de savoir une chose directement comme en la devinant. L'enfant peut sentir, par exemple, que telle chose est dangereuse ou que quelqu'un est bien, sans que personne ne le lui ait dit. Avoir de l'intuition, c'est avoir du flair comme un bon chien.

Irritation

Si l'enfant sent une irritation de la peau en rêve, c'est peut-être qu'il connaît une contrariété, un agacement. Il ferait bien d'en chercher la cause. C'est peut-être une colère qu'il retient (voir *Refoulement, Colère*).

J

Jalousie

Si l'enfant est jaloux en rêve, c'est qu'il n'est pas content de son sort. Si l'enfant était content de lui, il n'envierait pas les autres. Parfois, la jalousie est le signe d'un attachement trop grand à une personne ou à un objet. Ça peut signifier que le rêveur a peur de perdre la personne ou l'objet qu'il possède. Enfin, la jalousie montre que l'enfant n'a pas assez confiance* en lui.

Jambe

Les jambes sont faites pour marcher, pour se déplacer. En rêve, elles signifient que l'enfant doit faire une démarche extérieure et intérieure. Il doit progresser à l'intérieur. ◆Si l'enfant a mal à la jambe droite, c'est qu'il se trompe en faisant une mauvaise démarche. Ou bien qu'il veut aller trop vite dans son développement. ◆Si l'enfant a mal à la jambe gauche, c'est qu'il remet à plus tard une démarche et que ça lui fait du tort. Ça peut aussi vouloir dire qu'il a peur de l'avenir. (En parler avec lui.) ◆Si l'enfant a mal aux 2 jambes, c'est qu'il a un empêchement, un blocage émotif qui l'empêche de se développer. (En parler avec lui.) ◆Si l'enfant a des démangeaisons aux jambes, c'est qu'il a besoin de faire de l'exercice. Ou bien il a besoin de progresser.

Jambon

Un jambon en rêve peut désigner la cuisse* ou la fesse d'une personne. Il représente aussi la sensualité et la sexualité. Il peut également évoquer de l'épargne et de l'abondance. ◆Manger du jambon en rêve peut signifier faire l'amour.

Jappement

En rêve, un jappement est un signe de danger. Il peut signifier une menace ou une intimidation*. Il peut aussi faire référence à une colère*. Il s'agit peut-être aussi pour le rêveur d'une protestation de son corps qu'il néglige.

Jardin

Un jardin en rêve représente pour l'enfant sa richesse intérieure avec ses nombreux sentiments épanouis et les beautés de son âme*. Le jardin invite l'enfant à continuer à bien choisir ce qui meuble son centre intime. C'est comme son île de bonheur. ◆S'il s'agit d'un jardin potager où le rêveur cultive des légumes, cela représente sa joie de vivre et son alimentation (voir *Aliment*). ◆S'il s'agit du jardin de son père, cela représente le corps du rêveur. ◆Si le jardin de l'enfant est saccagé, alors son bonheur intérieur est menacé, il a besoin d'aide. (En parler avec lui.)

Jarret

Un jarret en rêve est signe d'élan, d'effort et de départ. Il engage aussi l'enfant à tenir bon, à tenir ferme. ◆Si l'enfant a mal au jarret droit, c'est qu'il a peut-être fait trop d'efforts ou employé trop de force. Ou bien qu'il n'allait pas dans la bonne direction. ◆Si l'enfant a mal au jarret gauche, il manque de force, d'élan. Il aurait besoin qu'on l'aide. (En parler avec lui.)

Jaune

Le jaune est une couleur stimulante et éclatante comme le soleil. En rêve, il représente pour l'enfant son âme*, son intuition* et de l'inspiration. Le jaune peut inviter l'enfant à s'adonner aux arts, à créer quelque chose. ◆Si le jaune n'est pas très brillant, s'il est comme sali, il peut alors représenter la timidité, la jalousie* ou l'orgueil. ◆S'il est jaune or, il évoque le Moi* universel du rêveur et sa perfection. ◆Le jaune et le noir associés représentent pour l'enfant sa volonté de comprendre les choses difficiles. ◆Si le jaune et le noir se présentent en alternance, ils avertissent d'un danger.

Jean

Voir *Pantalon*.

Jeter

Jeter en rêve engage l'enfant à se soulager du superflu. Ça l'engage à se renouveler. Il ne doit pas craindre de changer, c'est ça la vie.

Jeton

Un jeton en rêve signifie une substitution, une imitation, une fausseté. Il représente ce qui n'est pas une vraie valeur. Il peut aussi signifier l'hypocrisie.

Jeu

En rêve, le jeu symbolise tous les jeux auxquels l'enfant s'adonne. Il l'invite à accepter aussi bien l'échec que la réussite. Il fait aussi référence à une certaine libération, à un défoulement*. Il encourage le rêveur à relever des défis. Il lui indique de montrer sa finesse en utilisant de la stratégie, de l'astuce et de la ruse, au besoin. Il peut également lui rappeler son manque de sérieux s'il abuse des jeux. ◆Jeu de hasard, voir le mot suivant.

Jeu de hasard

Le jeu de hasard en rêve signifie que l'enfant désire obtenir quelque chose sans travailler. C'est croire à la pensée magique, croire qu'il peut avoir quelque chose seulement en le désirant. ◆Si l'enfant gagne en rêve, c'est son âme* qui vient d'obtenir une faveur.

Jeune

Voir *Enfant, Adolescent.*

Jointure

Voir *Articulation.*

Joue

La joue en rêve symbolise le fait que l'enfant peut avoir besoin de douceur, de caresses et de tendresse. ◆Si elle est rouge, elle peut faire référence à une insulte*, à la honte*, à la timidité ou à l'excitation.

Jouet

En rêve, un jouet évoque la petite enfance du rêveur. Il peut aussi désigner une personne dont on se moque. Ou bien il indique que le rêveur est victime de ses émotions ou de ses sentiments. (En parler avec lui.)

Journal

Un journal en rêve peut annoncer à l'enfant une nouvelle. Il peut aussi faire référence à une opinion, ou faire allusion à la réputation du rêveur. Il lui rappelle qu'il existe des gens comme les criminels qui ont raté leur vie et des gens comme les stars qui la réussissent. Un journal invite donc l'enfant à réussir son développement.

Juge

En rêve, un juge symbolise la loi et la justice. Il invite l'enfant à respecter les autres. Il peut l'inviter à se demander s'il se sent coupable*. Un juge évoque pour l'enfant les punitions. Ou bien il lui rappelle de mieux se servir de sa tête, de son jugement. Ou bien il fait allusion à la prison* intérieure dans laquelle le rêveur est enfermé. (En parler avec lui.)

Jumeaux, Jumelles

Des jumeaux en rêve évoquent pour l'enfant sa partie humaine et sa partie divine. Ce sont son corps et son âme* qui tous les deux ont besoin de se nourrir et de se développer sans que l'un soit favorisé au détriment de l'autre. Les jumeaux lui rappellent aussi qu'il est doublé par son Moi* universel. Ou bien alors les jumeaux signifient simplement que le rêveur se sent partagé en deux face à quelque chose qu'il désire.

Jumelles

Instrument d'optique qui grossit les images lointaines. Des jumelles en rêve invitent l'enfant à envisager son avenir. Elles l'invitent aussi à se questionner : a-il un idéal*? Elles invitent également l'enfant à examiner vers où se portent ses pensées et ses sentiments principaux. Elles lui rappellent que le but actuel de sa vie est de se développer le mieux possible.

Jument

Une jument en rêve invite l'enfant à rester en paix, à être courageux et travaillant. Voir *Cheval*.

Jungle

La jungle en rêve symbolise pour l'enfant certains mystères, ce qui se cache encore en lui et qui n'est pas devenu conscient. Elle fait référence à la confusion et au désordre. Peut-être aussi qu'elle veut faire allusion au fait qu'il refoule certaines choses*. Elle lui rappelle qu'il ne doit pas se laisser aller aux mauvaises tendances et aux caprices qui risquent de l'envahir. Elle peut également représenter la peur*. Voir *Forêt*.

Jupe

Une jupe en rêve évoque pour l'enfant sa relation avec sa mère. Elle peut signifier qu'il est encore trop accroché à elle. Alors que c'est en la quittant qu'il devient un adulte.

Jupon

En rêve, un jupon symbolise les femmes* ou les filles*. Il désigne aussi ce qui est caché. Voir *Jupe*.

Jus

Un jus en rêve signifie ce qu'il y a de meilleur en quelque chose. Il peut aussi désigner un grand effort. Ou bien il invite l'enfant à s'exprimer totalement (voir *Refoulement*).

K

Kaléidoscope

Un kaléidoscope en rêve annonce à l'enfant un émerveillement. Il peut aussi faire allusion au fait qu'il est fasciné par quelqu'un ou quelque chose. Il lui rappelle que les choses peuvent changer brusquement. Il lui rappelle également la présence de son Moi* universel et lui souligne que de belles choses sont en train de se passer en lui.

Kangourou

En rêve, le kangourou rappelle à l'enfant qu'il est encore en période de formation, de préparation, de développement. Il lui promet pour bientôt un changement subit. Il l'invite à faire face à ses peurs*. Le kangourou peut signifier qu'il est trop couvé par sa mère. Il peut aussi lui rappeler qu'à certains moments il vaut mieux fuir devant le danger.

Ketchup

Le ketchup en rêve évoque le goût de vivre, les petits plaisirs qui aident à apprécier la vie. Il fait référence au fait que l'enfant a besoin d'être stimulé.

Kidnappé

Être kidnappé ou la peur d'être kidnappé en rêve correspond à la peur d'être abandonné*.

Klaxon

Un son de klaxon en rêve est un rappel à l'ordre, un avertissement, parce que l'enfant ne se développe pas comme il faut ou parce qu'il se met en danger. En tout cas, c'est un éveil intérieur qui lui est demandé. Il doit s'occuper de son esprit* et de son âme*.

L

Labyrinthe

Un labyrinthe est un réseau compliqué de chemins d'où il est difficile de sortir. En rêve, il symbolise pour l'enfant une grande complication. Il lui indique qu'il est peut-être dans une période où il ne sait plus trop où il va. Il ne se comprend plus. Il a besoin d'aide. (En parler avec lui.) Un labyrinthe signifie qu'il n'y a pas que la raison pour nous diriger : on peut aussi se fier à son intuition*. Il peut rappeler au rêveur qu'il est trop attaché à sa mère. Il peut aussi simplement faire référence au fait que les intestins de l'enfant ou son oreille interne ne fonctionnent pas bien. (Vérifier cela avec l'enfant.)

Lac

Un lac en rêve représente pour l'enfant ses énergies en réserve. Il lui fait savoir que ses sentiments sont stables et qu'il vit une période tranquille. L'état du lac peut lui dire quel genre de relation il a avec sa mère. Parfois, un lac peut signifier un échec.

Laine

La laine en rêve symbolise pour l'enfant des rapports chaleureux avec les autres. Elle peut l'inviter à se dépouiller de ce qui ne sert plus. Elle peut évoquer son besoin de protection. La laine lui rappelle que son Moi* universel se tient près de lui pour l'aider.

Laisse

En rêve, une laisse pour promener un chien rappelle au rêveur qu'il a besoin d'être guidé parce qu'il est encore un enfant. La laisse peut aussi signifier qu'il est temporairement privé de liberté. Elle lui rappelle qu'il doit maîtriser ses mauvaises tendances et ses caprices (voir *Instincts*).

Lait

Le lait en rêve représente pour l'enfant la vie, la santé. Il l'invite à se demander s'il s'occupe de sa santé. Il lui rappelle qu'il est encore en période de développement physique, qu'il doit aussi s'occuper de nourrir son esprit* et son âme*.

Le lait évoque aussi pour l'enfant les relations avec sa mère. ◆Si l'enfant donne du lait aux autres, c'est qu'il assume bien ses responsabilités.

Laitue

La laitue en rêve peut évoquer pour l'enfant l'été, les pique-niques, la douceur de vivre. Elle lui rappelle aussi de se demander s'il s'occupe bien de sa santé. Elle fait référence au fait qu'il connaît une période de calme.

Lame

Une lame en rêve peut symboliser l'épée*. Elle invite l'enfant à abandonner les mauvaises habitudes. Elle l'invite aussi à la justice, à la sincérité et à la franchise. Elle lui rappelle de ne pas se montrer trop dur avec les autres. Voir *Épée*. ◆Lame de rasoir, voir *Rasoir*.

Lamentation

Voir *Gémissement*.

Lampe

En rêve, une lampe invite l'enfant à prendre conscience de quelque chose. Elle lui rappelle aussi qu'il doit savoir se garder des moments de tranquillité et des moments d'intimité avec ceux qu'il aime. Elle invite l'enfant à parler avec son Moi* universel ou avec Dieu.

Lampe de poche

Une lampe de poche en rêve invite l'enfant à identifier les choses qui l'intéressent. Elle peut aussi faire allusion au fait qu'il doit prendre des précautions. Il y a peut-être un malfaiteur dans son environnement. Le rayon de la lampe attire son attention sur la chose qu'il éclaire. Le rêveur doit prendre conscience de cette chose.

Lance

Une lance en rêve représente une attitude de défense ou d'attaque. On engage l'enfant à être courageux. Souvent, celui qui manipule la lance est le héros*. Il encourage le rêveur à dominer ses mauvaises tendances et ses caprices (voir *Instincts*). La lance peut être le signe que l'âme du rêveur est blessée. (En parler avec lui.)

Lancer

Lancer en rêve indique à l'enfant qu'il veut se débarrasser de ce qu'il n'aime pas. (Lui faire comprendre qu'il arrive parfois que l'on reproche aux autres ce qu'on n'aime pas en soi, comme certains défauts.)

Langue

La langue est l'organe du goût et de la parole. Une langue en rêve peut inviter l'enfant à s'exprimer (voir *Refoulement*). ◆Si l'enfant a mal à la langue, c'est peut-être qu'il parle trop ou trop peu. Peut-être qu'il commet des indiscrétions. Peut-être qu'il a un problème de communication. Ou peut-être qu'il n'a pas aimé ce qu'on a dit de lui. ◆Si l'enfant se mord la langue, ça peut être le signe qu'il est tendu. Peut-être qu'il veut trop bien faire. Peut-être qu'il devrait se taire ou, au contraire, parler. Peut-être qu'il regrette d'en avoir trop dit. Peut-être qu'il critique trop. ◆Si l'enfant a un petit bouton sur la langue, c'est qu'il manque de joie. Ou bien il fait du commérage. Ou bien il fait du refoulement*. ◆Si l'enfant a une crampe* dans la langue, c'est peut-être qu'il parle trop ou pas assez.

Lapin

Un lapin en rêve peut inviter l'enfant à faire attention, à être prudent. Il peut signifier qu'il a entendu des paroles blessantes. Il peut aussi parler à l'enfant de ses peurs*, de ses inquiétudes. Il peut également indiquer un succès. Il peut aussi inviter le rêveur à être plus sociable ou moins dur avec les autres. Il peut l'inviter à se défendre au lieu de se laisser faire. Il peut enfin symboliser une déception, un rendez-vous manqué.

Larmes

Des larmes en rêve représentent de la peine ou peut-être de la détresse. (En parler avec lui.) Les larmes peuvent aussi indiquer une trop grande joie. ◆Si l'enfant se réveille en larmes, c'est qu'il fait trop de refoulement* émotif. Ça peut vouloir dire aussi qu'il prend la vie trop au tragique. Il pourrait se forcer à rire de ses petits problèmes, sans négliger de les régler. Voir *Chagrin, Sanglot*.

Lavabo

Un lavabo en rêve évoque pour l'enfant les soins du corps et de l'âme*. L'eau froide l'invite à se ressaisir, à se réveiller. L'eau chaude l'invite à la détente. Les robinets l'invitent à contrôler ses émotions. Le renvoi l'invite à éliminer ses problèmes. ◆Si le lavabo est bouché, c'est peut-être que le rêveur néglige les soins à donner à son corps. Ou bien ça indique qu'il fait du refoulement* ou qu'il accumule les pensées négatives. Il a peut-être besoin de se confier. (En parler avec lui.)

Lave-linge

Voir *Machine à laver.*

Laver

Laver en rêve indique le besoin de se nettoyer le corps et l'âme*. Ça peut signifier à l'enfant qu'il se sent coupable,* qu'il a besoin d'oublier, de pardonner à quelqu'un. Ou bien ça peut vouloir dire qu'il doit revoir les buts* qu'il s'est fixés, l'inviter enfin à abandonner les choses du passé.

Laveuse

Voir *Machine à laver.*

Lave-vaisselle

Un lave-vaisselle en rêve invite l'enfant à examiner les pensées et les sentiments qui mènent sa vie. Il l'invite à avoir un minimum de discipline.

Lécher

Lécher en rêve peut indiquer que l'enfant est porté vers les plaisirs. C'est une chose à contrôler s'il ne veut pas que ses caprices le mènent par le bout du nez. Ça peut indiquer aussi son besoin de caresses. (En parler avec lui.) Ça peut vouloir dire qu'il désire vivement ce qu'il lèche. Qu'il se demande si c'est un désir ou un besoin pour lui. Ça peut aussi signifier que le rêveur flatte quelqu'un pour obtenir une faveur, ce qui n'est pas digne de lui.

Lecteur de CD

Cet appareil peut inviter l'enfant à écouter de la musique*. ◆Si l'appareil est en panne, l'enfant doit s'interroger sur le genre de musique qu'il écoute : celle qui abrutit ou celle qui élève son esprit* et nourrit son âme*.

Lecture

En rêve, la lecture invite l'enfant à lire pour nourrir son esprit*. Elle peut aussi évoquer les recherches, les connaissances, les informations. Ou elle peut inviter l'enfant à prendre conscience de quelque chose. Elle peut même évoquer la fuite de la réalité, la perte de temps, s'il lit trop ou fuit dans la lecture. Voir *Livre*.

Légume

Un légume en rêve représente pour l'enfant une saine alimentation. Les légumes représentent aussi les plaisirs du corps : ils désignent souvent les organes génitaux (voir le nom de chacun des légumes). ◆L'enfant doit se demander s'il aime le légume du rêve. S'il évite d'en manger. Si le légume le dégoûte. S'il est sain ou piqué. S'il est délicieux. Si on lui en offre ou si c'est lui qui en offre. Si le légume est rare… Les réponses à toutes ces questions indiquent au rêveur comment il voit la sexualité. ◆Un gros légume peut désigner un personnage important ou quelqu'un qui impressionne l'enfant.

Lettre

1. Caractère typographique, comme *a, b, c*…, voir *Alphabet*.

2. Lettre envoyée dans une enveloppe. En rêve, elle peut signifier que l'enfant attend ou qu'il aura des nouvelles. Peut-être que quelqu'un lui fera des confidences ou que lui, il en fera. La lettre contient peut-être un message personnel de son Moi* universel. Voir *Facteur*.

Lèvre

Les lèvres de la bouche en rêve peuvent désigner un baiser, de l'amour, une parole ou une expression qui vient de l'intérieur, comme un sourire indique la joie. ◆Les lèvres minces peuvent évoquer l'autorité, la sévérité, la mesquinerie. ◆De belles lèvres représentent l'harmonie, l'honnêteté ou la franchise. ◆Des lèvres épaisses sont signe de sensualité, de générosité, de gourmandise, d'effronterie ou d'indélicatesse. ◆Des lèvres gercées peuvent indiquer de la culpabilité (voir *Coupable*), le refus de l'amour, un manque d'affection, des paroles malveillantes ou du refoulement*. ◆Des lèvres maquillées font référence au désir de plaire, à des propos doucereux ou à un manque de naturel. Ou bien à un flirt ou à un appel sexuel. ◆Si l'enfant a mal à la lèvre supérieure à droite, c'est qu'il a peut-être dit quelque chose de trop. Ou c'est qu'il a reçu un baiser qu'il regrette. Ou bien il se sent coupable*. ◆Si c'est à gauche, c'est qu'il se retient pour ne pas dire ce qu'il devrait dire. Peut-être aussi qu'il retient une bonne parole ou un baiser qui le tente. C'est peut-être qu'il ne suit pas son intuition* en amour. ◆Si l'enfant a mal à la lèvre inférieure à droite, c'est qu'il s'est montré méprisant. Ou bien qu'il communique trop facilement ses sentiments négatifs. Ou bien qu'il n'a pas obéi à ses sentiments réels en amour. ◆Si c'est à gauche, c'est qu'il a parlé à tort et à travers. Ou bien il a manqué de jugement en amour. Ou bien il réduit l'amour à la sensualité. ◆Si l'enfant a un bouton de fièvre à l'une des lèvres, c'est que son affection pour quelqu'un a été contredite. Ou bien qu'il s'énerve, il se fait du mauvais sang. ◆Si l'enfant a la commissure gauche fendue, c'est qu'il se retient de dire quelque chose. Ou bien qu'il ressent du regret, de l'amertume. Ou bien c'est qu'il manque de joie. ◆Si l'enfant a la commissure droite fendue, c'est qu'il s'est laissé aller au bavardage, à de l'indiscrétion, à des critiques ou à de la moquerie. Ou bien il manque de sérieux.

Lézard

En rêve, un lézard invite l'enfant à surveiller ses mauvaises tendances. Il peut lui conseiller aussi de ne pas s'énerver. Il peut l'inviter à la patience ou le mettre en garde contre le mensonge. Il peut l'inviter à se reposer ou bien à se méfier de sa paresse. Il peut lui parler de fausses peurs*. Ou bien enfin le lézard symbolise pour l'enfant ses talents encore endormis. ◆Si le lézard est associé à la sorcière, voir *Sorcière*.

Libellule

Une libellule évoque l'élégance, la vivacité et la gourmandise. Elle peut avertir l'enfant de ne pas se laisser fasciner par certaines idées. Elle lui conseille de ne pas avoir de préjugés ou de superstitions.

Licorne

La licorne est un animal fabuleux, un genre de cheval blanc à pieds fourchus, à corne* droite et torsadée au front. Elle indique à l'enfant qu'il peut changer le mal en bien. Elle lui conseille de ne pas trop opposer les choses, mais d'essayer de les accorder (voir *Oppositions*). Elle parle à l'enfant de la lutte contre ses mauvaises tendances et de sa volonté* de les changer en bonnes. Elle lui rappelle qu'il a aussi un autre centre, celui de son Moi* universel, qui peut l'aider. La licorne symbolise l'inspiration. Elle indique au rêveur qu'il peut résister à certaines tentations.

Lièvre

Le lièvre en rêve évoque la paix, la liberté et la prudence. Il évoque aussi la timidité, la fuite* et les peurs*. Il conseille à l'enfant de se taire au lieu de dire des paroles blessantes. Il peut représenter un succès. Il conseille au rêveur de ne pas se laisser faire, de ne pas se laisser intimider. Le lièvre peut signifier que l'enfant va connaître une belle période de renaissance. Il lui conseille de se laisser guider par son flair, son intuition*.

Limace

En rêve, une limace peut évoquer pour l'enfant le fait qu'il se laisse aller à la mollesse. Elle peut faire allusion à quelqu'un de visqueux, de rampant, de dégoûtant. Elle peut parler de succès. Elle peut faire référence au fait que l'identité sexuelle du rêveur n'est pas encore très bien déterminée. Ce qui est normal à son âge. Le temps précisera ses goûts. La limace évoque aussi la lenteur. Elle conseille à l'enfant d'aller à son rythme. Elle peut représenter du mépris ou de la cachotterie. Elle symbolise aussi le fait qu'il est avantageux de montrer de la souplesse de caractère.

Lime

Outil. La lime en rêve représente le travail soigné, la patience et la précision. Ou bien la liberté. Ou encore l'usure, la lassitude.

Lime, Limette

Petit citron vert, voir *Citron*.

Lion

Le lion en rêve peut représenter la fierté ou l'orgueil. Il peut symboliser l'autorité. Il peut évoquer la menace et une grande peur*, ou même inspirer de la terreur. (En parler avec l'enfant.) Il peut représenter les mauvaises tendances incontrôlées. L'enfant a besoin d'aide. Le lion peut faire référence à quelqu'un d'écrasant. Il peut évoquer la colère*, la mort qui rôde. (En parler avec le rêveur.) ◆Le lion attaquant ou mordant peut faire allusion à la sexualité qui n'est pas satisfaite. Ou bien encore à une tension* menaçante. ◆Si le lion est noir, il représente une menace cachée. ◆S'il est vert, c'est qu'il avertit l'enfant qu'il va prendre conscience de quelque chose d'important. Ou bien le lion vert signifie que l'enfant veut sauver quelqu'un. Ou bien ce lion indique que l'enfant aura de l'aide. ◆Si le lion est doré ou rouge, c'est le Moi* universel de l'enfant qui lui montre sa puissance. ◆La lionne signifie les mêmes choses, mais en moins fort.

Lit

Le lit en rêve fait en sorte que l'enfant se demande s'il dort bien. Ou bien s'il s'occupe de ses rêves qui lui apportent tant d'éclairage sur sa vie. Le lit lui conseille de veiller sur son intimité.

Livre

Le livre en rêve invite l'enfant à lire pour nourrir son esprit* et son âme*. Il l'invite à partager les connaissances de tous les hommes. Il l'invite aussi à prendre contact avec le monde entier. Le livre peut l'amener à se demander s'il étudie bien.

Loup

En rêve, le loup représente les peurs* de l'enfant. Il peut symboliser pour l'enfant un homme qui lui paraît terrible et qui peut parfois être son père. ◆Si le loup hurle, c'est un appel au secours que lance le rêveur. (En parler avec lui.) Ça peut signifier que ses mauvaises tendances sont en train de prendre le dessus et qu'il a besoin d'aide. Peut-être qu'il sent une grande colère* ou qu'il redoute la colère de quelqu'un. (En parler avec lui.) Le loup représente parfois la mort*. Il peut aussi représenter de mauvaises influences. ◆Une louve peut évoquer la force sauvage des instincts sexuels, ou symboliser une protection.

Loupe

Une loupe en rêve invite l'enfant à porter attention à la chose qu'elle grossit. Elle peut aussi faire allusion au fait que le rêveur exagère.

Lumière

La lumière en rêve est le signe de la conscience et de l'intelligence. Elle évoque la vérité, la sagesse, la parole divine. Elle fait référence à l'influence du Moi* universel sur l'enfant.

Lune

La lune en rêve symbolise la vie affective (celle de son âme avec ses émotions et ses sentiments) de l'enfant. Elle invite aussi l'enfant à recevoir la lumière de la nuit qui lui vient par ses rêves. Elle évoque la mort et la résurrection (une destruction en vue d'une reconstruction). La lune signale au rêveur qu'il sort d'une épreuve. Elle représente aussi l'imagination, la rêverie et l'influence de sa mère.

Lunettes

Les lunettes en rêve invitent l'enfant à corriger sa façon de voir sa vie. Elles lui suggèrent de se demander s'il vit selon sa conscience. ◆Si l'enfant en porte, c'est qu'il refuse de voir sa réalité en face. Ou bien il ne veut pas voir la vie telle qu'elle est. ◆Des lunettes de soleil peuvent signifier que le rêveur se sent coupable*. Ou bien elles évoquent le fait qu'il ne se sent pas assez important. Il doit se faire confiance*. Ou bien elles parlent d'hypocrisie ou encore de timidité. Elles peuvent aussi évoquer la vanité ou le mépris. Si elles sont teintées de bleu, de brun ou d'orangé, elles indiquent que l'enfant voit le beau côté de la vie. Si elles sont teintées de vert ou de noir, elles font allusion au fait qu'il est pessimiste.

Lutin

Un lutin est un petit être fabuleux. Les lutins de l'eau (ondins) représentent les sentiments de l'enfant. Les lutins de l'air (elfes) représentent ses pensées. Les lutins de la terre (gnomes) représentent les perceptions des 5 sens. Les lutins du feu (salamandres) représentent son intuition*. ◆Les lutins en général sont les gardiens de la nature et des trésors*. Ils représentent donc pour l'enfant ses énergies corporelles, sa force de vie. Ils représentent aussi ses bonnes et ses mauvaises tendances. Ils peuvent aussi symboliser la liberté, la fantaisie, l'espièglerie et les tours que nous joue la vie.

Lutte

En rêve, la lutte évoque pour l'enfant un combat intérieur. Elle lui rappelle que la vie est souvent comme une lutte entre sa volonté* et ses caprices. Elle peut aussi représenter le fait qu'il est en train de subir une épreuve. Voir *Adversaire*.

Lutteur

Le lutteur en rêve engage l'enfant à faire preuve d'effort, de persévérance et de courage pour relever un défi. Il l'invite à avoir du cran et à manifester un caractère énergique.

M

Macaroni

Le macaroni en rêve peut évoquer un manque de caractère. Il peut indiquer que l'enfant se sent parfois *nouille*. Quand on est nouille en quelque chose, on est bon en d'autres choses. Ou bien le macaroni rappelle que le rêveur est disponible pour les autres. Il peut aussi signifier qu'il se laisse trop influencer par les autres.

Mâcher

Mâcher en rêve peut indiquer que l'enfant a le goût de mordre*. Ou bien le goût d'écraser. Ou bien ça signifie que le rêveur rumine quelque chose : il ne réussit pas à l'exprimer. Ça peut aussi représenter le fait que l'enfant est mécontent, amer.

Machine à coudre

En rêve, une machine à coudre évoque pour l'enfant le soin qu'il apporte à ses vêtements. Elle l'invite aussi à se demander quel soin il accorde à son apparence.

Machine à écrire

Une machine à écrire en rêve symbolise pour l'enfant le besoin de se faire comprendre. Elle l'invite aussi à être clair dans ses demandes. Elle l'encourage à montrer du jugement, du tact dans ses démarches. Voir *Écriture*.

Machine à laver

Une machine à laver en rêve évoque pour l'enfant le nettoyage intérieur. Elle l'invite à ne pas laisser traîner en lui des sentiments qui ne sont pas clairs.

Machine à laver la vaisselle

Voir *Lave-vaisselle.*

Mâchoire

◆La mâchoire du haut en rêve symbolise pour l'enfant son esprit*. ◆La mâchoire du bas représente son corps. ◆Les deux mâchoires l'engagent à écouter les messages de son inconscient qui lui parviennent en rêve. ◆Si l'enfant a les mâchoires serrées, ça peut être un signe de colère*, de haine*, de volonté*, de décision, d'ambition ou d'anxiété*. ◆Si l'enfant a mal aux mâchoires, c'est qu'il parle trop ou trop peu. C'est peut-être qu'il retient une colère*. Ou bien il fait une colère mal dirigée. Ou bien c'est qu'il a une décision à prendre et qu'il ne le fait pas. Ou bien il manque de volonté*.

Magasin

En rêve, un magasin conseille à l'enfant de bien distinguer ses désirs de ses besoins : ses besoins sont les choses absolument nécessaires à sa vie ; les choses qu'il désire ne sont pas nécessaires, mais elles peuvent être utiles. Les magasins sont des lieux où l'on dépense de l'argent, c'est-à-dire de l'énergie, en échange de quelque chose. Le rêveur peut se demander si ce qu'il obtient vaut la peine qu'il dépense son énergie. Ça suppose un choix.

Magicien

Un magicien en rêve parle de trucs visuels, d'illusions. Il invite l'enfant à ne pas se laisser tromper par les apparences. Un magicien peut aussi lui indiquer qu'il aime bien croire à des solutions miracles et faciles. Mais les choses ne marchent pas comme ça dans la vie. Un magicien montre au rêveur le besoin de son âme* de dépasser les limites de la réalité matérielle : son âme lui dit qu'elle a besoin de se nourrir en parlant à son Moi* universel ou à Dieu.

Magie

La magie en rêve fait soupçonner qu'il existe un autre monde merveilleux, celui de l'âme* et de l'esprit* que nous connaîtrons après la mort. Elle avertit aussi l'enfant de ne pas être trop naïf et de ne pas croire trop facilement les gens habiles qui pourraient le tromper. Voir *Magicien*.

Magnétophone

En rêve, le magnétophone peut inviter l'enfant à s'écouter un peu pour savoir ce qu'il dit. Il l'invite aussi à ne pas se mentir à lui-même.

Magnétoscope

Le magnétoscope en rêve peut inviter l'enfant à se regarder un peu agir pour savoir ce qu'il fait, comment il se conduit. Voir *Film*.

Maillot

Un maillot en rêve invite l'enfant à faire de l'exercice. Le maillot peut aussi l'inviter à se demander s'il protège l'intimité de son âme*. Il a le droit d'avoir une vie intérieure bien à lui. ◆Maillot de bain, voir *Baignade*.

Main

La main en rêve fait référence à des actions comme faire, prendre, toucher, posséder… tout ce qu'on peut faire avec les mains. ◆Les mains ouvertes en rêve sont le signe d'une offre, d'une demande, d'un accueil ou de générosité. ◆Des mains fermées sont le signe de cachette, de secret*, de refus ou d'un manque de générosité. ◆Des mains unies sont un signe d'intensité, de rencontre ou d'union. ◆Des mains jointes sont un signe de prière, de force, de ferveur, de demande. ◆Des mains sales peuvent être le signe de gros travail, de mauvaise action ou de culpabilité (voir *Coupable*). ◆Une main dressée est le signe d'autorité, de protection ou de domination. ◆Des mains posées sur la tête de quelqu'un d'autre est un signe de bénédiction ou de guérison. ◆La main droite signifie le pardon ou l'habileté. ◆La main gauche est signe de punition ou d'inhabileté. ◆Si l'enfant a mal à la main droite, c'est qu'il veut trop posséder ou retenir quelqu'un ou quelque chose. Ou bien c'est qu'il agit mal. Ou bien c'est qu'il essaie de dominer les autres. ◆Si l'enfant a mal à la main gauche, c'est qu'il remet toujours une action qu'il devrait faire. Ou bien c'est qu'il gaspille. Ou bien qu'il se laisse manipuler par les autres. Ou bien qu'il n'agit pas assez. ◆Si l'enfant a mal au dos de la main droite, c'est qu'il devrait éloigner quelqu'un ou quelque chose de lui. Ou bien c'est qu'il a besoin de choisir. ◆Si l'enfant a mal au dos de la main gauche, c'est qu'il subit une humiliation : on le rejette. Ou bien ça veut dire qu'il a tort de s'éloigner de quelqu'un ou de quelque chose. ◆Si l'enfant a mal au tranchant de la main droite, c'est qu'il trouve que quelque chose est injuste. Ou qu'il s'est montré trop sévère, trop dur envers quelqu'un. ◆Si l'enfant a mal au tranchant de la gauche, c'est qu'il manque de décision, de fermeté, de volonté*. Il ne s'est pas montré assez exigeant envers lui-même.

Main courante

En rêve, la main courante d'un escalier indique que l'enfant a besoin d'aide, de soutien. (En parler avec lui.) C'est aussi une invitation à parler à son Moi* universel.

Maïs

Le maïs en rêve représente le fait que l'enfant va recevoir un don du Ciel, de son Moi* universel. Ça symbolise aussi des besoins de son âme*.

Maïs soufflé

Le maïs soufflé fait référence à un petit plaisir que l'enfant s'accorde. Cette gâterie peut aussi signifier qu'il exagère. Ou bien signifier que le rêveur manque de sérieux.

Maison

Une maison en rêve représente pour l'enfant sa famille, son besoin de sécurité ou son corps. ◆L'état de la maison donne une idée de son état intérieur. ◆Si elle est en démolition, c'est qu'il a besoin d'aide. ◆Si elle est en construction, c'est que bientôt il va voir la vie autrement. ◆L'avant de la maison est l'image de sa personnalité extérieure. ◆L'arrière de la maison est son côté non connu. ◆Une maison vide indique que le rêveur se sent isolé. (En parler avec lui.) ◆Les pièces de la maison sont des parties de lui-même. ◆Si la maison est plus petite que d'habitude, c'est qu'il refuse de vieillir. ◆Si l'enfant est obligé de quitter sa maison, ça peut signifier que sa santé est menacée. (En parler avec lui.)

Maître, Maîtresse

Le maître ou la maîtresse en rêve rappelle au rêveur qu'il est un enfant qui a encore besoin d'apprendre. Un maître évoque aussi le respect de l'autorité. Le maître peut représenter le désir de l'enfant d'être le meilleur. Un maître invite aussi l'enfant à se montrer le maître de ses mauvaises tendances (voir *Instincts*).

Majeur

Le majeur est le plus long des doigts, celui du milieu. En rêve, il symbolise la destinée de l'enfant, c'est-à-dire ce qu'il est venu faire sur la Terre. Ce doigt représente pour l'enfant son orientation dans la vie. Il l'invite à se questionner sur ce qu'il désire devenir plus tard. Il peut aussi être un signe de vulgarité. ◆Si l'enfant a mal au majeur droit, c'est qu'il est en train de faire une action qui va fausser toute sa personnalité. ◆Si l'enfant a mal au majeur gauche, c'est qu'il ne fait pas les actions nécessaires pour se développer tel qu'il le devrait. ◆Si l'enfant pèle à ce doigt, c'est qu'il fait ce qu'il faut pour s'accomplir lui-même.

Maladie

La maladie est une conséquence d'un malaise de l'âme* de l'enfant. C'est souvent le signe que l'enfant fait du refoulement*. Les maladies indiquent qu'il a besoin d'attention ou de se faire dorloter. Voir le nom de chaque maladie ou de la partie du corps qui est malade.

Mal de cœur

Un mal de cœur peut être le signe d'une angoisse*. Il peut signifier que l'enfant est écœuré de quelque chose. En tout cas, il y a quelqu'un ou quelque chose qu'il rejette parce que ça ne fait pas son affaire. Voir *Mal des transports*.

Mal de tête

Voir *Migraine*.

Mal des transports

Si l'enfant a le mal des transports en rêve ou en réalité, c'est qu'il a peur d'être manipulé par les autres. C'est aussi le signe qu'il a besoin de comprendre et de savoir où la vie le mène. A-t-il un idéal*?

Malheur

Un malheur en rêve ou en réalité est une épreuve qui est nécessaire pour rendre l'âme de l'enfant plus forte. Ça peut aussi venir d'une influence négative de quelqu'un sur lui. ◆Chacun est souvent responsable de ses propres malheurs, mais c'est inconscient. Chaque malheur invite donc l'enfant à essayer de comprendre pourquoi il vient de lui arriver telle chose. Voir *Accident*.

Malle

Grand coffre*, voir *Valise*.

Manche

1. La manche d'un vêtement en rêve est un signe de protection, de besoin de chaleur humaine ou bien de manipulation (voir *Magicien*).

2. Le manche de quelque chose en rêve indique un moyen, une aide, un prolongement.

Mandarine

Les mêmes sens que l'orange* mais en plus réduit, plus délicat.

Manège

Voir *Carrousel, Parc d'attractions*.

Manger

En rêve, manger peut inviter l'enfant à se demander s'il nourrit bien son corps, son âme* et son esprit*. Tout dépend de ce qu'il mange en rêve. Voir le nom de la chose qu'il mange.

Mante

Manteau* ample, voir *Cape*.

Manteau

Un manteau en rêve symbolise le besoin de protection du rêveur. Il fait aussi référence à sa personnalité extérieure, à son attitude sociale, à son comportement.

Maquillage

En rêve, le maquillage évoque pour l'enfant les apparences et non sa vraie nature. Il l'invite à mettre en valeur ses talents. Il l'encourage à développer ses qualités et à diminuer ses défauts. Le maquillage peut aussi symboliser un manque de confiance* en lui ou un manque de naturel. Voir *Cosmétique*.

Marais

Un marais en rêve est un signe de passivité. Ou bien de tranquillité. Il peut indiquer que l'enfant se laisse aller à la paresse, il peut faire allusion aux plaisirs du corps. Il peut encore faire référence à ce qui n'est pas conscient en lui. Le marais peut même désigner sa mère ou indiquer aussi de la tristesse et une certaine mélancolie.

Marche

Chaque marche d'un escalier est un niveau différent. Soit que l'enfant monte, alors il progresse. Soit qu'il descende, alors il traîne dans son développement.

S'il reste sur une marche, c'est que son développement est arrêté ou qu'il hésite à continuer sa progression ou sa régression. Voir *Escalier.*

Marché

Un marché en rêve est comme un magasin*.

Marcher

Le fait de marcher en rêve est signe que l'enfant se développe normalement. Ça peut aussi signifier qu'il a une démarche à faire auprès de quelqu'un.

Marécage

Un marécage en rêve est signe de difficultés. Il s'agit pour l'enfant d'une période d'épreuves pour le rendre plus fort. Il peut encore signifier que le rêveur trouve son milieu sans culture, sans stimulant. (Encourager l'enfant à se confier à quelqu'un en qui il a confiance.) Voir *Marais, Étang.*

Marée

La marée en rêve désigne une période d'alternance : parfois, ça va et la fois suivante, ça ne va pas. La marée peut signifier aussi que l'enfant se sent envahi par ses sentiments. Alors, il a besoin d'aide. (L'inciter à en parler à quelqu'un en qui il a confiance.) ◆Si la marée du rêve met le rêveur en danger, c'est peut-être que sa mère lui en demande trop. Ou que l'amour maternel est envahissant. Ou encore que l'enfant est bouleversé par des émotions. Il a besoin d'aide. (L'inciter à en parler à quelqu'un en qui il a confiance.) ◆Si l'enfant est une fille, la marée peut évoquer ses menstruations.

Marguerite

En rêve, la marguerite symbolise pour l'enfant la simplicité, la liberté, l'indépendance. Cette fleur évoque aussi les amourettes. Elle représente également la vigueur, l'ardeur et la délicatesse. Ses pétales blancs font référence à la pureté, à l'éclat et à la santé. Son cœur d'or rappelle à l'enfant la présence de son Moi* universel qui l'atteint de son rayonnement.

Mariage

Un mariage en rêve est le signe d'un accord avec quelqu'un. Il indique l'union des oppositions*. Il peut signifier l'amour. Ou encore des réjouissances. Mais il signifie surtout pour l'enfant l'union de son âme avec son Moi* universel et avec Dieu.

Marin

Un marin en rêve représente le voyage* et l'étranger*. Il peut évoquer un besoin de changement. Ou un besoin d'aventure. Il peut aussi inviter l'enfant à parler à son Moi* universel. ◆Pour une fille, il peut signifier l'amoureux absent ou l'absence d'amoureux.

Marionnette

Une marionnette en rêve peut désigner une personne légère, un peu tête en l'air. Ou bien quelqu'un sans caractère. Elle peut signifier que l'enfant exagère ou qu'il est maladroit.

Marmite

Voir *Chaudron.*

Marraine

Voir *Parrain.*

Marteau

En rêve, un marteau invite l'enfant à construire sa vie intérieure en nourrissant son âme* et son esprit*. Il peut aussi représenter de la violence ou une menace. (En parler avec lui.) Ou bien le marteau évoque le fait qu'il se fait des soucis. Ou enfin il peut vouloir lui indiquer que le rêveur s'entête dans une attitude.

Mascarade

Une mascarade en rêve peut inviter l'enfant à lâcher son fou. Elle peut aussi signifier qu'il n'est pas lui-même ou qu'il se ment à lui-même. Ou bien la mascarade représente quelqu'un d'autre qui est faux. Voir *Masque.*

Masque

Un masque en rêve évoque des dehors trompeurs ou un changement d'apparence. Il peut représenter le désir de passer inaperçu. Il peut être un signe d'hypocrisie. Il peut signifier tout ce qui cache sa vraie personnalité = son rôle social, son manque d'originalité, le désir de bien paraître, celui de plaire… Il peut symboliser les soins et la guérison. Ou bien la sorcellerie. Ou bien une cérémonie funéraire. Il peut représenter enfin une puissance magique (voir *Magie*).

Massue

Une massue en rêve est un signe d'hostilité, d'agressivité ou d'une humeur massacrante. Elle peut aussi être le signe d'un événement imprévu et contrariant. Elle peut encore signifier un argument sans réplique. Ou bien une énergie brute, une force brutale. Elle peut aussi évoquer un défoulement*. Elle peut indiquer une crainte. Ou enfin un choc émotif. (En parler avec l'enfant.)

Matelas

En rêve, un matelas peut inviter l'enfant à se demander s'il dort bien. Il peut évoquer la paresse. Il peut aussi symboliser le secret*.

Matelot

Voir *Marin*.

Mathématiques

Les mathématiques en rêve peuvent représenter l'exactitude. Ou bien un problème. Ou bien le calcul, ou la logique. Elles peuvent aussi évoquer l'autorité. ◆Si l'enfant est fort en mathématiques, c'est qu'il est porté à fuir dans son esprit. Ou c'est qu'il accepte bien l'autorité. ◆Si l'enfant est faible en mathématiques, c'est peut-être qu'il a l'esprit rêveur. Ou bien qu'il a un blocage émotif. Ou bien encore qu'il refuse l'autorité. Ou bien c'est qu'il rejette les obligations de la vie. Voir *Nombre*.

Mauve

En rêve, le mauve représente de la tendresse et de la douceur qui peuvent être mêlées d'un peu de tristesse. Le mauve peut indiquer aussi la fin d'un bonheur. Ou bien un regret. Ou bien un désir qui ne peut se réaliser.

Méchant, Méchante

Un méchant en rêve représente un danger. Ou bien il représente ce qui fait souffrir l'enfant. Il peut désigner un obstacle, un adversaire*. Il peut vouloir dire que le rêveur fait du refoulement*. Ou bien qu'il ne s'aime pas et qu'il se dévalorise (voir *Confiance*).

Médaille

◆Une médaille décorative en rêve peut symboliser un succès, une victoire. Ou bien elle est un signe de vanité, d'orgueil. Elle peut signifier que l'enfant a besoin d'attention, d'amour. Ou bien elle l'invite à faire des efforts. ◆Une médaille pieuse évoque pour l'enfant la protection du ciel.

Médecin

En rêve, un médecin représente pour l'enfant les soins et la guérison de son corps, de son âme*. Il peut signifier que le rêveur fait de l'angoisse*. Il peut indiquer que l'enfant a besoin d'attention, d'affection. (En parler avec lui.)

Mélasse

La mélasse en rêve peut représenter pour l'enfant le plaisir. Ou bien l'énergie de son corps. Elle peut faire référence à une situation pénible et compliquée. Ou bien à une période confuse et obscure. Ou bien encore elle symbolise pour l'enfant toutes ses possibilités.

Melon

Un melon en rêve peut symboliser les organes sexuels féminins et les rondeurs corporelles. Il évoque les plaisirs sexuels. Il représente aussi l'attachement à quelqu'un ou à une habitude. Il indique de nombreuses difficultés ou inconvénients. Il peut inviter l'enfant à prévoir. Il peut aussi indiquer qu'il a besoin de prendre conscience de ses actes. Il peut l'inviter à ne pas trop opposer les contraires, à ne pas être la victime des oppositions*. ◆Un melon d'eau, voir *Pastèque*.

Mendiant

Un mendiant en rêve peut représenter pour l'enfant l'un de ses besoins qui n'est pas satisfait, ou l'âme* du rêveur quand il la néglige. Il peut faire allusion au fait qu'il cherche de l'attention en faisant pitié ou en se plaignant. Cette façon de faire n'est pas agréable. Il pourrait aller chercher l'affection qu'il réclame en étant aimable ou serviable. Un mendiant peut indiquer que le rêveur fait du refoulement*.

Menottes

Des menottes en rêve symbolisent pour l'enfant l'incapacité d'agir librement. Ça peut être un règlement, une autorité ou ses propres sentiments qui l'en empêchent.

Menton

Le menton en rêve peut représenter la volonté*, le cran. ◆S'il est levé, il peut symboliser le dédain, le mépris, le défi, la fierté ou l'idéal*. ◆Si le menton est très long, il peut évoquer l'entêtement ou le désir de dominer les autres, ou encore le mensonge. ◆Si l'enfant a mal à la droite du menton, c'est peut-être qu'il montre trop de mépris ou d'orgueil. ◆Si l'enfant a mal à la gauche du menton, c'est peut-être qu'il manque de fierté, de volonté* ou d'audace.

Mer

En rêve, la mer évoque pour l'enfant le renouvellement de ses forces. Elle peut symboliser la vie, les origines de l'enfant, sa mère. Elle peut aussi représenter une incertitude, une indécision. Si la mer est agitée, elle indique un danger : le rêveur est bouleversé par ses émotions et ses sentiments. (L'inciter à en parler à quelqu'un en qui il a confiance.) La mer représente aussi l'immensité, l'infini où se trouve le Moi* universel de l'enfant. La mer représente également l'ensemble des gens de son pays ou de toute la Terre qui peuvent l'influencer. Voir *Vague*, *Marée*.

Mère

La mère représente pour le rêveur tout son monde d'enfance dont il doit peu à peu se séparer pour exister par lui-même. Elle représente aussi l'ensemble de ses émotions, sa façon émotive de percevoir le monde et les autres femmes. Elle représente encore la nature ou l'Église. ◆Si, en rêve, le rêveur est la mère de quelque chose ou de quelqu'un, c'est qu'il se sent responsable de cette chose ou de cette personne.

Métal

Un métal en rêve symbolise quelque chose de solide et de dur. Il invite l'enfant à se séparer de ses caprices et à développer sa volonté* et ses talents. Et même à transformer ses défauts en qualités. Les métaux peuvent représenter des attitudes dures, froides et cruelles. Il peut aussi évoquer pour le rêveur son système nerveux, son énergie nerveuse. Si le métal est rouillé, l'enfant peut avoir besoin d'aide. (En parler avec lui.)

Métro

Le métro en rêve évoque pour l'enfant des influences qu'il ne voit pas. Il peut symboliser la ville*. Ou bien il représente la façon commune de se développer. Il peut être le signe que le rêveur se laisse trop influencer par les autres. Il peut aussi représenter pour l'enfant tous ses sentiments et toute sa vie émotive dont il n'est pas conscient.

Meuble

Un meuble en rêve indique à l'enfant ce qui meuble son esprit* et son âme*. ◆Si l'enfant voit une pièce ou une maison sans meubles, c'est qu'il se sent isolé, vide* ou découragé. (L'inciter à en parler à quelqu'un en qui il a confiance.) Voir *Chaise, Commode, Lit, Table, Fauteuil.*

Microbe

En rêve, un microbe évoque un détail ou un ennemi invisible. ◆Si l'enfant a peur des microbes, c'est peut-être parce qu'il manque d'hygiène ou qu'il est obsédé par la propreté. Ça veut dire qu'il manque de confiance* en lui, qu'il sent de l'insécurité. (En parler avec lui.) C'est peut-être aussi qu'il se sent coupable*.

Microscope

Un microscope en rêve peut indiquer à l'enfant qu'il exagère. Ou bien l'appareil invite l'enfant à examiner attentivement sa conduite, ce qui le fait agir. Le microscope peut signifier que le rêveur a un esprit curieux et il l'invite à la recherche. Il peut aussi évoquer une découverte intérieure.

Miel

Le miel en rêve représente une récompense ou bien un succès après des efforts. Il peut représenter une inspiration, l'intelligence ou le don de la parole. Il rappelle à l'enfant que son esprit et son âme sont immortels. Il peut aussi inviter l'enfant à se méfier des beaux parleurs qui peuvent le tromper avec des paroles flatteuses.

Miette

Les miettes en rêve symbolisent des petits restes. Elles peuvent indiquer qu'il s'agit de très peu de choses. Elles peuvent évoquer une destruction. Elles peuvent aussi inviter l'enfant à penser un peu plus aux autres.

Migraine

Une migraine, c'est un mal de tête. En rêve, elle indique que l'enfant se fait du souci, qu'il sent une tension*. Peut-être qu'il a des problèmes émotifs ou bien il fait du refoulement*. Ça peut indiquer qu'il a un caractère bouillant ou dominateur et qu'il doit trouver un moyen de l'exprimer sans faire souffrir les autres. (En parler avec lui.) Une migraine peut aussi signifier que le rêveur s'entête facilement. Elle peut faire référence à de l'inquiétude ou à de l'insécurité, ou des peurs sexuelles éprouvées par l'enfant. (L'inciter à en parler à quelqu'un en qui il a confiance.)

Miroir

En rêve, un miroir invite l'enfant à prendre conscience de quelque chose qui le concerne, à réfléchir sur son action. Il l'incite à ne rien se cacher à lui-même, à ne pas se mentir. Le miroir peut représenter les rêves parce que les rêves donnent toujours au rêveur une image exacte de lui. Le miroir peut inviter l'enfant à se servir plus de son intelligence que de ses sentiments. Il peut faire allusion à l'âme* de l'enfant. Il invite l'enfant à se connaître lui-même. Il peut aussi parler de vanité, d'orgueil. ◆Si le miroir est cassé, il peut s'agir d'une séparation d'avec quelqu'un. Ça peut indiquer que le rêveur sent une grande tension* nerveuse. Ou bien ça indique qu'il est porté à fausser la vérité. Ou bien qu'il ne s'aime pas. (En parler avec lui.) ◆Un miroir teinté indique à l'enfant son état d'âme, voir *Lunettes*. ◆S'il s'agit d'un rétroviseur, ça fait allusion à une expérience passée ou à des regrets ou bien au souci des conséquences des actes de l'enfant.

Moi universel

Dans ce livre, le Moi universel désigne la quatrième partie de l'être humain. Cette partie-là n'est pas ici sur la Terre. Pas plus que l'esprit et l'âme, on ne peut pas la voir. C'est comme un autre soi-même. C'est comme si notre esprit était double : il a une partie sur Terre et l'autre dans le cosmos. Il y en a qui appellent cette partie l'ange gardien, d'autres l'appellent le guide, la source, le double lumineux. C'est une partie de nous qui veille sur nous pour que nous devenions le plus développés possible. Un jour, nous serons réunis à cette partie pour toujours. Ce Moi universel nous guide surtout par les rêves. C'est lui qui nous les envoie. Et ce qui l'intéresse le plus, c'est que chacun devienne le mieux développé possible.

Moineau

Un moineau en rêve invite l'enfant à rester simple. Il l'encourage à avoir confiance* en lui et dans la vie. Il symbolise pour l'enfant la vie de tous les jours et l'entente avec les autres.

Mollet

En rêve, un mollet représente la force. Il évoque aussi le départ et l'élan. Il invite l'enfant à ne pas se laisser aller à la facilité. Voir *Jambe*.

Monnaie

Voir *Argent*.

Monstre

Un monstre en rêve représente souvent ce qui fait peur* à l'enfant : c'est la peur incarnée. Ça peut être ce qu'il ne comprend pas, ce qui menace sa sécurité, une opposition importante. Ça peut représenter sa mère dont il doit se séparer peu à peu. Ça peut signifier qu'il ne veut plus se dévelop-per. Alors, il a besoin d'aide. (L'inciter à en parler à quelqu'un en qui il a confiance.) Un monstre invite l'enfant à mener un combat contre ses mauvaises tendances et ses caprices (voir *Instincts*). Il peut signifier que le rêveur fait du refoulement*. Un monstre peut représenter tout ce qui n'est pas conscient. ◆Si l'enfant le capture, c'est qu'il domine bien ses tendances négatives. ◆Si l'enfant le tue, c'est qu'il fait du refoulement*. Ou bien qu'il tente d'atteindre la perfection et que ça va le décourager. Voir *Dragon*.

Mont, Montagne

La montagne en rêve indique la rencontre entre le Ciel et la Terre. Elle représente souvent pour l'enfant son Moi* universel. Du haut de la montagne, on voit loin. Donc, la montagne peut signifier un élargissement de la conscience. Elle peut représenter aussi une chose très évidente. Ou bien encore elle désigne la mère du rêveur. ◆Si l'enfant monte sur la montagne, c'est qu'il a de l'ambition ou de l'idéal*. Ou bien il élève son âme*. Ou bien ça veut dire qu'il fait des efforts pour se développer.

Monter

Monter en rêve, ça peut signifier que l'enfant est en train de devenir adulte, qu'il fait des efforts, ou bien qu'il élève son âme*.

Montre

Une montre en rêve indique le temps. Ça peut vouloir dire à l'enfant que c'est le temps de faire quelque chose ou de changer quelque chose dans sa vie. La montre peut aussi représenter le fait que l'enfant retarde quelque chose. ◆Si la montre est détraquée, c'est que le rêveur remet toujours quelque chose qu'il devrait faire. Ça indique que c'est le temps d'agir. ◆Si elle est arrêtée, c'est qu'une période est finie et que le rêveur doit passer à autre chose. ◆Si le rêveur perd une montre, c'est qu'il perd son temps. ◆S'il trouve une montre, c'est qu'il rattrape le temps perdu. Voir *Horloge*.

Moquette

En rêve, la moquette symbolise la douceur du foyer et le plaisir de vivre. Elle indique que l'enfant se sent bien protégé. Elle représente aussi la discrétion. Voir *Tapis*.

Mordre

◆Si l'enfant mord en rêve, ça peut vouloir dire qu'il sent de l'agressivité. Ou bien il faut qu'il se défende. Ou bien il risque de se faire jouer. Ou bien il a des désirs sexuels insatisfaits. ◆Si l'enfant se mord, c'est qu'il s'en veut. ◆Si l'enfant se mord les lèvres, c'est qu'il éprouve de la colère ou des regrets. ◆Si l'enfant se mord l'intérieur des joues, c'est qu'il n'exprime pas son agressivité. Ou bien qu'il se sent coupable*. Ou bien c'est qu'il a faim. ◆Si l'enfant se mord la langue, voir *Langue*. ◆Si l'enfant se mord les doigts, c'est qu'il éprouve de l'impatience. Ou bien qu'il a une contrariété ou un remords. ◆Si l'enfant se fait mordre par un animal terrestre, c'est que les besoins de son corps ne sont pas satisfaits. Ou bien qu'il montre trop de hâte, trop d'impatience. Ou bien que la sexualité lui rappelle qu'elle existe. ◆Si c'est par un animal marin, c'est que le rêveur a des problèmes de relation avec sa mère : il la trouve trop envahissante. Ou bien c'est qu'il fait trop de refoulement*. ◆Si l'enfant se fait mordre par un humain, c'est que quelqu'un le domine ou lui fait du tort. Ou bien qu'il se laisse trop faire.

Morsure

◆Une morsure de chien en rêve peut signifier que l'enfant est imprudent, ou que quelqu'un a trahi sa confiance. Qu'il néglige son corps, sa santé. Ou qu'il a un désir sexuel insatisfait. Ou bien qu'il est victime d'une peur*, qu'il se sent coupable*. Ou bien qu'il fait trop de refoulement*. Ou bien qu'il sent que son père l'écrase, ou encore que ses mauvaises tendances prennent le dessus. Ou qu'il se sent rejeté. (En parler avec lui.) ◆Une morsure de n'importe quel animal, voir *Mordre*.

Mort (la)

S'il est question de mort en rêve, c'est pour rappeler à l'enfant que son âme* et son esprit* passent dans une autre dimension après la mort du corps. La mort fait aussi penser à la tristesse causée par la séparation d'avec ceux qui meurent. Ça peut aussi indiquer que quelque chose est terminé et qu'il faut passer à autre chose. Voir *Mort, Morte*.

Mort, Morte

◆Si l'enfant voit, en réalité ou en rêve, un mort qu'il connaît, il a un contact avec la personne décédée. Celle-ci peut vouloir des prières. Ou elle se détache de lui. Ou elle vient l'aider. ◆Un défunt qui apparaît menaçant ou mal en point peut indiquer que l'enfant se sent coupable* envers ce mort, alors qu'il n'en est rien. Qu'il lui envoie de la lumière et l'oublie. ◆Si l'enfant voit un mort qu'il ne connaît pas, c'est que quelque chose est mort en lui ou fini pour lui : ou c'est positif parce que cette chose devait mourir pour qu'il passe à autre chose ; ou c'est négatif parce qu'il ne développe pas un talent, un projet, une relation… ◆Si l'enfant voit un personnage qui représente la mort, il peut s'agir d'un excellent conseiller. ◆Si l'enfant rêve de la mort de quelqu'un, c'est qu'il a peur de perdre cette personne. Ou bien c'est qu'il accepte mal d'être séparé d'elle. ◆Si l'enfant rêve de sa propre mort, c'est qu'il manque de vitalité. Ou bien c'est qu'il vient de faire un gros sacrifice. Ou c'est une partie de sa vie qui est bien finie. ◆Si l'enfant rêve de la mort de son père ou de sa mère, c'est qu'il est en train de devenir un adulte, il devient de plus en plus responsable de lui-même.

Mot

En rêve, un mot a souvent un sens figuré. Il peut aussi faire allusion à un mot important que l'enfant ne dit pas alors qu'il le devrait. Un mot peut indiquer au rêveur une solution. ◆S'il s'agit d'un mot de passe, c'est qu'il s'agit d'un secret* que le rêveur partage avec quelqu'un.

Moteur

En rêve, un moteur peut représenter le cœur* de l'enfant. Ou bien toute son énergie. Ou bien un effort ou un élan. Il peut aussi évoquer une aide que reçoit le rêveur. Il peut enfin symboliser ce qui pousse le rêveur à agir, comme un désir, un besoin, une peur…

Motocyclette

Une motocyclette en rêve peut représenter un caractère vif et bouillant. Elle peut signifier aussi que l'enfant a besoin d'attention, d'affection. Elle lui conseille de surveiller l'équilibre de la vie de son corps avec celle de son esprit* et celle

de son âme*. La moto fait aussi référence aux désirs sexuels. Elle peut signifier que le développement du rêveur se fait rapidement. Elle engage l'enfant
à ne pas prendre trop de risques. Elle peut indiquer qu'il va bientôt entrer dans
l'adolescence. ◆Si l'enfant est la victime d'un accident de moto, c'est un avertissement sérieux de changer sa façon de se conduire. ◆Si l'enfant est la cause
d'un accident de moto, c'est qu'il doit s'interroger sur son agressivité, sur son
manque de contrôle dans ses relations avec les autres.

Mouche

Une mouche en rêve est un signe de malpropreté, d'un manque d'hygiène.
Elle peut aussi évoquer la finesse, la ruse. Elle peut représenter ce qui tracasse, comme une peur qui tourmente. Elle peut inviter l'enfant à calmer un
peu ses pensées qui sont trop agitées, en se plongeant dans un bon livre,
par exemple. Ou bien elle l'avertit de ne pas tolérer de gens indésirables
autour de lui.

Mouchoir

Un mouchoir en rêve fait allusion au nez*. Il peut être le signe d'un refoulement*. Ou bien il engage le rêveur à se servir de son intuition*, de son flair.

Mourir

Si l'enfant se voit mourir en rêve, c'est qu'il se sent comme rejeté ou qu'il ne
s'aime pas lui-même. Ou bien c'est qu'il se sent coupable*. Ou bien encore
qu'il a été blessé dans son âme. (En parler avec lui.) Ou bien ça veut dire
qu'une partie de sa vie est finie et qu'il doit passer à autre chose. Ça peut
lui rappeler qu'il n'est pas seul et qu'il doit parler à son Moi* universel ou à
Dieu. Voir *Mort.*

Mousse (de la)

1. Végétal. Cette mousse en rêve évoque la douceur de vivre. Elle encourage l'enfant à continuer à se développer. Elle l'engage à être généreux avec
les autres.

2. Écume. L'écume rappelle à l'enfant qu'il a besoin d'attention, d'affection.
Elle peut aussi signifier que quelqu'un cherche à l'épater. Ou bien c'est le

signe que le rêveur exagère. Ou bien qu'il est en colère*. La mousse peut aussi symboliser une fête, de la joie.

3. Bulles de savon. Des bulles de savon font référence à la propreté de la conscience de l'enfant. C'est un signe qu'il doit se mettre en paix avec lui-même et avec les autres. Voir *Savon*.

Mousse (un)

Apprenti marin. Un mousse sur un bateau rappelle au rêveur qu'il est encore un enfant et qu'il est en apprentissage pour devenir un adulte responsable de sa vie. Un mousse invite l'enfant à rendre service, sans laisser les autres abuser de lui. Voir *Marin*.

Moustache

◆Si l'enfant est un garçon, une moustache en rêve est le signe du besoin de s'affirmer. Si la moustache est fine et soignée, elle indique un besoin de dominer, de commander. Ou bien elle est un signe de distinction ou de prétention. Si elle est importante, la moustache est le signe de désirs sexuels affichés. ◆Si l'enfant est une fille, une moustache montre le besoin d'affirmer son petit côté masculin en faisant preuve d'initiative et de décision.

Moustiquaire

Une moustiquaire en rêve engage l'enfant à se protéger des agaceries et des gens indésirables.

Moustique

En rêve, un moustique encourage l'enfant à réagir devant les difficultés et à les vaincre. Voir *Piqûre*.

Moutarde

La moutarde en rêve évoque la joie de vivre et les stimulations. Elle représente aussi la colère*. Elle peut désigner quelqu'un au caractère taquin. Elle peut aussi conseiller au rêveur de se fier à son intuition*.

Mouton

Un mouton en rêve peut être un signe de calme et de douceur. Il peut aussi symboliser le besoin de l'enfant d'avoir encore des guides, des maîtres, de la protection. Le mouton évoque aussi le besoin de l'enfant de faire partie d'un groupe. Mais il engage le rêveur à avoir de l'originalité, de l'initiative, de la personnalité. Il l'engage aussi à ne pas se laisser dominer. ◆Un mouton noir désigne une personne indésirable. Il peut signifier que le rêveur se sent rejeté de son groupe. (En parler avec lui.) ◆Un mouton qui s'échappe du troupeau signifie que l'enfant a perdu le contrôle de ses mauvaises tendances (voir *Instincts*). (L'inciter à en parler à quelqu'un en qui il a confiance.) Ce mouton récalcitrant peut aussi indiquer que le rêveur a de l'initiative et de l'originalité.

Mur

Un mur en rêve peut symboliser le besoin de protection et de sécurité de l'enfant. Il peut indiquer aussi qu'il se sépare des autres. Ou bien qu'il est bloqué dans son développement. ◆Si le mur est percé, ça peut vouloir dire que le rêveur se sent surveillé, espionné. ◆Si le mur est délabré, qu'il s'est écroulé, c'est que l'enfant se sent menacé. (Aider l'enfant.)

Muscle

Un muscle en rêve évoque pour l'enfant sa vie physique, sa force ou sa faiblesse. Il indique aussi la force ou la faiblesse de son âme*. ◆Si l'enfant a mal à un muscle de la droite de son corps, c'est qu'il fait un effort démesuré. Ou bien qu'il se montre trop raide avec les gens ou les événements. Ou bien qu'il désire impressionner les autres. Ou bien encore qu'il utilise la violence pour régler ses problèmes au lieu d'employer la parole. ◆Si l'enfant a mal à un muscle de la gauche de son corps, c'est qu'il manque d'activité physique. Ou bien il ne fait pas les efforts nécessaires. Ou bien c'est qu'il manque de décision, de détermination, de courage. ◆Si l'enfant a mal aux muscles des deux côtés du corps, c'est qu'il manque d'entraînement, de préparation et qu'il se sent impuissant. Il a besoin d'aide.

Musique

En rêve, la musique engage l'enfant à exprimer ses sentiments clairement. Elle évoque l'harmonie, le charme et la séduction. ◆Les instruments* de musique en rêve représentent les moyens que prend l'enfant pour exprimer ses sentiments et ses émotions. ◆Tout dépend de la musique du rêve. Elle peut servir à élever l'âme*, à la nourrir. Ou bien la musique peut exciter le rêveur, elle peut le détendre, elle peut l'inciter à la violence, à la danse, aux pleurs, à la consolation... (Lui montrer qu'il doit bien choisir sa musique, car elle l'influence beaucoup.)

N

Nager

Nager en rêve signifie se libérer. Ou bien maîtriser une peur*. Ou bien indique que l'enfant est dans une période lente de son développement. Ça peut aussi signifier qu'il domine bien ses sentiments, et l'invite à parler avec son Moi* universel.

Nain

Un nain en rêve peut indiquer que l'enfant se sent diminué, insignifiant. (En parler avec lui.) Les nains peuvent être le signe qu'il doit développer ses talents. ◆Un nain méchant peut signaler à l'enfant que ses désirs sexuels ne sont pas satisfaits. Ou bien le nain représente des chinoiseries, des mesquineries, des contrariétés. Il peut inviter l'enfant à distinguer ce qui est important de ce qui ne l'est pas. Il peut aussi signifier que le rêveur manque d'humour. Ou bien qu'il désire dominer les autres.

Nappe

Une nappe en rêve invite l'enfant à manger*. Elle l'incite à se demander s'il nourrit bien son corps, son âme* et son esprit*. La nappe peut aussi l'encourager à se montrer accueillant et généreux. Elle l'invite à se faire des amis.

Navet

En rêve, un navet évoque pour l'enfant la source des désirs sexuels en lui. Ce légume l'invite à se situer actuellement par rapport à ces désirs. Le navet peut aussi parler de médiocrité.

Navire

Voir *Bateau.*

Nectarine

La nectarine en rêve fait allusion à la peau du corps, aux rondeurs du corps, aux fesses. Elle évoque les plaisirs sexuels. Elle peut faire allusion au fait que l'enfant aura une mauvaise surprise. Ce fruit désigne aussi l'amabilité, la beauté et un agrément de la vie.

Neige

La neige en rêve représente pour l'enfant ses énergies non utilisées. Elle peut faire allusion au fait qu'il n'exprime pas ses émotions et ses sentiments. Elle peut signifier ce qu'il a oublié, ses souvenirs enfouis. Elle fait aussi allusion à la pureté, à la lumière, à la paix. Elle peut indiquer que le rêveur se sent seul et isolé. (En parler avec lui.)

Nez

Le nez en rêve indique une évidence. Il invite l'enfant à utiliser son flair, son intuition*, ce qu'il sent. ◆Si l'enfant a mal au nez, c'est peut-être qu'il manque de flair, de finesse, ou de prévoyance. Ou il déteste quelqu'un ou quelque chose, il a besoin de changer d'air, de se distraire. Ou bien c'est qu'il ne s'occupe pas assez de son âme*. ◆Si l'enfant saigne du nez, c'est qu'il est sous pression, il est contrarié. Ou bien il se sent rejeté. (En parler avec lui.) ◆Si le nez lui pique ou s'il s'allonge, c'est que le rêveur ment.

Nid

Un nid en rêve représente pour l'enfant le bien-être de son foyer et la sécurité qu'il lui procure. Il évoque la tendresse et la douceur. Il fait référence à la protection maternelle.

Noël

En rêve, Noël évoque pour l'enfant l'anniversaire de la naissance de Jésus-Christ*. Il symbolise aussi la fête et les cadeaux. Noël lui rappelle que chaque année représente une étape de plus dans son développement. Il symbolise aussi la tendresse, la douceur de l'enfance, la confiance dans la vie et dans l'avenir. Il encourage l'enfant à croire au merveilleux, à la joie, à l'amour et à la paix. Il lui indique quand même de ne pas penser que tout se fait comme par magie dans la vie, qu'il faut faire des efforts pour réussir.

Nœud

Un nœud en rêve peut représenter une union ou un mariage*. Il peut évoquer un problème ou une contrariété. Il peut symboliser une situation compliquée. Ou bien un grand mélange des sentiments. Il peut faire allusion au fait que l'enfant est bloqué dans ses émotions et qu'il a besoin d'aide. (En parler avec lui.) ◆Un nœud coulant parle de piège ou d'étouffement*.

Noir

Le noir en rêve évoque la nuit*. Il peut faire allusion à une peur*, à la tristesse ou à la mort*. Il peut signifier que l'enfant est devant une chose qu'il ne comprend pas. Il a besoin d'aide. Le noir peut faire référence à une chose cachée, à un secret* pénible à porter. (En parler avec lui.) Le noir peut aussi représenter une épreuve. Ou bien de mauvaises intentions. Ou bien des idées négatives. ◆Si l'enfant est de race noire, peut-être que la couleur de sa peau est en cause : ça évoque le fait qu'il ne doit pas accorder d'importance à cela. ◆Si l'enfant voit quelque chose de noir sur du blanc, c'est que quelque chose lui est indiqué clairement. ◆Le noir et le blanc en alternance avertissent le rêveur d'un danger. Ou bien ils lui indiquent qu'il oppose trop deux choses (voir *Oppositions*).

Noix

Une noix en rêve représente un testicule*, une vulve* ou un plaisir sexuel. Ou bien elle désigne la tête*, le cerveau. Elle peut inviter l'enfant à comprendre quelque chose. Une noix peut aussi évoquer un effort pour rejoindre son centre intérieur, son âme*. Ou bien son Moi* universel. La noix peut enfin inviter l'enfant à régler un problème.

Nombre

Un nombre peut représenter de l'ordre. ◆Un nombre pair évoque l'équilibre, la stabilité. ◆Un nombre impair évoque l'action. Un nombre peut évoquer pour l'enfant une date importante, un âge, un numéro de téléphone… Il peut aussi représenter un rythme dans le temps (5 peut, par exemple, représenter dans 5 jours, 5 mois ou 5 ans). Voir chaque nombre en ordre numérique à la fin du volume.

Nombril

Pour l'enfant, le nombril en rêve représente le centre intérieur de son âme* et de son esprit*. Il lui rappelle qu'il a été séparé une fois de sa mère et qu'il doit s'en séparer encore une fois pour devenir un adulte responsable de sa vie. Ou bien il lui rappelle de ne pas se penser plus important que les autres.

◆Si l'enfant a mal au nombril, c'est qu'il a vraiment besoin de se séparer de sa mère. Ou bien qu'il est porté à l'égoïsme plutôt qu'à la générosité. Ou bien au contraire qu'il est porté à être trop généreux.

Nouille

Des nouilles en rêve peuvent évoquer une personne niaise. Ou bien elles font référence au fait que l'enfant se laisse aller à la facilité, à ses caprices, à la mollesse. Ou bien elle l'encourage à être plus conciliant avec les autres. Ou bien elles font allusion au fait que quelqu'un est une nullité. Si l'enfant pense qu'il s'agit de lui, il ne doit pas accepter ce jugement et montrer ce qu'il vaut.

Nourriture

La nourriture en rêve rappelle à l'enfant de surveiller son alimentation. Elle lui rappelle aussi de se demander s'il nourrit bien son âme* et son esprit*. Voir *Manger, Cuisine*.

Noyé

En rêve, un noyé avertit l'enfant qu'il risque de se laisser déborder par ses sentiments ou ses émotions. Il a besoin d'aide. (En parler avec lui.)

Nu

Voir *Nudité*.

Nuage

Un nuage en rêve évoque l'obscurité, la difficulté de comprendre. Il peut indiquer une confusion intérieure. Ou bien il indique que l'enfant se sent menacé, inquiet. (En parler avec lui.)

Nudité

Être nu dans un rêve peut signifier se sentir libre. Ou bien se sentir bien dans sa peau, se sentir audacieux. Ou bien ça signifie qu'il rejette toutes les conventions sociales et qu'il proteste. Ou bien encore qu'il se sent exposé, découvert, sans défense, jugé, rejeté par les autres, ridiculisé et impuissant. Ou bien qu'il a honte* de lui-même. (En parler avec lui.) ◆Si l'enfant est obligé de se mettre nu en rêve, c'est qu'il éprouve de la gêne*, de la colère*, de l'indignation, de l'impuissance, de l'humiliation. (En parler avec lui.)

Nuit

La nuit en rêve invite l'enfant à se demander s'il dort bien. Ou elle indique qu'il ne comprend pas quelque chose. Ou bien elle lui dit qu'il se sent perdu, qu'il a des idées noires. (En parler avec lui.) La nuit peut aussi inviter l'enfant à tenir compte de ses rêves.

O

Obscurité

L'obscurité en rêve signifie que l'enfant ne comprend pas quelque chose. Ou bien qu'il fait du refoulement*. Ou bien qu'il traverse une période difficile, qu'il se sent délaissé, isolé. (En parler avec lui.)

Obstacle

En rêve, un obstacle peut représenter une difficulté à franchir, un empêchement ou une contrariété. Il peut aussi représenter pour le rêveur une épreuve qui lui demande de la ténacité.

Odeur

Une odeur en rêve peut évoquer un soupçon, un pressentiment, une intuition*. Ou bien quelque chose de subtil, de fin ou de caché. ◆S'il s'agit d'une odeur agréable, il peut s'agir d'une séduction, d'un goût, d'une belle ambiance (voir *Parfum*). ◆Si l'odeur est désagréable, elle peut indiquer que quelque chose doit pourrir ou mourir pour que l'enfant passe à autre chose. Ça peut aussi indiquer qu'il sent de la répugnance ou du dégoût pour quelqu'un ou quelque chose dont il ferait mieux de s'éloigner.

Œil

Un œil en rêve invite l'enfant à prendre conscience de quelque chose. Ou bien il évoque sa conscience. L'œil peut signifier que l'enfant se sent coupable*. Ou bien c'est son Moi* universel ou Dieu qui lui signalent qu'ils sont toujours avec lui. ◆L'œil droit représente l'esprit* du rêveur. ◆L'œil gauche représente son âme*. ◆Beaucoup d'yeux peuvent indiquer que l'enfant se sent coupable*. Ou bien qu'il est très conscient ou très intimidé. ◆Si l'enfant a mal à l'œil droit, c'est qu'il voit très bien ce qu'il devrait faire, mais qu'il ne le fait pas. ◆Si l'enfant a mal à l'œil gauche, c'est qu'il y a quelque chose qu'il devrait voir et qu'il ne voit pas. Ou bien c'est que quelqu'un lui est tombé dans l'œil. ◆Si l'enfant a mal aux deux yeux, c'est qu'il ne sait plus trop où s'orienter. Ou bien il ne voit pas la vie telle qu'elle est. Ou bien il est bouleversé par ce qu'il voit. ◆Si l'enfant souffre de myopie, ça peut être parce qu'il manque de prévoyance ou de spontanéité. Ou bien qu'il a des peurs* constantes. Ou bien qu'il refuse de se voir tel qu'il est. ◆Si l'enfant souffre d'hypermétropie, c'est qu'il se préoccupe de ce qui ne le concerne pas, alors qu'il ne fait pas attention à ce qui se passe tout près de lui. ◆Si l'enfant voit des yeux fermés, c'est peut-être qu'il refuse de voir, de comprendre. Ou bien c'est un signe de peur*. Ou un signe de concentration. ◆Si l'enfant rêve qu'il a un troisième œil dans le front, c'est un signe de sagesse et d'intelligence. Ça peut aussi indiquer qu'il a beaucoup d'intuition*. Ou bien c'est qu'il est clairvoyant. Voir *Aveugle*.

Œuf

Un œuf en rêve évoque pour l'enfant la naissance de quelque chose dans son âme* : le rêveur met au monde sa vie intérieure en nourrissant son âme. Un œuf évoque aussi de l'espoir ou une promesse. Il représente le commencement de quelque chose, d'un projet. Il engage le rêveur à développer ses talents. Ou bien il fait allusion au fait qu'il a eu une bonne idée.

Ogre, Ogresse

Un ogre ou une ogresse en rêve peuvent représenter pour l'enfant son père ou sa mère qui l'empêcheraient de se développer. Ou bien une influence importante dont l'enfant doit se libérer. Ils peuvent représenter la force aveugle de ses mauvaises tendances qui menacent de prendre toute la place (voir *Instincts*). Ou bien des émotions trop grandes. (L'inciter à en parler avec quelqu'un en qui il a confiance.) Parfois, ces monstres peuvent symboliser un appétit démesuré. Ou bien encore de nouvelles idées ou de nouvelles valeurs. Voir *Géant, Monstre*.

Oignon

Un oignon en rêve évoque une excitation ou une vive envie sexuelle. Ou bien le plaisir de vivre. Il peut symboliser une fausse tristesse. Il peut représenter pour l'enfant son âme qui se développe autour de son Moi* universel qui sert de centre.

Oiseau

En rêve, un oiseau peut représenter la liberté. Ou bien un message du Ciel. Ou bien une inspiration. Ou bien l'âme* de l'enfant. Ou bien l'amour. Ou bien la mort*. ◆Si l'oiseau est blanc, il représente pour l'enfant sa conscience ou son Moi* universel. ◆Si l'oiseau est noir, il peut représenter ce qui est inconscient ou inconnu. Ou la venue d'une épreuve. ◆Si l'oiseau est rouge, il représente l'amour, la vie, l'ardeur, un vif désir ou une passion. Ou bien la présence de Dieu. ◆Si l'oiseau est bleu, il représente pour l'enfant son esprit*, son intelligence ou le bonheur. ◆Si l'oiseau est très coloré, il symbolise une inspiration ou une grande joie. ◆Une nuée d'oiseaux peut vouloir dire que le rêveur suit trop les autres. ◆Si l'oiseau est blessé ou malade, c'est que le rêveur a une blessure émotive. (En parler avec lui.) ◆Si un oiseau est entré dans la maison ou s'il est mort, il peut annoncer la mort de quelqu'un. ◆Un bel oiseau rare peut annoncer un amour, un bonheur ou une belle rencontre. Voir *Nid*.

Ombre

Une ombre en rêve invite l'enfant à ne pas faire de refoulement* et à développer ses talents. Elle peut aussi symboliser une peur*, une inquiétude. Elle peut aussi représenter le mauvais côté d'une bonne chose.

Oncle

Un oncle en rêve est une aide. Il sert aussi à l'enfant de point de comparaison pour mieux connaître son père ou sa mère. ◆Si l'enfant est un garçon, un oncle l'invite à ne pas faire de refoulement*. ◆Si l'enfant est une fille, un oncle l'invite à exprimer son petit côté masculin en se servant plus souvent de son intelligence et de sa volonté*.

Ongle

Les ongles en rêve symbolisent l'agressivité, la défense et la ténacité. ◆Si un ongle de la main droite est cassé, c'est que l'enfant montre trop d'agressivité. Si c'est à la main gauche, c'est qu'il manque de combativité. ◆Si un ongle de la main droite est retourné, c'est que l'enfant a pris une mauvaise décision. Si un ongle de la main gauche est retourné, c'est que l'enfant remet une bonne décision. ◆Si l'enfant s'arrache un ongle de la main droite, c'est qu'il se défend mal. Si c'est à la main gauche, c'est qu'il renonce à se défendre. ◆Si l'un de ses ongles est écrasé, c'est qu'il se sent écrasé, alors qu'il devrait résister. Ou bien c'est qu'il ne s'occupe pas de ses affaires. ◆Si l'un de ses ongles est cornu, c'est qu'il exagère quand il se défend. ◆Si l'un de ses ongles est incarné, c'est qu'il refuse son corps avec sa nature animale. Ou bien c'est qu'il n'accepte pas la réalité telle qu'elle est. ◆Si le rêveur ronge ses ongles, c'est qu'il manque de sécurité émotive. Ou alors il éprouve de l'angoisse*. Ou bien il se sent coupable* et il s'en veut. Ou bien il éprouve de la rancune envers l'un de ses proches. ◆Si ses ongles sont très longs, c'est un signe d'agressivité. Ou bien de paresse. Ou bien de négligence. Ou bien de prétention. Ou bien de recherche d'élégance. ◆Si ses ongles sont soignés, c'est un signe d'application, de précision. ◆Si les ongles de l'enfant sont vernis, c'est qu'il veut plaire. Ou bien il veut attirer l'attention, avoir de l'affection. ◆Si ses ongles sont très courts, c'est qu'il affirme son côté masculin. Ou bien c'est un signe de renonciation, de douceur, d'ordre ou de calme. ◆Si ses ongles sont striés, c'est qu'il est stressé. ◆Si ses ongles sont décollés, c'est qu'il s'entête. Ou bien qu'il est trop ambitieux. Ou bien qu'il veut tout contrôler. Ou bien qu'il est pessimiste. ◆C'est la même chose pour les ongles d'orteils.

Oppositions

Notre monde terrestre est fait de valeurs contraires : ténèbres ↔ lumière/ silence ↔ parole/ froid ↔ chaleur/ sec ↔ humide/ immobilité ↔ mouvement/ être ↔ non-être/ haut ↔ bas/ ciel ↔ terre/ matière ↔ esprit/ positif ↔ négatif/ droite ↔ gauche/ jour ↔ nuit/ blanc ↔ noir/ passif ↔ actif/ attraction ↔ répulsion/ amour ↔ lutte (rejet)/ Dieu ↔ Diable/ moi ↔ non-moi/ moi ↔ lui/ moi ↔ tous/ homme ↔ femme. Autant que possible, on ne doit pas opposer trop fortement les contraires. Plus les oppositions sont présentes dans nos vies, plus nous en sommes victimes. L'idéal est de tâcher de concilier les contraires qui constituent les deux pôles d'une même valeur, d'une même énergie.

Or

L'or, le plus précieux des métaux, représente en rêve l'aspiration religieuse de l'âme*. Il représente aussi la pureté, la richesse ou une chose précieuse, rare, excellente. Il peut représenter notre Moi* universel. Il peut aussi représenter notre état final, c'est-à-dire celui que nous connaîtrons quand notre âme et notre esprit seront réunis avec notre Moi* universel. Il peut aussi représenter une victoire, un triomphe. Quand on arrive à l'adolescence, l'or peut représenter la sexualité, ce nouveau trésor, cette nouvelle énergie terrestre. ◆Si l'or du rêve est transformé en crotte*, c'est que le rêveur ne s'occupe pas de son âme*, mais seulement de son égoïsme.

Orage

Un orage en rêve représente une tension*, de la violence ou une colère*. Il représente aussi un défoulement*. Ou bien un éclatement, un débordement ou un bouleversement. Si l'enfant est pris dans un orage en rêve, il peut avoir besoin d'aide. (En parler avec lui.)

Orange

En rêve, une orange peut représenter des délices amoureuses et sexuelles. Elle peut signifier qu'une promesse a été réalisée. Elle correspond à une demande en mariage. Elle peut aussi signifier que l'enfant aime quelqu'un qui lui paraît être un sage. L'orange peut évoquer le fait que le rêveur reçoit un cadeau de son Moi* universel. L'orange invite l'enfant à partager ses bonheurs avec les autres.

Orangé

La couleur orangée fait allusion aux organes sexuels. Elle évoque l'ardeur, l'énergie, la chaleur humaine. Elle peut signifier que l'enfant cherche de l'attention, de l'affection. Ou bien elle est équivalente à l'or* ou au Soleil*.

Ordinateur

Un ordinateur en rêve symbolise une aide. Il fait allusion au cerveau et à la mémoire. ◆Si l'appareil est en panne, c'est peut-être que l'enfant en fait un abus, qu'il y met trop de temps. Ou qu'il consacre trop de temps aux jeux. Ou bien qu'il est d'une grande nervosité. ◆Si l'écran est en panne, c'est que le rêveur manque de conscience. Ou bien qu'il a un problème visuel. Ou bien qu'il fait un abus de l'ordinateur. ◆Si l'enfant perd des données, c'est peut-être le signe qu'il manque de discipline. Ou bien de prudence. Ou bien que son travail est mal fait. ◆Si c'est l'imprimante qui est défectueuse, c'est peut-être que le rêveur a du mal à préciser ses idées. Ou bien c'est qu'il cherche à impressionner quelqu'un. Ou bien c'est qu'il est impatient. Ou bien c'est qu'il a du mal à s'exprimer. Voir *Bogue*.

Oreille

Une oreille en rêve invite l'enfant à porter attention à quelque chose. Elle peut être le signe qu'on lui fait une confidence ou que lui, il devrait en faire une. ◆L'oreille droite représente la connaissance intellectuelle (voir *Esprit*). ◆Si l'enfant a mal à l'oreille droite, c'est qu'il n'écoute pas sa raison. Ou qu'il ne veut plus entendre quelqu'un ou quelque chose. Si l'enfant entend un sifflement à l'oreille droite, c'est qu'on parle de lui en bien. ◆L'oreille gauche évoque la connaissance intuitive (voir *Intuition*). Si l'enfant a mal à l'oreille gauche, c'est qu'il n'écoute pas son intuition*. Ou qu'il ne tient pas compte d'un conseil. Si l'enfant a un sifflement dans l'oreille gauche, c'est qu'on parle en mal de lui. ◆Si l'enfant a mal aux deux oreilles, c'est qu'il ne veut rien savoir de personne, qu'il se révolte, qu'il est en colère*. Ou bien c'est qu'il est bouleversé par ce qu'il entend. Ou bien c'est qu'il manque de jugement. ◆Si l'enfant a les oreilles percées, c'est qu'il est trop soumis. Ou bien c'est qu'il veut plaire (voir *Perçage*). ◆Si l'enfant entend des bourdonnements ou des tintements d'oreille, c'est qu'il éprouve de la tension* nerveuse. Ou bien c'est qu'il écoute trop ses caprices, qu'il accorde trop d'importance à l'opinion des autres. Ou bien il a une curiosité malsaine. Ou il doit comprendre des choses qui concernent son âme. ◆De grandes oreilles sont signe de sagesse et de longue vie. Ou bien, au contraire, elles sont signe de stupidité (oreilles d'âne). ◆Le lobe de l'oreille symbolise l'intuition*, la sensualité ou la réflexion.

Oreiller

Un oreiller en rêve encourage l'enfant à écouter ses rêves. Il l'engage aussi à prêter attention à son monde intérieur (voir *Âme*). Un oreiller peut aussi lui rappeler de se demander s'il sait bien se détendre.

Orignal

Un orignal en rêve représente pour l'enfant la puissance de ses tendances naturelles. L'animal fait allusion au fait que si les instincts* sont laissés à l'état sauvage, ils risquent de le détruire. Il faut les dominer pour ne pas être dominé par eux.

Orphelin

En rêve, un orphelin peut indiquer que l'enfant se sent abandonné*. Il peut aussi l'encourager à devenir de plus en plus responsable de sa vie.

Orteil

Les orteils en rêve évoquent l'équilibre ou la ténacité. ◆Si l'enfant a mal aux orteils droits, c'est qu'il ne garde pas les pieds sur terre et ça le fait agir de travers. Ou bien ça veut dire qu'il nuit aux autres. Ou bien qu'il est trop ambitieux ou trop entêté. ◆Si l'enfant a mal aux orteils gauches, c'est qu'il ne garde pas les pieds sur terre et ça le rend passif. Ou bien ça veut dire qu'il se laisse marcher sur les pieds. Ou bien qu'il n'est pas assez tenace, pas assez décidé. ◆Si l'enfant a mal au gros orteil droit, c'est qu'il exagère, ou qu'il fait une erreur, ou bien qu'il est trop agité. ◆Si l'enfant a mal au gros orteil gauche, c'est qu'il manque d'élan, de vitalité. ◆Pour les autres orteils, on doit accorder à chacun la même valeur qu'au doigt* correspondant : *Index, Majeur, Annulaire, Auriculaire.*

Orthographe

L'orthographe en rêve symbolise pour l'enfant son rapport avec l'écriture. Elle l'engage aussi à être en accord avec sa conscience. Elle l'invite à accepter la vie telle qu'elle est. Elle représente aussi l'autorité. ◆Si l'enfant est faible en orthographe, c'est qu'il est trop distrait. Ou c'est qu'il refuse l'autorité, ou qu'il est négligent. Ou bien qu'il rejette les règles sociales. Ou bien qu'il a un esprit très original. Voir *Dictée, Grammaire.*

Os

En rêve, les os symbolisent pour l'enfant la structure de sa personnalité. ◆Si l'enfant a un problème d'os, c'est peut-être qu'il a des problèmes de croissance. (En parler avec lui.) Ou bien ça veut dire qu'il manque de force de caractère, ou qu'il a perdu une aide essentielle. ◆Si l'enfant a un os fracturé, c'est que son développement s'est arrêté, ou c'est qu'il doit se calmer. Ou bien ça signifie qu'il a une blessure intérieure. (En parler avec lui.) Voir la partie du corps fracturée.

Ouate

L'ouate en rêve représente pour l'enfant le confort, la chaleur humaine de son foyer. Elle peut aussi représenter la pureté. Ou bien elle invite l'enfant à se soucier de l'hygiène de son corps. Elle peut aussi vouloir dire qu'il est gâté par une vie douillette et qu'il est en train de tomber dans la mollesse. Il doit faire de l'exercice, du sport. Elle peut enfin signifier que le rêveur fait du refoulement*.

Ouragan

Voir *Cyclone*.

Ours, Ourse

Un ours en rêve peut symboliser pour l'enfant les tendances animales de son corps. Il évoque le fait qu'il doit les dominer (voir *Instincts*). L'ours peut aussi désigner la mère de l'enfant, s'il se sent trop dominé, et également l'étape un peu brouillon que vit une adolescente. Il peut désigner une personne mal éduquée, ou une personne un peu rude mais chaleureuse. Ou bien il s'agit d'une personne brutale. Parfois, l'ours annonce la mort de quelqu'un. ◆Un ours blanc signifie que le rêveur contrôle bien ses instincts*, ses tendances animales. ◆Un ours brun ou noir lui rappelle qu'il fait trop de refoulement* de ses instincts*. ◆Si l'enfant fuit un ours, c'est que ses tendances animales lui font peur. Ou bien que sa mère l'influence trop. Ou bien qu'il doit faire face à ses peurs* pour les transformer en forces positives.

Ourson

En rêve, un ourson peut signifier que l'enfant sous-estime la force des instincts*. Ou bien il représente le fait qu'il est dominé par sa mère et cela l'empêche de progresser. ◆Un ourson en peluche représente la mère et la sécurité qu'elle procure. Il peut signifier que le rêveur se détache normalement de sa mère.

Ovni

Voir un ovni (Objet Volant Non Identifié) en rêve invite l'enfant à s'occuper de son âme*.

P

Page

Une page seule, en rêve, peut inviter l'enfant à se concentrer sur une chose en particulier. Elle indique que l'enfant est préoccupé et l'invite à tirer au clair le sujet qui le tracasse. ◆Si elle est blanche, elle peut signifier qu'une nouvelle période s'amorce dans sa vie. ◆Si elle porte un numéro, voir le nombre en question à la fin de ce livre. ◆Plusieurs pages peuvent signaler plusieurs jours pendant lesquels un événement se développera.

Paillasson

En rêve, un paillasson peut inviter l'enfant à rester simple. Ou bien il indique qu'il a été humilié, blessé dans sa vie affective. Ou bien il lui indique qu'il ne s'aime pas lui-même, qu'il se méprise. (En parler avec lui.)

Paille

De la paille en rêve peut représenter un lit*. Elle peut faire référence à la pauvreté. Elle peut inviter l'enfant à rester humble, simple. ◆Une paille en rêve peut évoquer la chance ou la malchance. Elle évoque aussi une aspiration, un désir. Ou encore elle souligne un défaut, un manque, une faiblesse. Ou bien enfin elle symbolise le fait qu'il s'agit d'un détail, d'une insignifiance ou d'un déchet.

Pain

Le pain en rêve évoque la faim, l'appétit et la nourriture. Il peut inviter l'enfant à se demander s'il mange bien. Il peut aussi l'inviter à se demander s'il nourrit bien son âme* et son esprit*. Le pain lui rappelle également qu'il est dans une période de transformation. Cet aliment peut inviter l'enfant à bien travailler.

Palais

1. Grande et belle maison, voir *Château*.

2. Le palais de la bouche peut évoquer le goût. Il peut symboliser un problème d'expression. Il peut aussi indiquer une certitude. Ou bien une séparation entre deux choses. Il peut symboliser aussi un regret.

Pamplemousse

Le pamplemousse en rêve peut évoquer de grands plaisirs sexuels. Avec ou sans inconvénients selon qu'il contient ou non des pépins. Ce fruit symbolise aussi la générosité. Et la conscience. Il parle également d'un bel accomplissement, d'une réussite. Et il peut inviter l'enfant à partager.

Panier

Un panier en rêve peut représenter la légèreté et la fragilité. Il peut aussi symboliser le derrière (voir *Fesse*). ◆Un panier de basket-ball* invite l'enfant à se demander s'il a un but. (L'aider.)

Pantalon

◆Un pantalon chic en rêve représente l'autorité masculine. Il peut inviter l'enfant à affirmer sa personnalité. Il peut l'engager à se respecter lui-même. ◆Un jean en rêve évoque la détente, le relâchement. Il invite l'enfant à rester simple. Il lui rappelle de ne pas se penser plus important que les autres.

Panthère

En rêve, une panthère représente pour l'enfant ses tendances animales non contrôlées (voir *Instincts*). Ou bien une grande agressivité. ◆Une panthère noire peut faire référence à des secrets* terribles. Ou encore à des terreurs* nocturnes. Ou bien elle indique la peur de l'inconnu ou de ce qui reste inconscient (voir *Refoulement*).

Pantoufle

Les pantoufles en rêve invitent l'enfant à la détente et au repos. Ou bien elles lui reprochent de la paresse et de la mollesse. Ou bien elles l'invitent à sortir faire de l'exercice et rencontrer des amis.

Papier

En rêve, le papier peut évoquer la fragilité. Ou bien il reproche à l'enfant d'être susceptible. Ou il l'encourage à être disponible. Ou bien il l'invite à se demander s'il se connaît bien. Il peut aussi l'encourager à obtenir de bonnes notes. ◆S'il s'agit de papier écrit ou à écrire, ça représente la vie de l'esprit* et les livres. ◆Si le papier n'est pas écrit, ça peut signifier que le rêveur est libre de choisir. Ou bien ça indique qu'il néglige la vie de son esprit*, ou bien qu'il craint de s'engager, de se compromettre ou de prendre une décision.

Papillon

Un papillon en rêve symbolise la beauté, l'élégance ou le goût pour la mode. Mais il symbolise surtout une transformation importante. Il indique à l'enfant qu'il peut se libérer de la vie terrestre grâce à son esprit et à son imagination. Un papillon lui rappelle que son âme est immortelle. Il peut aussi signifier qu'il court après les amourettes. Ou bien il invite l'enfant à se fier à son flair, à son intuition*. L'insecte évoque aussi le succès, la réussite éclatante. ◆Un papillon de nuit peut faire référence à de fausses frayeurs. Il invite le rêveur à épanouir sa vie intérieure, celle de l'âme* et de l'esprit*. Ou bien il l'invite à tenir compte de ses rêves.

Paquet

Un paquet en rêve a le sens de ce qu'il contient. Il peut aussi évoquer une accumulation, de l'abondance. Ou bien un désordre. Ou bien un départ. Ou parfois un cadeau. Voir *Colis, Caisse.*

Parachute

Un parachute en rêve peut symboliser la peur d'un choc. Mais l'enfant va être protégé. Il n'a pas à s'en faire, sa sécurité est garantie. À moins que le parachute ne s'ouvre pas! Le parachute peut aussi représenter le vertige, l'étourdissement*.

Paradis

Lieu des bienheureux. Le paradis en rêve évoque le royaume de Dieu*. Il représente le bonheur parfait ou une suprême récompense. Il parle aussi de la joie que le rêveur éprouvera quand il sera réuni à son Moi* universel.

Paralysie

En rêve, la paralysie peut symboliser le fait que l'enfant se sent pris au piège, ou qu'il est bloqué par des émotions contraires, ou encore qu'il est perdu devant une situation et qu'il se sent impuissant à en sortir. Ou bien c'est qu'il est figé de peur. (En parler avec lui.) ◆Il arrive aussi qu'on est comme paralysé quand on se sent dédoublé, c'est-à-dire quand notre âme est sortie de notre corps dans le sommeil. Ce n'est pas grave. Pendant le rêve, notre âme quitte souvent notre corps.

Parapluie

Un parapluie fermé en rêve évoque l'agressivité. ◆S'il est ouvert, il parle à l'enfant de son besoin de protection. Il peut l'encourager à se défendre d'influences qu'il n'aime pas. Il peut lui conseiller d'ignorer des paroles malveillantes. ◆Si l'enfant est une fille, un parapluie ouvert l'engage à se protéger d'une agression. Il peut exprimer aussi la crainte d'être enceinte.

Parasol

Un parasol en rêve peut faire référence à la protection. Ou à la coquetterie. Ou bien à la crainte de la violence, ou encore à celle de la vérité. ◆Un parasol de plage ouvert parle de protection, de détente ou de prudence. S'il est fermé, il symbolise l'agressivité.

Paratonnerre

Un paratonnerre en rêve engage l'enfant à être prudent, à se garantir des dangers. Il peut évoquer de la nervosité. Il peut faire allusion au fait que l'enfant provoque les autres pour mieux se défendre, ou encore le fait que le rêveur craint la violence ou qu'il la provoque. Il peut enfin signifier que l'enfant craint Dieu : ou bien il a mauvaise conscience ou bien il a une mauvaise conception de Dieu*. Voir *Foudre*.

Parc

Un parc en rêve évoque des jeux en plein air. Ou bien encore un beau jardin*. Il peut représenter la vie intérieure de l'enfant. Ou bien sa vie privée.

Parc d'attractions

Un parc d'attractions évoque le plaisir et l'amusement. Il parle à l'enfant de son goût pour les sensations fortes. Il peut représenter l'excitation, le défoulement*.

Parents

En rêve, le père et la mère de l'enfant représentent ses origines, son milieu familial. Ils évoquent la protection et l'autorité. Ils l'invitent à garder confiance dans la vie. Voir *Oncle, Tante, Père, Cousin…* ◆Tuer ses parents en rêve, c'est désirer se séparer d'eux pour devenir responsable de sa propre vie.

Parfum

Un parfum en rêve symbolise une atmosphère agréable. Ou bien il évoque un bel état d'âme ou un souvenir. Il peut faire allusion à une bonne influence. Le parfum évoque la finesse, la subtilité. Il peut encourager l'enfant à utiliser son intuition*. Il peut parler de son sentiment religieux, de la nourriture pour son âme*. ◆Si le parfum est trop fort, il peut signifier que le rêveur est envahi par la présence de quelqu'un.

Parrain, Marraine

Son parrain ou sa marraine en rêve rappellent à l'enfant qu'il a d'autres personnes que ses parents pour le protéger. Ces personnes représentent une garantie. Ou bien son Moi* universel.

Pastèque

Une pastèque en rêve parle des plaisirs simples et joyeux. Elle peut aussi faire référence à des plaisirs sexuels abondants, mais capables d'entraîner de gros inconvénients.

Pâtes

Voir *Nouille, Spaghetti.*

Patin

En rêve, des patins à lame ou à roulettes évoquent l'exercice. Ils signalent une période de développement rapide. Ils engagent aussi l'enfant à se garder équilibré dans le développement de son corps, de son âme* et de son esprit*. Ils lui disent que tout va bien si les patins roulent bien.

Patinoire

Une patinoire en rêve invite l'enfant à faire du sport, à faire de l'exercice. Elle peut faire allusion au hockey*. Elle peut signifier que l'enfant tourne un peu en rond et que son développement ne se fait pas bien. Elle peut l'encourager à se faire de nouveaux amis.

Patte

Une patte en rêve fait allusion à la jambe* ou à la main*. Elle parle de mouvement.

Paupière

Une paupière en rêve évoque le sommeil ou le réveil. Elle représente pour l'enfant son contrôle sur la conscience ou l'inconscience. ◆Si ses paupières sont lourdes, c'est que l'enfant a des soucis ou qu'il est triste, ou tout simplement qu'il manque de sommeil. ◆Si l'enfant a un orgelet à droite, c'est qu'il veut tout contrôler ou bien qu'il manque de sommeil. ◆Si l'orgelet est à gauche, c'est que le rêveur manque d'attention ou bien qu'il dort trop.

Peau

La peau est l'enveloppe du corps humain. En rêve, elle parle à l'enfant de lui-même en tant qu'individu. Elle peut l'engager à se défendre. Elle peut aussi évoquer son apparence. ◆Si l'enfant a une maladie de peau, c'est qu'il se sent mal dans sa situation. Il ne s'aime pas tel qu'il est. Ou bien c'est qu'il manque de sécurité, ou de vie intérieure (voir *Âme*). Ou bien c'est qu'on invite l'enfant à suivre ce qu'il sent (voir *Intuition*). Ou il fait du refoulement*, il se sent menacé. (En parler avec lui.) ◆Si le rêveur est adolescent et qu'il a une maladie de peau, c'est qu'il doit accepter de perdre l'image de l'enfance pour revêtir celle de l'adulte.

Pêche

Fruit. La pêche en rêve fait allusion aux rondeurs du corps, aux fesses et à la douceur de la peau. Elle parle de plaisirs sexuels avec un gros inconvénient. Elle signifie aussi douceur, tendresse, amabilité, beauté. Elle peut représenter une séduction dangereuse.

Pêcher

Aller à la pêche. Pêcher un poisson, c'est avoir du succès. Ou bien c'est que l'enfant va prendre conscience de quelque chose qui était jusque-là inconscient. La pêche invite le rêveur à la patience et peut réserver une surprise.

Pégase

Pégase est un cheval ailé fabuleux qui fit jaillir une fontaine. En rêve, il signifie l'inspiration. Il rappelle à l'enfant son âme* ainsi que sa source, son Moi* universel. Il lui rappelle qu'il peut créer des choses ou faire de la poésie. Il l'engage à se fier à son intuition*. Il lui dit que la Terre n'est pas le seul lieu que l'homme habite.

Peigne

Un peigne en rêve engage l'enfant à mettre de l'ordre dans ses idées. Il représente aussi le soin qu'il consacre à son apparence. Ou bien il fait allusion à son désir de séduire les autres, de leur plaire. Il lui rappelle qu'il est un individu unique. Le peigne invite aussi l'enfant à se mettre en forme.

Peine

Voir *Chagrin.*

Pelle

Une pelle en rêve invite l'enfant à creuser, à tâcher de comprendre, même si c'est difficile. Elle peut l'inviter aussi à mettre sa conscience au clair, à la nettoyer. Elle l'engage également à travailler, elle parle du début d'un projet. Elle peut parler d'enterrement* ou de jardin*. ◆Pelle mécanique, voir *Bulldozer.*

Peluche

Voir *Ourson.*

Pénis

◆Si l'enfant est un garçon, un pénis en rêve évoque ses possibilités sexuelles : plaisirs et création. Voir *Phallus.* ◆Si le pénis est affecté d'une maladie, c'est peut-être parce que le rêveur méprise la sexualité ou qu'il en abuse. Peut-être qu'il se sent coupable*. Ça peut signifier qu'il perd de l'énergie, de la puissance, de l'influence. Peut-être que l'enfant se sent humilié, qu'il manque de confiance* dans la vie. Ou bien c'est qu'il a été déçu en amour, ou qu'il a connu une défaite. ◆Si le pénis est amputé, c'est peut-être que le rêveur est un peu obsédé par le sexe, ou qu'il se sent privé sur le plan sexuel. Ou bien c'est qu'il se sent coupable* d'utiliser sa sexualité. Ou bien qu'il en abuse. (L'inciter à en parler à quelqu'un en qui il a confiance.) ◆Si l'enfant est une fille, le pénis peut représenter son désir des garçons. Si elle a un pénis en rêve, c'est peut-être qu'elle est invitée à exprimer son petit côté masculin. Ou bien c'est peut-être qu'elle ne sait plus trop où elle en est sur le plan sexuel. Ça peut être un refus de l'homosexualité. (L'inciter à en parler à une personne en qui elle a confiance.)

Perçage corporel

Le perçage corporel en rêve ou en réalité est une marque, une mutilation. Il représente une initiation à l'étape de l'adolescence. Il manifeste aussi le besoin d'attirer l'attention. Il représente une recherche d'originalité : c'est une valorisation extérieure pour compenser un manque de valorisation intérieure. Il peut être le signe du besoin d'identification à un groupe. Il peut représenter une révolte, un rejet de la société. ◆L'endroit du perçage est révélateur : voir la partie du corps concernée.

Perdre

Voir *Perte*.

Père

Le père de l'enfant en rêve représente l'autorité, l'ordre, la société. Il peut représenter l'influence de l'opinion des autres sur le rêveur. Il signifie les interdictions, la loi. ◆Si l'enfant est une fille, l'image de son père influence sa sensibilité et conditionne sa façon de voir les autres hommes. ◆Si, en rêve, c'est l'enfant qui est le père de quelque chose ou de quelqu'un, c'est qu'il s'en sent responsable.

Père Noël

Le père Noël en rêve évoque le désir d'être gâté, de recevoir des cadeaux sans avoir fait d'efforts pour les mériter. Ce bonhomme légendaire rappelle à l'enfant qu'il croit au merveilleux. C'est vrai que le merveilleux existe, mais il ne faut pas rester trop naïf et croire que les choses arrivent comme par miracle. Le père Noël rappelle au rêveur qu'il est destiné à s'unir à son Moi* universel pour devenir heureux pour toujours. Le père Noël l'engage aussi à être généreux envers les autres. Il peut lui rappeler que quelqu'un essaie d'abuser de sa confiance. Il peut encore représenter l'aide d'un bienfaiteur. ◆La croyance au père Noël est la première illusion dont se départit naturellement l'enfant vers l'âge de 7 ans et qui l'habitue à faire face aux autres illusions que la vie lui réserve. Voir *Noël*.

Perle

En rêve, une perle représente une chose précieuse. Elle représente aussi pour l'enfant son Moi* universel. Elle désigne la perfection, la beauté, la délicatesse. Elle rappelle la Lune*, la femme, l'enfant. Elle signifie la maîtrise d'une douleur et d'un chagrin (elle naît d'une irritation). Elle parle de larmes*. ◆La perle montée en bijou évoque la noblesse, l'aspect précieux ou sacré et la fragilité.

Perle de verre

Une perle de verre en rêve rappelle la vraie perle*. Elle représente une imitation et parfois une fausseté. Elle peut aussi évoquer la lumière, l'éclat. Voir *Bille, Bijou, Verre*.

Perron

Un perron en rêve invite l'enfant à se montrer accueillant. Il signifie que sa personnalité est en train de connaître une ouverture nouvelle. Il invite le rêveur à se montrer ouvert aux idées nouvelles.

Perroquet

Un perroquet en rêve parle de quelqu'un d'un peu bavard et qui dit n'importe quoi. Il peut représenter aussi quelqu'un qui imite quelqu'un d'autre. Il évoque aussi quelqu'un qui aime les toilettes un peu criardes. Il encourage l'enfant dans son goût d'apprendre. Il peut signaler un tic verbal. Ou bien de la vanité, des caprices.

Perruche

En rêve, une perruche peut être un signe de bavardages. Elle indique à l'enfant son besoin de compagnie. Elle parle de tendresse, d'amabilité, d'élégance. Ou bien du goût pour les couleurs, les vêtements. Elle peut encourager le rêveur dans son goût d'apprendre.

Perruque

Une perruque en rêve indique un artifice, une fausseté. Elle peut aussi représenter le fait de soigner son apparence. Elle parle également de dignité. Elle peut souligner des préjugés ridicules. Voir *Cheveux*.

Perte

Si l'enfant perd quelque chose en rêve, ça peut signifier qu'il doit se séparer de cette chose. Ça peut évoquer le fait qu'il perd trop d'énergie par des émotions mal contrôlées. Ça peut aussi indiquer qu'il se sent coupable*, ou peut représenter le fait qu'il se méprise, qu'il ne s'aime pas. (En parler avec lui.) Ça peut vouloir dire qu'il a besoin de s'ouvrir à des valeurs intérieures (voir *Âme*), ou simplement signifier qu'il est négligent. Ça peut parfois indiquer qu'il a peur de la mort*.

Pet

Voir *Gaz intestinal*.

Peur

Il y a des peurs qui sont bienfaisantes, comme celles qui nous avertissent de dangers réels. Comme la peur de traverser la rue sans regarder, la peur de ce qui brûle, la peur de tout ce qui menace notre corps. Mais autrement, la peur est une émotion qu'il faut essayer de combattre. Si l'enfant a peur en rêve, c'est qu'il est invité à faire face à ce qui lui fait peur pour devenir plus fort. Si l'enfant fait face à la chose ou à la personne qui lui font peur en rêve, ces énergies effrayantes vont se transformer en quelque chose de positif. Pour cela, le rêveur doit se dire avant de s'endormir qu'il va faire face à ce qui lui fait peur en rêve. Qu'il demande l'aide de son Moi* universel.

◆Si l'enfant a peur de ne pas se réveiller, qu'il se dise que ça fait des milliers de fois qu'il se réveille depuis qu'il est né et qu'il n'y a pas de raison pour qu'il ne se réveille pas encore une fois. ◆Si l'enfant a peur d'être kidnappé ou enlevé par des méchants, c'est qu'il a peur d'être abandonné*. (En parler avec lui.) Voir *Terreurs nocturnes, Fuite*.

Phallus

Le phallus est un pénis en érection. Il représente la création. C'est pourquoi il était autrefois l'image de la divinité. En rêve, il évoque donc d'abord l'énergie sexuelle, puis l'énergie personnelle, la puissance. Il représente aussi l'autorité souveraine et la supériorité. Il symbolise toutes les forces créatrices.

Photographie

Une photographie en rêve évoque pour l'enfant l'image qu'il se fait de ce qui est représenté sur la photo. Une photo l'invite à prendre conscience de quelque chose. La photo invite l'enfant à accepter la vie telle qu'elle est. À accepter les différentes étapes de son propre développement. Elle lui rappelle qu'il faut parfois passer par le négatif pour accéder au positif. Elle symbolise la mémoire, les souvenirs. Elle fait parfois allusion au fait que le rêveur aimerait arrêter le temps et cesser d'évoluer. ◆Si l'enfant met de l'ordre dans ses photos, c'est une invitation à mettre de l'ordre dans ses sentiments, dans son passé. ◆Si l'enfant a perdu une photo, c'est qu'il doit quitter le passé.

Piano

En rêve, un piano invite l'enfant à exprimer ses émotions et ses sentiments avec force et douceur selon ce qu'ils sont. Un bel air de piano montre qu'il vit des sentiments harmonieux.

Pied

Un pied en rêve représente pour l'enfant son contact avec la réalité. Il peut indiquer une démarche à faire. Ou bien il invite l'enfant à poursuivre son évolution, son développement. Il signale un départ, le début d'un projet. Il peut symboliser l'enfance du rêveur. ◆Si l'enfant est pieds nus, il est exposé aux dangers, sa démarche est incertaine. Il court des risques. Peut-être qu'il manque de prudence. Mais ça veut dire aussi qu'il tient à sa liberté. Il veut rester lui-même. Ça veut dire qu'il fait confiance à la vie. ◆Si l'enfant a mal au pied droit, c'est qu'il fait un faux départ, un mauvais départ. Ou bien c'est qu'il ne prend pas les précautions qu'il faudrait. Ou bien qu'il entreprend une mauvaise démarche. Ou bien qu'il veut aller trop vite. Ou bien qu'il fait une erreur d'orientation. ◆Si l'enfant a mal au pied gauche, c'est qu'il rate un départ. Il hésite trop. Ou il est trop indécis. Ou bien il se fait du tort en annulant une démarche. Ou bien il refuse de progresser. ◆Une fracture à un pied indique une erreur profonde qui touche l'évolution de l'enfant. ◆Si l'enfant a mal au cou-de-pied droit, c'est qu'il donne un coup de pied de trop. Il se sent intolérant. ◆Si l'enfant a mal au cou-de-pied gauche, c'est qu'il retient un coup de pied pourtant bien mérité. Il montre trop de tolérance. ◆Si l'enfant a mal à la plante du pied droit, c'est qu'il manque de réalisme et ça le fait agir de travers. Ou bien c'est qu'il fait un mauvais pas, une erreur. ◆Si l'enfant a mal à la plante du pied gauche, c'est qu'il est trop pessimiste et que ça l'empêche d'agir. Ou bien c'est qu'il ne fait pas le pas qu'il devrait. ◆Le tendon d'Achille indique la partie vulnérable du rêveur, son point faible. Un mal au tendon d'Achille indique un coup bas. ◆Coup de pied (voir *Coup*). Voir *Entorse, Orteil, Talon*.

Pierre

Une pierre en rêve évoque la solidité, la structure et la base. Elle représente aussi l'immobilité. Ou bien elle invite l'enfant à la concentration. Ou bien elle l'engage à être toujours lui-même. Ou elle l'invite à édifier son château* intérieur, sa vie intérieure (voir *Âme*). La pierre lui rappelle sa source, sa base qui est son Moi* universel. ◆Une grosse pierre, voir *Rocher*. ◆Lancer une pierre veut dire manifester de la combativité, se lancer dans une attaque ou lancer un défi. ◆Avoir une petite pierre dans sa chaussure représente un détail agaçant, une inquiétude ou un scrupule.

Pierre précieuse

Une pierre précieuse désigne la conscience ou une prise de conscience. Elle invite l'enfant à développer ses talents. Elle l'invite à saisir l'inspiration qui vient de son Moi* universel. ◆Une pierre montée en bijou représente une qualité acquise. ◆Si elle est cassée ou perdue, c'est que l'agitation du rêveur l'empêche de recevoir de la lumière de son Moi* universel. Ou bien ça veut dire qu'il a franchi une étape et qu'il doit passer à autre chose. ◆Si elle est volée, c'est qu'il écoute trop ses émotions et qu'il bloque le contact avec son Moi* universel.

Pieuvre

Une pieuvre en rêve représente un monstre* : l'enfant ne comprend pas quelque chose. Elle l'invite à se dégager d'une situation étouffante. Elle peut représenter sa mère qu'il sent comme trop envahissante. (L'inciter à en parler à quelqu'un en qui il a confiance.) La pieuvre peut aussi signifier que le rêveur est exploité par quelqu'un. Ou bien que c'est lui qui exploite les autres. Elle parle également des préjugés. Ou bien d'une fausse frayeur. Elle invite aussi l'enfant à se méfier des gens qui cherchent à le tromper, mais qui cachent bien leur jeu.

Pigeon

Un pigeon en rêve représente l'amour ou l'amitié. Il invite l'enfant à se laisser aller à ses élans de joie intérieure. Il lui rappelle que son Moi* universel est un guide infaillible et qu'il peut recevoir ses messages dans les rêves. Cet oiseau évoque aussi la liberté et la joie de vivre.

Pile électrique

Une pile électrique en rêve invite l'enfant à se reposer pour renouveler son énergie. Elle l'invite aussi à changer de point de vue.

Pilote

En rêve, un pilote demande à l'enfant s'il sait se conduire. Il l'invite à devenir de plus en plus responsable de ses actes. Il l'engage à se donner des buts*. Il l'invite aussi à garder sa conscience claire. Il lui rappelle que son Moi* universel est un guide infaillible et qu'il peut recevoir ses messages dans les rêves.

Pilule

Une pilule en rêve peut signifier que l'enfant a besoin de soin ou de vitamines. Elle laisse entrevoir une guérison. (En parler avec lui.) Elle peut indiquer au rêveur qu'il va trouver la solution à un problème. Elle peut signifier que la rêveuse a peur d'être enceinte. Une pilule peut lui conseiller de prendre des précautions. La pilule peut aussi représenter une punition.

Ping-pong

Le ping-pong en rêve peut reprocher à l'enfant son agitation. Ou bien il l'invite à la précision. Il peut évoquer une tension*. Il peut inviter l'enfant à utiliser la ruse pour vaincre ses difficultés. Il peut vouloir dire au rêveur qu'une de ses actions aura des conséquences imprévues. Il peut l'inviter à surveiller ses réactions. Ce sport lui conseille d'être bon joueur : il faut savoir aussi bien perdre que gagner.

Pipi

Voir *Incontinence, Uriner, Éliminer.*

Pique-nique

Un pique-nique en rêve invite l'enfant à la détente et au plein air. Il l'invite aussi à partager avec les autres. Il l'encourage à profiter de sa liberté pour s'évader du quotidien.

Piquer

Piquer en rêve peut évoquer pour l'enfant quelqu'un qui l'aime, mais le blesse involontairement. Ou alors c'est le rêveur qui le fait, ou bien ce sont les deux. Ça peut indiquer que l'enfant est bien taquin et qu'il blesse les autres avec ses moqueries. Ou bien c'est l'enfant qui est la victime des moqueries des autres. Piquer peut indiquer que l'enfant a un grave souci. Ou bien qu'il se montre trop susceptible. Il faut entendre à rire même de soi quand on fait des choses ridicules. Ou bien ça veut dire qu'il manque de confiance* en lui : il doit prendre la place qui lui revient.

Piquet

Un piquet en rêve représente l'immobilité, l'attente. Il peut signifier aussi une punition, ou évoquer de la solidité. Mais aussi un manque de souplesse de caractère : l'enfant se durcit devant une situation au lieu de la comprendre. Il peut aussi évoquer un attachement à une personne qui empêche le rêveur de progresser. Il indique aussi que le rêveur est mécontent d'une situation.

Piqûre

Une piqûre en rêve peut engager l'enfant à se calmer. Ou bien elle indique que quelqu'un le taquine trop. Ou signifie que l'enfant fait du refoulement*. Elle peut aussi lui conseiller d'accepter une épreuve pour devenir plus fort. Ou bien elle indique qu'il a développé une passion qui prend tout son temps. Voir *Vaccin*. ◆Une piqûre d'insecte lui indique qu'il a des idées folles, ou qu'il manque d'attention. Ou bien qu'il a besoin de se réveiller, de se secouer. Elle peut signifier qu'il est de mauvaise humeur. Ou qu'il provoque les autres avec des attitudes piquantes. Ça l'engage également à exercer sa patience. Ou bien ça indique que la sexualité le tourmente. Voir *Moustique.*

Pirate

En rêve, un pirate évoque un ennemi sans scrupules. Il peut indiquer qu'il y a quelqu'un qui profite de l'enfant. Ou bien le pirate indique que le rêveur écoute trop ses émotions, ce qui lui vole beaucoup d'énergie. Voir *Bandit, Vol.*

Piscine

Une piscine en rêve invite l'enfant à la détente. Elle lui dit que sa vie émotive est bien contrôlée. ◆Une piscine intérieure indique à l'enfant qu'il ne laisse pas s'exprimer librement ses sentiments. Il fait un peu de refoulement*. ◆Si la piscine est sale ou contient des eaux croupissantes, c'est le signe que des sentiments étouffent l'enfant. (En parler avec lui.)

Pissenlit

Un pissenlit en rêve invite l'enfant à la gaieté. Il l'invite aussi à la générosité envers les autres. Il l'engage à être tenace. Il fait allusion à sa petite enfance. Il lui rappelle que son Moi* universel se manifeste par les messages que sont les rêves. Le pissenlit peut faire allusion à un problème de pipi (voir *Urine*). Ou il peut lui indiquer qu'il se laisse envahir par les autres. Ou bien qu'il est attiré par des sentiments qui n'en valent pas la peine.

Piste

Une piste en rêve rappelle à l'enfant le chemin de son développement. Elle représente le fait qu'il doit développer ses talents. Et qu'il ne doit pas imiter les autres, mais suivre son propre chemin selon ses propres qualités.

Pistolet

Un pistolet en rêve invite l'enfant à se défendre. Il peut aussi parler d'agressivité. Il peut signifier que le rêveur craint une menace et l'engage à faire preuve de courage. Un pistolet peut le mettre en garde contre un individu bizarre. Cette arme peut désigner le phallus*. ◆Un pistolet-revolver ajoute l'idée de répétition.

Placard

En rêve, un placard peut indiquer que l'enfant se cache quelque chose. Ou bien qu'il refuse de vivre quelque chose, la chose qu'il range dans le placard. Il peut aussi faire allusion à une peur*. Il peut indiquer que le rêveur fait du refoulement*. Voir *Armoire, Garde-robe*.

Plage

Une plage en rêve invite l'enfant à aborder une nouvelle idée, un nouveau sentiment, une nouvelle façon d'être. Elle évoque aussi la baignade*. Ou bien le repos, les vacances et de nouvelles rencontres.

Planète

Une planète en rêve représente les influences que subit l'enfant. Elle désigne aussi un domaine d'activité. Ou bien elle représente son monde à lui, son monde intérieur.

Plante

Une plante en rêve indique à l'enfant les étapes de sa vie. Elle représente le développement de son corps et de sa vie émotive. L'état de la plante indique aussi dans quel état sont les sentiments de l'enfant. ◆Une plante malade symbolise le fait qu'il vit un sentiment inharmonieux, ou qu'il manque de vitalité, ou qu'il ne se développe pas comme il faut. ◆Si la plante fleurit, l'enfant va connaître un bel épanouissement. Ou un beau sentiment va s'épanouir. ◆Si la plante est morte, elle représente un sentiment qui n'existe plus. ◆Si la plante est nouvelle, le rêveur est devant un nouveau sentiment. Ou bien sa vie intérieure s'ouvre à quelque chose de nouveau (voir *Âme*). ◆S'il s'agit d'une plante inconnue, il s'agit d'un sentiment nouveau encore inconnu de l'enfant. Ou bien ça indique qu'il explore en rêve une autre dimension.

Plastique

Le plastique en rêve invite l'enfant à montrer de la souplesse de caractère. Il l'invite aussi à se montrer disponible aux autres. Le plastique peut aussi désigner la banalité de la chose qu'il représente. Mais ce matériau indique également qu'une chose est très durable.

Plat

Un plat en rêve invite l'enfant à se demander s'il nourrit bien son corps, son âme* et son esprit*. Il peut évoquer une réception. Ou bien l'inviter à partager avec les autres. Il peut aussi signifier que le rêveur est trop susceptible. Ou bien qu'il a été maladroit envers quelqu'un. Il est toujours temps de corriger la situation. Enfin, un plat fait allusion à un flirt, à des amourettes.

Pleurer

Voir *Larme*.

Plonger

Plonger en rêve invite l'enfant à s'engager avec une personne ou dans une situation. Ça peut signifier qu'il doit accepter une situation. Ou bien ça indique qu'il a fait une chute, voir *Tomber*.

Pluie

En rêve, la pluie évoque la tristesse ou une bénédiction. L'enfant est désolé. Ou bien son Moi* universel lui fait une faveur. Ça indique que le rêveur est dans une bonne période pour progresser. Ou bien la pluie l'engage à nettoyer sa conscience. ◆Une pluie torrentielle indique que l'enfant se sent très accablé et même découragé. (En parler avec lui.) Voir *Inondation*.

Plume

Une plume en rêve invite l'enfant à la douceur et à la délicatesse. Elle peut aussi lui reprocher sa légèreté ou son manque de sérieux. Elle peut également représenter l'écriture* ou le dessin. Ou bien l'autorité, la puissance ou la justice. Ou bien elle invite l'enfant à élever son âme*.

Pneu

Un pneu en rêve indique à l'enfant que son développement est facilité. ◆Si le pneu est dégonflé ou crevé, il signifie que le rêveur est épuisé ou qu'il manque de soutien. Ou bien qu'il manque de courage. (En parler avec lui.)

Poche

Une poche de vêtement en rêve symbolise l'argent*, le portefeuille* ou les clés*. Ou bien elle représente le fait que telle chose est réglée. Elle encourage l'enfant à défendre son intimité, à protéger ce qui lui est personnel.

◆Une poche vide signifie que l'enfant a bien exprimé un sentiment. Ou bien elle indique qu'il est dépouillé de quelque chose et qu'il se sent vide*. (En parler avec lui.) Ça peut aussi inviter l'enfant à une grande franchise. Ou bien une poche vide veut inviter l'enfant à se soulager le cœur d'une peine.

Poêle

1. Appareil de chauffage. Un poêle en rêve évoque la chaleur humaine. Ça signifie que quelque chose est en préparation à l'intérieur de l'enfant. Ça représente son besoin de sécurité. Voir *Cuisine*.

2. Ustensile de cuisine. Une poêle en rêve invite l'enfant à se demander s'il nourrit bien son corps, son âme* et son esprit*. Elle lui rappelle qu'il est encore un enfant qui est en formation.

Poignard

Un poignard en rêve signifie violence, agressivité. Il peut indiquer une blessure*. Il peut aussi symboliser le phallus*. Voir *Couteau*.

Poignée

En rêve, une poignée permet à l'enfant de s'ouvrir ou de se fermer à quelqu'un ou à quelque chose (voir *Porte*). ◆Une poignée cassée ou défectueuse indique que le rêveur a perdu le contrôle de ses sentiments. (En parler avec lui.)

Poignet

Le poignet en rêve invite l'enfant à la souplesse de caractère. Il l'invite à contrôler ses sentiments avec son intelligence. ◆Si l'enfant a mal au poignet droit, c'est que son cœur et son intelligence ne sont pas d'accord et que ça le fait agir de travers. Ou bien ça veut dire qu'il manque de souplesse de caractère dans sa façon d'agir, ou qu'il a peur de perdre ce qui lui appartient. ◆Si l'enfant a mal au poignet gauche, c'est que son cœur et son intelligence ne sont pas d'accord et que ça le laisse hésitant et inactif. Ça signifie aussi qu'il manque de volonté*, de ténacité, ou bien qu'il perd ce qui est à lui par manque de fermeté. ◆Si l'enfant a mal aux deux poignets, voir *Menottes*.

Poil

Les poils en rêve évoquent pour l'enfant sa partie animale. Si le rêveur en a beaucoup, c'est qu'il se sent très vigoureux. Ou bien c'est qu'il s'est montré grossier. Les poils peuvent aussi indiquer qu'il est sensible à des idées très fines, qu'il se fie à son intuition*. Les poils peuvent aussi représenter l'intimité de l'enfant. ◆Se raser les poils indique la volonté de ne pas ressembler aux animaux. Le rêveur désire donc s'identifier à son âme* et à son esprit*.

Poing

Le poing en rêve représente une défense ou une menace. Il peut évoquer une colère* ou une révolte. Ou bien il représente le fait que l'enfant se sent solidaire des autres. ◆Le poing droit symbolise la puissance, la détermination, l'agressivité, une révolte, une menace ou la solidarité. ◆Le poing gauche symbolise la même chose, mais de façon inexprimée, refoulée (voir *Refoulement*). ◆Pour un coup de poing, voir *Coup*.

Pointe

Si elle menace l'enfant en rêve, la pointe de quelque chose peut évoquer une blessure dans son âme, une crise. (En parler avec lui.) Elle peut aussi symboliser le fait que l'enfant est très susceptible. Elle peut inviter l'enfant à être précis. Elle peut signifier que quelqu'un l'agace avec ses moqueries ou bien que c'est l'enfant qui agace quelqu'un d'autre. Voir *Aiguille*.

Poire

En rêve, une poire représente les rondeurs féminines. Elle évoque un vif attrait sexuel. Et même des jouissances sexuelles suivies d'inconvénients. Elle peut aussi appeler l'enfant à dépasser les plaisirs terrestres, ou l'inviter à la prévoyance.

Pois

Les petits pois en rêve symbolisent les désirs sexuels et l'attachement à une personne. Ils représentent la vulve* et le clitoris. Ou bien les testicules*. Ou bien l'union sexuelle. Ils invitent aussi l'enfant à unir les contraires, les oppositions*. Ils représentent aussi les différentes étapes du développement intérieur.

Poison

Un poison en rêve représente un danger caché. Ou bien il fait allusion à quelqu'un d'insupportable ou à une chose ennuyeuse. Ou bien il fait référence à une humeur noire, à une tristesse, à de la mélancolie dans l'âme du rêveur. Il faut essayer de chasser tout cela en cultivant la joie. (En parler avec lui.)

Poisson

Un poisson symbolise pour l'enfant le fait que quelque chose arrive à sa conscience. Peut-être qu'il va connaître une révélation. Un poisson peut représenter le phallus*. Il parle aussi d'influence. ◆S'il y a beaucoup de poissons, c'est que les énergies du rêveur sont dispersées par de l'agitation. Ou bien ça veut dire que l'enfant connaît une période d'abondance. ◆Un poisson très gros et menaçant indique au rêveur qu'il fait beaucoup de refoulement*. Il a besoin d'aide. (En parler avec lui.) ◆Un poisson mort peut évoquer une relation sexuelle ratée. Ou bien le message d'un rêve que l'enfant néglige. ◆Un poisson d'avril invite l'enfant à rire d'une plaisanterie. ◆Si l'enfant mange du poisson, c'est qu'il maîtrise bien ses instincts*, ses tendances. Ou bien qu'il profite bien des messages que son Moi* universel lui envoie par les rêves.

Poitrine

En rêve, la poitrine évoque l'intimité. Ou bien l'amour ou la chaleur humaine. Elle peut représenter une étreinte. Ou bien encore l'enfant lui-même, son individualité. ◆Poitrine de femme, voir *Sein*. ◆Si l'enfant a mal à la poitrine, c'est peut-être qu'il ressent de l'angoisse*, qu'il vit une situation étouffante ou des émotions trop grandes. (En parler avec lui.) Voir *Cœur*.

Poivre

Le poivre en rêve évoque le goût de vivre, et celui des sensations fortes. Il fait référence à de la stimulation, à de l'enthousiasme. Il peut signifier que l'enfant a besoin de faire une intervention énergique. Il peut aussi représenter un réconfort, une libération. Ou bien un besoin de concentration.

Policier

Un policier en rêve symbolise l'ordre, l'autorité et la justice. Il rappelle à l'enfant les choses obligatoires et les interdictions. ◆Si l'enfant a affaire à un policier, c'est peut-être que sa conscience lui reproche quelque chose. Peut-être qu'il se sent coupable*, ou qu'il craint d'aller contre les interdits, les habitudes ou les valeurs sociales pour être lui-même. Peut-être que son corps est menacé ou sera sauvé.

Pomme

En rêve, une pomme symbolise un désir, une attirance ou même une tentation. Elle peut parler d'une aventure amoureuse ou d'une relation sexuelle comportant des inconvénients. Ce fruit rappelle aussi à l'enfant que son âme et son esprit sont immortels. La pomme évoque les désirs terrestres souvent opposés aux désirs élevés de son âme*. Elle parle du bien et du mal qui ne sont pas toujours radicalement opposés. Elle indique que certaines désobéissances sont nécessaires. ◆Si la pomme est véreuse, c'est que l'amour promis est gâté.

Pomme de terre

La pomme de terre en rêve représente le sac des testicules* (scrotum). Elle évoque le renouvellement du désir sexuel. Elle évoque un bonheur facile, ou encore des désirs et des caresses sexuels. Elle peut aussi désigner quelqu'un de niais, ou représenter quelque chose qui rate.

Pompe

Une pompe en rêve peut représenter une aspiration. Ou bien elle indique que l'enfant fait du refoulement*. Elle peut aussi exprimer un désir sentimental. Elle rappelle à l'enfant qu'il a accès à l'énergie provenant de l'inconscient en écoutant les rêves que lui envoie son Moi* universel. Elle peut aussi dire au rêveur qu'il est exploité par quelqu'un ou lui indiquer qu'il souffre d'épuisement. (En parler avec lui.) Elle peut également désigner une chaussure*. Ou enfin elle évoque une tricherie scolaire.

Pompier

Un pompier en rêve symbolise l'incendie*. Il fait allusion au fait qu'il est urgent que l'enfant prenne une décision. Un pompier peut signaler un désastre intérieur. L'enfant a besoin d'aide. (En parler avec lui.) Le pompier invite aussi l'enfant au courage.

Pont

Un pont en rêve indique souvent un changement psychologique ou un changement de point de vue. Il indique que l'enfant devra faire un pas dans une nouvelle direction. Il indique qu'il va sortir d'une impasse, qu'il va trouver une solution à une difficulté. Il peut indiquer aussi les relations du rêveur avec son Moi* universel par les rêves ou indiquer parfois que quelqu'un va passer de l'autre côté en mourant.

Porc

Un porc en rêve peut encourager l'enfant à dominer ses instincts*, ses mauvaises tendances. Il l'encourage à faire des recherches qui satisfont sa curiosité. Il peut aussi signifier que l'enfant manque d'idéal*. Il peut représenter le succès, la réussite et l'argent. Cet animal peut aussi parler d'interdictions ou reprocher au rêveur sa gourmandise. Il peut signifier que l'enfant manque de propreté sur son corps ou dans son âme*.

Porte

En rêve, une porte représente un passage vers du nouveau. Ou bien un changement de milieu, ou encore intérieur. Elle peut rappeler à l'enfant qu'il peut rentrer en communication avec son Moi* universel par les rêves. ◆Si la porte est fermée ou bloquée, elle indique à l'enfant que son esprit reste fermé à ce qui est nouveau. Ou bien elle lui indique une peur* de l'inconnu. Elle peut signifier que le rêveur fait du refoulement*. Ou bien elle lui rappelle qu'une chose est interdite. Elle peut signifier à l'enfant qu'il refuse de progresser, de changer. Elle peut faire allusion au fait qu'il porte un secret* qui lui pèse et qu'il pourrait le confier à quelqu'un en qui il a confiance. ◆Si la porte est ouverte, c'est que l'enfant montre une belle ouverture d'esprit devant les changements. Elle lui indique un appel vers quelque chose de nouveau. ◆Si l'enfant ouvre une porte, c'est qu'il entre facilement en relation avec les autres. Ou bien c'est qu'il est décidé à progresser et à changer. ◆Si la porte est trop basse, c'est que le rêveur doit rester simple et humble pour accepter le changement qui vient. ◆Si la porte est petite et resserrée, c'est que le rêveur doit accepter une épreuve pour passer à une autre étape. ◆Si l'enfant claque une porte derrière lui, c'est qu'il se ferme, il ne veut rien savoir de quelqu'un ou de quelque chose. Ou bien c'est qu'il méprise quelqu'un. Ou encore c'est qu'il se défoule (voir *Défoulement*).

Portefeuille

Un portefeuille en rêve représente pour l'enfant sa propre personnalité. Il signifie aussi son énergie. ◆Si l'enfant le perd ou l'oublie, c'est qu'il perd de l'énergie. Ou bien il est un peu perdu. (En parler avec lui.) ◆Si l'enfant se le fait voler, c'est qu'il est trop influencé par quelqu'un et qu'il n'est plus lui-même. Ou bien c'est qu'il se laisse trop aller à ses émotions.

Porte-monnaie

En rêve, un porte-monnaie représente de l'argent* ou de l'énergie. Il peut aussi évoquer le scrotum, le sac des testicules*. ◆Si l'enfant le perd, c'est qu'il perd de l'énergie ou bien qu'il est privé de plaisirs sexuels. ◆Si l'enfant l'oublie, c'est qu'il manque d'énergie. ◆Si l'enfant se le fait voler, c'est qu'il se laisse trop aller à ses émotions. Ou bien c'est qu'il est exploité par quelqu'un.

Pot

Un pot en rêve peut représenter le ventre* ou l'utérus*. Il peut évoquer la fertilité, la chance, le succès. Il peut aussi inviter l'enfant à ouvrir son esprit aux connaissances. Il peut également désigner quelqu'un de stupide ou qui ne veut rien entendre. Il peut enfin signifier le derrière (voir *Fesse*). ◆Si le pot est cassé, c'est qu'il y a dommage et perte. Ça invite l'enfant à s'interroger sur sa responsabilité. Un pot cassé peut signifier la fin de quelque chose. Il peut désigner un moyen radical employé.

Poteau

Un poteau en rêve peut inviter l'enfant à être franc, droit. Il peut signifier qu'il a besoin d'appui, de soutien. (En parler avec lui.) Il lui rappelle qu'il peut miser sur l'aide de son Moi* universel. Il peut aussi inviter l'enfant à plus de souplesse de caractère, à plus de patience. Mais sans exagérer, car il tomberait dans une immobilité regrettable. Un poteau peut parfois signifier que l'enfant se sent condamné, coupable*. (En parler avec lui.)

Pou

Un pou en rêve peut évoquer pour l'enfant la malpropreté et la négligence. Mais il signifie le plus souvent qu'il fréquente quelqu'un de peu recommandable. Ou bien il signifie que le rêveur est exploité par quelqu'un sans scrupule. Ou bien ce sont des pensées négatives ou agitées qui occupent le cerveau de l'enfant. Alors, il doit se distraire en jouant ou en faisant du sport. Peut-être aussi que l'enfant a des détails énervants à régler.

Pouce

Le pouce en rêve invite l'enfant à être tenace. Et il lui conseille de développer sa volonté* peu à peu. Il peut signifier qu'il écrase quelqu'un ou que quelqu'un l'écrase. (En parler avec lui.) Il peut aussi désigner le phallus*. Ou bien la capacité de l'enfant de créer des choses. Ou bien il lui dit que tout va bien. ◆Si l'enfant a mal au pouce droit, c'est peut-être parce qu'il exagère dans ses actions. Ou bien c'est parce qu'il voit tout en noir ou tout en blanc, de façon trop opposée (voir *Oppositions*). Ou bien c'est qu'il se nuit en écrasant tout ce qui ne fait pas son affaire. ◆Si l'enfant a mal au pouce gauche, c'est qu'il reste inactif et que ça lui nuit. Ou bien c'est qu'il ne s'oppose pas assez à certains individus. Ou bien il ne termine pas ce qu'il entreprend. Ou bien c'est qu'il hésite trop avant de prendre une décision, ou qu'il est trop tolérant avec certaines personnes. ◆Si l'enfant pèle à un pouce, c'est qu'il a corrigé une des mauvaises attitudes décrites avant.

Poudre

De la poudre en rêve peut signifier que l'enfant connaît un passage pénible, une épreuve. Il peut se sentir détruit. (En parler avec lui.) La poudre peut aussi signifier qu'il se cache quelque chose. Ou bien qu'il cache ses sentiments aux autres. Elle peut aussi lui signifier qu'il a l'esprit un peu léger et qu'il est trop agité. Elle lui conseille peut-être d'utiliser plus de finesse ou de délicatesse. Elle peut enfin l'encourager à recommencer quelque chose.

Poulailler

Un poulailler en rêve peut signifier que l'enfant se laisse aller à du bavardage. Il peut aussi parler de son besoin de sécurité. Il peut également signifier que sa vie est pleine de promesses.

Poule

En rêve, une poule signifie que l'enfant sera aidé par son Moi* universel. Elle lui dit qu'il se sent bien protégé par sa mère, ou peut-être est-il trop couvé par elle. Il doit apprendre à s'en détacher graduellement. Une poule peut signifier que le rêveur se laisse aller à du bavardage. Ou bien elle l'invite à faire preuve de générosité envers les autres.

Poulet

Pour l'enfant, un poulet en rêve fait allusion au fait que l'adolescence s'en vient. Il peut indiquer qu'il va connaître une grande activité, ou qu'il va réussir quelque chose.

Poulie

Une poulie en rêve souligne à l'enfant qu'il a besoin d'aide, de soutien. Elle peut dire qu'il sent un poids ou une lourdeur qui l'écrase. (En parler avec lui.) Elle l'assure qu'il va s'en sortir, même si actuellement il semble tourner en rond.

Poupée

Une poupée en rêve peut représenter la mère de l'enfant. Elle évoque son sentiment de sécurité, sa jeune enfance. Elle peut aussi le représenter lui-même. Elle lui rappelle qu'il est peut-être manipulé par les autres sans s'en apercevoir.

Poursuite

Si l'enfant est poursuivi en rêve, c'est qu'il fuit devant une menace. Peut-être qu'il craint une colère*, une rage ou une passion. Peut-être qu'il trouve que son entourage est trop sévère, trop exigeant. Et qu'il est trop soumis aux exigences de ses parents. (L'inciter à en parler à quelqu'un en qui il a confiance.) Ou bien, si l'enfant est poursuivi, c'est peut-être une invitation à faire face à ses poursuivants pour leur demander qui ils sont et ce qu'ils veulent. Alors, les ennemis se transformeront en amis. Voir *Peur, Fuite.*

Poussée

Une poussée en rêve représente un élan, un goût, un grand désir. Elle peut signifier que l'enfant fait du défoulement*. Elle peut aussi lui indiquer qu'il subit la pression des autres, ou qu'il va triompher d'un obstacle. Peut-être qu'elle souligne son agressivité, ou le fait que l'enfant passe à l'attaque. Ou enfin c'est peut-être qu'il passe par une crise. (Aider l'enfant.)

Poussière

De la poussière en rêve peut indiquer à l'enfant qu'il est trop inactif. Elle peut l'inviter à abandonner le passé. Elle peut signifier qu'il se sent détruit. (En parler avec lui.) La poussière peut aussi signifier qu'il ne doit pas se penser plus important que les autres. Elle peut lui rappeler que le corps meurt un jour et se change en poussière, mais que son âme et son esprit continuent à vivre.

Poussin

Un poussin en rêve peut désigner un tout petit enfant. Il peut indiquer à l'enfant qu'il passe par une période de fragilité. Il peut parler de son besoin de protection. Il peut inviter l'enfant à être patient en se rappelant qu'il est encore en croissance. Il l'invite à la douceur. Il peut signifier que le rêveur cherche de l'affection ou qu'il veut en donner. Peut-être que le poussin indique que l'enfant est trop couvé par sa mère.

Précipice

Un précipice en rêve peut représenter un danger. Il peut signifier que l'enfant se sent perdu ou démoli. (En parler avec lui.) Il peut enfin signifier qu'il se trouve très près de son Moi* universel et que ça lui donne des vertiges. Le rêveur doit alors se raccrocher à la vie concrète par des activités physiques.

Prêter

Prêter en rêve, c'est faire confiance à quelqu'un. Ça peut aussi représenter de l'aide, ou signifier qu'on a un grand cœur.

Prêtre

La présence d'un prêtre en rêve peut inviter l'enfant à se demander s'il a la conscience en paix. Ça peut aussi l'encourager à parler à son Moi* universel ou à Dieu. Ça peut aussi inviter l'enfant à faire le sacrifice de quelque chose.

Prière

Une prière en rêve peut inviter l'enfant à parler à Dieu ou à son Moi* universel. Elle peut signifier aussi qu'il a besoin d'aide.

Prince, Princesse

Un prince ou une princesse en rêve désignent souvent l'âme* de l'enfant ou son Moi* universel. Cette image peut inviter l'enfant à élever ses sentiments et ses pensées. Elle peut lui dire de rester digne. Elle lui rappelle qu'il est appelé à devenir prince ou princesse quand il sera uni à son Moi* universel.

Prise de courant

Une prise de courant en rêve indique que l'enfant est en relation avec son Moi* universel. Elle peut aussi l'inviter à rester disponible envers les inspirations qu'il reçoit en rêve ou dans la réalité. Elle peut signifier qu'il est nerveux, ou encore qu'il doit prendre conscience du sens d'une chose qui le touche.

Prison

En rêve, une prison signifie que l'enfant se sent enfermé à l'intérieur de lui-même. Peut-être qu'il est prisonnier de problèmes émotifs. Peut-être qu'il fait du refoulement*. Une prison peut représenter un état d'esprit dont il ne réussit pas à se sortir. Il devrait en parler à quelqu'un en qui il a confiance.

Prisonnier

Un prisonnier en rêve invite l'enfant à se demander s'il se sent coupable*. Il l'invite aussi à se demander s'il ne fait pas du refoulement*, ou de qui ou de quoi il se sent prisonnier. Il peut lui indiquer qu'il ne se sent pas libre. Il peut signifier que le rêveur se sent isolé. Il devrait en parler à quelqu'un en qui il a confiance.

Professeur

Un professeur en rêve invite l'enfant à s'occuper de son intelligence (voir *Esprit*). Il peut aussi inviter l'enfant à s'instruire, à accumuler des connaissances, à écouter sa curiosité qui lui donne le goût d'apprendre et de savoir. Il peut représenter son Moi* universel qui invite l'enfant à devenir de plus en plus conscient de toutes sortes de choses.

Prune

Une prune en rêve peut représenter les fesses*, la vulve* ou les testicules*. Elle évoque une petite expérience sexuelle ou des désirs sexuels. Ou bien elle représente de petites joies. Ou bien encore de petits succès.

Pruneau

Le pruneau est une prune séchée. En rêve, il invite l'enfant à un défoulement*. Il peut inviter l'enfant à passer en revue ses souvenirs sexuels pour les juger.

Puanteur

La puanteur en rêve signale à l'enfant que quelque chose ne va pas dans l'atmosphère de ses sentiments. Elle peut l'avertir qu'il devrait rejeter l'influence négative de quelqu'un. Elle peut aussi l'encourager à s'éloigner de quelque chose ou de quelqu'un de louche. Elle peut enfin signifier qu'une étape est finie et qu'il doit passer à autre chose.

Pubis

Le pubis en rêve symbolise la sensualité et la sexualité. Si l'enfant a mal au pubis, c'est qu'il se sent peut-être coupable* par rapport à la sexualité.

Puce

Une puce en rêve représente quelqu'un qui exploite l'enfant, qui abuse de lui. Elle peut aussi évoquer des ennuis, des difficultés qui lui empoisonnent la vie. Elle peut faire référence à de la répugnance, de l'agacement, de l'exaspération, ou indiquer qu'il subit une influence négative. La puce peut aussi signaler un danger que peut entraîner une petite négligence.

Pudding

En rêve, un pudding suggère le fait que l'enfant va connaître un petit plaisir. Ou bien ce plat lui signale qu'il est un peu troublé. Il lui conseille de mettre de la clarté dans ses pensées.

Pull

Voir *Chandail*.

Punaise

Une punaise est un insecte au corps aplati et à l'odeur infecte. En rêve, elle représente quelqu'un de méprisable. Elle évoque l'hypocrisie. Ou bien elle fait allusion au fait que l'enfant rejette quelqu'un ou qu'on le rejette. (En parler avec lui.) ◆Une punaise de maison peut signaler un problème de propreté physique et de mauvaise odeur. Ou un problème de propreté dans l'âme* du rêveur. Elle dit qu'il se laisse exploiter par quelqu'un. ◆Une punaise de jardin indique qu'on doit accepter l'imperfection de ce monde. Elle peut indiquer que l'enfant est trop ou pas assez tolérant./ Si l'enfant en croque une par accident, c'est qu'il va avoir une surprise désagréable. Ou bien que quelqu'un lui adressera une parole méprisante. Ou bien qu'il sentira du dégoût pour quelque chose.

Punition

Une punition en rêve peut exprimer un sentiment de culpabilité* ou une frustration. (Amener l'enfant à voir en quoi il se sent coupable et s'il a raison d'éprouver ce sentiment.) Il peut aussi arriver que l'enfant s'autopunisse. (Examiner avec lui le fondement de sa culpabilité.) Une frustration peut être interprétée par l'enfant comme une punition. Elle peut provenir d'un sentiment d'indignité, d'infériorité. (Examiner avec lui ses sentiments.)

Puzzle

Un puzzle en rêve peut signaler quelque chose qui tracasse l'enfant. Il peut l'inviter à la patience, ou à trouver la solution à un problème ou à une chose qui le préoccupe en mettant ensemble des faits différents.

Q

Quai

En rêve, un quai évoque des départs pour des voyages intérieurs : c'est pour l'enfant une invitation à nourrir son esprit* et son âme*. Le quai peut aussi inviter l'enfant à prendre une décision alors qu'il hésite.

Queue

Une queue en rêve peut représenter la fin de quelque chose. Ou bien elle représente le phallus*. Elle peut inviter l'enfant à exprimer ses humeurs au lieu de les refouler (voir *Refoulement*). ◆Une queue amputée peut signifier qu'une situation a connu une fin ratée. Ou que le rêveur se sent impuissant, ou que la sexualité est pour lui un problème. (L'inciter à en parler à quelqu'un en qui il a confiance.)

Quilles

Les quilles en rêve peuvent inviter l'enfant à se faire des amis. Elles peuvent signifier qu'il passe par une période instable où il se sent un peu bousculé. Elles peuvent indiquer qu'il a connu un choc émotif et qu'il a besoin d'aide. (En parler avec lui.) Les quilles peuvent aussi inviter l'enfant à savoir perdre : il se relève et il recommence. Voir *Bowling*.

R

Racine

Une racine en rêve représente pour l'enfant la vie cachée de ses instincts*, de ses tendances, ainsi que la vie de son Moi* universel. Elle représente aussi un attachement affectif. Elle invite également l'enfant à bien connaître son milieu, son environnement, et à garder les pieds sur terre.

Radeau

En rêve, un radeau peut signifier que l'enfant se sent abandonné*. Il indique aussi qu'il écoute trop ses sentiments et ses émotions et pas assez son intelligence. Il lui conseille de développer peu à peu sa volonté*. Il l'invite à prendre une décision. Il indique que l'enfant se trouve dans une situation périlleuse et qu'il a besoin d'aide. (En parler avec lui.)

Radiateur

Un radiateur en rêve représente pour l'enfant son besoin de chaleur humaine. ◆Si le radiateur a un problème, c'est que l'enfant perd de l'énergie parce qu'il écoute trop ses émotions ou bien parce qu'il sent sur lui une trop grande pression. Un appareil défectueux indique aussi que le rêveur peut faire du refoulement*.

Radio

Une radio en rêve signale à l'enfant qu'il est influencé par son entourage. L'enfant doit se demander ce qui est bon ou mauvais dans cette influence. Elle invite aussi l'enfant à écouter de la musique*. ◆Si la radio est en panne, c'est que le rêveur l'écoute trop. Ou bien qu'il n'écoute pas ce qu'il lui faut. Ça peut l'inviter à se demander quel genre de musique il écoute : celle qui abrutit ou celle qui le nourrit, l'élève. Ou bien ça signifie qu'il fuit sa vie intérieure, la vie de son esprit* et de son âme*.

Radis

Un radis en rêve peut symboliser le goût de vivre. Il peut parler d'une excitation sexuelle grossière. Il peut désigner quelque chose de peu d'importance. Ou bien il invite l'enfant à rester spontané, naturel.

Rage

En rêve, la rage évoque une explosion de violence. Peut-être que l'enfant fait trop de refoulement*, qu'il se sent frustré, impuissant. Elle peut signifier qu'il perd le contrôle de lui-même. Ou bien qu'il a tendance à régler ses conflits par la violence. (L'inciter à en parler à quelqu'un en qui il a confiance.)

Raisin

Le raisin en rêve peut représenter les testicules*. Ou bien des désirs sexuels répétés plus ou moins clairs. Ou bien il évoque le résultat positif des efforts du rêveur : des succès.

Rame

Une rame en rêve représente pour l'enfant les efforts qu'il fait pour se développer. Elle peut aussi inviter l'enfant à se demander s'il sait où il se dirige, s'il a des buts* dans la vie.

Ramer

Ramer en rêve invite l'enfant à faire de bons efforts. Ça indique qu'il avance lentement mais sûrement et qu'il peut se fier à ses bonnes tendances. Il lui est conseillé de compter sur son flair, son intuition*. Ça signifie que s'il veut arriver à son but, il doit prendre les bons moyens.

Rampe

En rêve, une rampe invite l'enfant à suivre ses meilleures tendances. Elle lui dit de ne pas craindre de se lancer en écoutant ses élans naturels. Elle lui recommande de ne pas refuser de l'aide pour poursuivre ses buts*.

Ramper

Ramper en rêve représente une période pénible à traverser. Ça peut aussi vouloir dire que l'enfant se sent humilié ou qu'il ne se respecte pas assez. (En parler avec lui.) Ramper peut aussi représenter des détours hypocrites.

Rapetisser

Rapetisser en rêve peut signifier devenir moins important. Si c'est l'enfant qui rapetisse, c'est qu'il se sent diminué, qu'il se sent inférieur. Ça peut vouloir dire qu'il a perdu confiance* en lui. (En parler avec lui.) Ça peut aussi indiquer qu'il subit des pressions et qu'il fait de l'angoisse*. Voir *Porte (petite)*.

Raquette

Une raquette en rêve peut évoquer les coups, la violence. Si c'est l'enfant qui est la victime en rêve, il doit en parler à quelqu'un en qui il a confiance. Une raquette lui conseille de réagir, de ne pas endurer la tension* qu'il vit sans demander de l'aide.

Raser

◆Si en rêve une maison est rasée, c'est que l'enfant se sent en danger. Il doit demander de l'aide à quelqu'un en qui il a confiance. ◆Si ce sont des poils ou des cheveux qui sont rasés, voir *Poil, Cheveux*.

Rasoir

Un rasoir ou une lame de rasoir en rêve peut représenter une situation irritante. Le rasoir peut signifier que l'enfant est en mauvaise situation. (En parler avec lui.) Ou bien le rasoir signifie quelque chose de parfaitement ennuyeux. Il peut l'inviter à supprimer certaines mauvaises habitudes. Il peut aussi lui demander s'il accorde assez d'importance à son apparence.

Rat

Un rat en rêve représente pour l'enfant ses bas instincts* comme la sexualité, la gourmandise, la méchanceté… Il lui indique que ces ennemis en lui l'inquiètent et grugent ses énergies. Peut-être que l'enfant fait du refoulement*. Les rats peuvent aussi évoquer ses émotions ou des peurs* qui rongent ses énergies. (En parler avec lui.) ◆Un rat blanc représente une énergie négative devenue positive. Il peut signifier que la sexualité s'exprime normalement, sans angoisse*. Il peut signifier la guérison qui vient.

Râteau

Un râteau en rêve invite l'enfant à mettre de l'ordre dans ses sentiments. Il peut lui demander ceux qu'il aime et ceux qui sont détestables. Le râteau lui recommande de ne pas se laisser décourager, mais plutôt de se montrer tenace.

Rater

Rater quelque chose en rêve, c'est commettre une erreur ou se mettre en retard. Ça signifie qu'il faut se reprendre, recommencer. Ça peut aussi indiquer que l'enfant a du mal à prendre confiance* en lui. (Le valoriser.) Ça peut enfin vouloir dire qu'il doit apprendre à exprimer ses sentiments et ses émotions.

Raz-de-marée

Voir *Marée*.

Récompense

En rêve, une récompense représente pour l'enfant un succès à la suite des efforts qu'il a faits. Elle fait référence à la fierté du travail accompli.

Refoulement

Chez l'enfant, le refoulement est une attitude qui fait qu'il enfonce en lui ce qui le pousse à agir ou à réagir. Ça peut être un désir, une émotion, un sentiment, un goût ou un talent. Ainsi refoulée, cette énergie devient négative, puisque l'enfant s'en montre l'ennemi. Tenue sous pression, cette énergie ressortira sous une forme négative comme la colère*, la maladie, un accident, une crise ou de la souffrance. On ne peut pas garder en soi des insatisfactions, des frustrations, de la honte, de la colère ou de la peur sans danger. L'enfant doit trouver quelqu'un en qui il a confiance et lui confier ses problèmes. Voir *Défoulement*.

Réfrigérateur

Un réfrigérateur en rêve invite l'enfant à se demander s'il nourrit bien son corps, son âme* et son esprit*. ◆Si le frigo est en panne, c'est que l'enfant perd des énergies parce qu'il n'exprime pas ses goûts ou ses talents.

Refuge

Un refuge en rêve peut être un signe d'insécurité. Il peut aussi signifier que l'enfant recule au lieu de faire du progrès. Il peut lui indiquer qu'une peur* l'empêche de se développer.

Règle

En rêve, une règle encourage l'enfant à rester droit et franc. Elle lui rappelle qu'il faut respecter certaines règles sociales. Elle lui parle aussi de justice. Elle lui dit qu'il doit être précis, ou qu'il doit prendre des mesures pour se conduire de façon correcte. Elle lui indique aussi qu'il ne doit pas viser la perfection, car il va se décourager, qu'il doit être raisonnable. Elle invite l'enfant à être logique et aussi à avoir plus de discipline (voir *Volonté*), à ne pas exagérer. ◆Pour une fille, elle peut signaler que les menstruations s'en viennent et qu'il ne faut pas en faire un drame.

Reine

Une reine en rêve peut représenter l'autorité. Ou bien elle désigne une femme importante pour l'enfant. Peut-être sa mère. La reine peut aussi représenter son âme* qui lui demande de s'occuper d'elle. ◆Si la reine est méchante, elle peut signifier que la mère de l'enfant le domine trop. (En parler avec lui.)

Remède

Un remède en rêve engage l'enfant à s'occuper de sa santé. Il signifie que la guérison s'en vient. Il peut indiquer que le rêveur doit trouver une solution à un problème qui le concerne. Il indique à l'enfant que son âme* veut qu'il s'occupe d'elle. Voir *Pilule*.

Renard

Un renard en rêve invite l'enfant à se montrer plus fin que ses difficultés. Il l'invite à se fier à son flair, à son intuition*. ◆Un renard sauvage et menaçant indique que l'enfant doit se méfier de quelqu'un qui veut le posséder par la ruse. ◆Un renard roux peut parler d'une aventure sexuelle risquée. ◆Un renard noir signale quelqu'un d'un peu diabolique. Peut-être un rival. Il invite l'enfant à être plus fin que lui. ◆Un renard blanc invite l'enfant à demander conseil à quelqu'un de sage. ◆Un renard argenté l'avertit de se méfier des séducteurs, des flatteurs et des hypocrites. ◆Un renard bleu évoque le danger de se laisser prendre par le charme d'un beau parleur.

Repassage

Le repassage en rêve encourage l'enfant à prendre soin de son corps et de son apparence. Il lui recommande de se montrer correct avec les autres. Il l'invite à s'appliquer à faire les tâches quotidiennes, même si elles sont ennuyeuses, parce que c'est ainsi qu'il développera sa volonté*. Voir *Fer à repasser*.

Répondeur téléphonique

Un répondeur téléphonique en rêve montre le désir de rester en contact avec les autres. ◆Si l'appareil est en panne, c'est que la vie sociale de l'enfant est trop ou pas assez active. Ou bien qu'il se montre égoïste avec les autres.

Réprimande

Une réprimande en rêve représente pour l'enfant les reproches qu'il se fait. Elle lui conseille de mettre sa conscience au clair. Elle peut aussi signifier que l'enfant a eu tort ou qu'il a honte*, ou qu'il a critiqué quelqu'un ou qu'il a été incorrect. Ou bien c'est peut-être qu'il se sent coupable*. Il peut toujours corriger la situation.

Requin

Un requin en rêve peut représenter pour l'enfant quelqu'un de dangereux dont il devrait s'éloigner. Il peut aussi indiquer que sa mère est trop envahissante ou trop absente. Le requin peut aussi représenter la colère* ou la peur de la colère. Il peut signifier que le rêveur fait de l'angoisse*.

Respirer

Respirer en rêve peut signifier être libéré d'un problème, d'une tension*. Si l'enfant respire difficilement, voir *Étouffement*.

Ressort

Un ressort en rêve peut indiquer une tension*. Il invite l'enfant à se libérer d'un refoulement*. Ou bien il l'encourage à rester spontané. Il peut aussi lui indiquer qu'il est trop susceptible et qu'il se fâche pour rien. Ou bien il l'encourage à continuer son développement, à rester tenace.

Restaurant

En rêve, un restaurant encourage l'enfant à bien nourrir son corps, son âme* et son esprit*. Il signifie que le rêveur va recevoir de l'aide pour refaire ses forces.

Retard

Un retard en rêve peut signifier à l'enfant qu'il ne se développe plus. Il peut aussi signifier de la paresse, ou qu'il s'attache trop au passé.

Rétrécir

Rétrécir en rêve, ça peut signifier se sentir diminuer en importance ou sentir de l'angoisse*. Ça peut aussi vouloir dire que l'enfant manque de confiance* en lui. Voir *Porte (petite)*, *Rapetisser*. Ça peut aussi indiquer que le rêveur se sent inutile et sans valeur. (En parler avec lui.) ◆Si c'est un vêtement qui est rétréci, c'est que le rêveur s'adapte mal à sa situation actuelle.

Réunion

Une réunion en rêve invite l'enfant à faire des rencontres, à se faire des amis. Elle peut l'encourager à échanger des idées avec les autres. Ou bien elle lui indique qu'il doit apprendre à partager, ou encore qu'il doit se concentrer sur ce qu'il fait.

Réveille-matin

Un réveille-matin en rêve invite l'enfant à se secouer, à se prendre en main. Il peut aussi l'inviter à plus de précision. Il peut évoquer le besoin de sécurité de l'enfant, l'encourager à être ponctuel. Ou bien il lui signale qu'il a toujours hâte, qu'il se dépêche trop.

Revolver

Voir *Pistolet.*

Rhinocéros

En rêve, un rhinocéros peut indiquer que l'enfant a affaire à quelqu'un de grossier et de brutal. Il peut aussi désigner une humeur massacrante. Ou bien il évoque la colère*. Il engage l'enfant à veiller au fait que ses bas instincts* ne prennent pas le dessus. Il l'invite à élargir sa conscience pour comprendre de plus en plus de choses.

Rhume

Un rhume en rêve ou en réalité signifie que l'enfant fuit des embêtements, des contrariétés, des préoccupations. Il signifie aussi qu'il se sent accablé par la vie et qu'il doit se reposer. Il l'encourage à s'occuper un peu de lui. Il signifie également que l'enfant s'est peut-être montré imprudent. Il l'encourage à se donner des buts* dans la vie.

Richesse

La richesse en rêve symbolise souvent les richesses intérieures de l'enfant, celles de son âme* et de son esprit*. Les rêves de richesses lui conseillent de ne pas gaspiller, mais en même temps ils lui recommandent de ne pas trop s'attacher à ce qu'il possède. Ces rêves lui conseillent de savoir partager. Ils sont le signe qu'il doit développer ses talents et ses bonnes dispositions.

Rideau

Un rideau en rêve recommande à l'enfant de ne pas laisser ses sentiments masquer sa conscience. Il lui rappelle qu'il a le droit à son intimité, à sa vie personnelle. Il peut aussi évoquer la timidité. Il peut inviter l'enfant à savoir être discret et sincère. Il peut signifier qu'il est arrivé à la fin de quelque chose. Voir *Théâtre*.

Rigole

Une rigole en rêve encourage l'enfant à utiliser son énergie en faisant de l'exercice. Elle l'invite à exprimer ses sentiments. Elle lui recommande de rire souvent parce que c'est bon pour la santé. Elle demande à l'enfant s'il s'est donné des buts* dans la vie. (Aider l'enfant.)

Rire

Le rire en rêve encourage l'enfant à rire souvent parce que c'est bon pour la santé. Il l'invite à regarder les bons côtés de la vie au lieu de s'attarder sur les mauvais côtés. Si l'enfant rit déjà beaucoup, le rire peut évoquer le fait que, de temps en temps, il faut savoir être sérieux. Le rire peut être le signe que le rêveur fuit sa vie intérieure, celle de l'âme* et de l'esprit*.

Rivage

En rêve, un rivage signifie que l'enfant est arrivé à une autre étape de son développement et qu'il va connaître des changements. Il peut aussi signifier qu'il est délivré d'un problème. Il représente son besoin de sécurité. Il peut parfois évoquer la fin du voyage de la vie, c'est-à-dire la mort*.

Rival

Un rival en rêve signifie que l'enfant est devant un adversaire*. Il l'invite à ne pas se laisser faire. Un rival peut représenter un désavantage ou des difficultés à vaincre.

Rive

En rêve, une rive invite l'enfant à se donner des buts* dans la vie. Elle l'invite aussi à respecter les obligations normales de la vie. Elle signifie qu'il est arrivé à une nouvelle étape dans sa vie et qu'il s'engage dans une autre partie de son développement. Voir *Rivage, Plage.*

Rivière

Une rivière en rêve encourage l'enfant à continuer son développement. Elle l'engage à utiliser son énergie physique en faisant de l'exercice. Elle l'incite à suivre les inspirations que lui envoie son Moi* universel par les rêves et à exprimer ses sentiments, ses émotions. Voir *Eau, Feuve.*

Riz

En rêve, le riz invite l'enfant à se demander s'il nourrit bien son corps, son âme* et son esprit*. Il l'encourage à avoir des amis et à collaborer avec les autres. Il évoque le succès et les réjouissances.

Robe

Une robe en rêve peut désigner la mère de l'enfant. Elle l'invite à se demander s'il est de plus en plus capable de se conduire sans elle. ◆Si l'enfant est un garçon, une robe peut lui suggérer d'essayer d'identifier son goût pour les filles. Ou elle l'encourage à exprimer ses petits côtés féminins, comme la tendresse, l'amabilité… ◆Si l'enfant est une fille, la robe symbolise la coquetterie et la séduction. Elle invite l'enfant à se demander si elle soigne assez ou trop son apparence. ◆Une robe de chambre invite l'enfant au repos, à la détente. Ou bien elle évoque le besoin de protection de l'enfant. Ou bien c'est un signe qu'il reste trop à la maison.

Robinet

Un robinet en rêve conseille à l'enfant de bien employer ses sentiments. ◆Si le robinet est défectueux, il l'invite à se regarder vivre pour vérifier s'il ne perd pas trop d'énergie en ayant des émotions exagérées. ◆Si le robinet grince, c'est que les instincts* du rêveur sont trop refoulés (voir *Refoule-*

ment). Ça peut signifier que son corps se plaint parce qu'il ne lui accorde pas les soins dont il a besoin.

Roc, Rocher

Un rocher en rêve représente la dureté, la solidité ou l'immobilité. Il peut désigner une personne inébranlable. Il symbolise le besoin de sécurité, de soutien de l'enfant. Il peut aussi signifier qu'il porte un poids écrasant en lui. (En parler avec lui.) Un rocher peut représenter Dieu ou son Moi* universel sur lesquels l'enfant peut compter.

Roi

Un roi en rêve peut représenter l'autorité pour l'enfant. Ou bien il représente son père, son besoin de sécurité. Il peut aussi signifier que le rêveur est égoïste. Le roi peut représenter son autre centre, son Moi* universel.

Ronce

Les ronces en rêve représentent pour l'enfant son côté rebelle, sauvage et agressif. Elles peuvent signifier qu'il est trop intolérant, ou qu'il est blessé intérieurement et qu'il a besoin d'aide. (En parler avec lui.) ◆Si l'enfant y cueille des mûres, c'est qu'il aura un plaisir inattendu après bien des difficultés.

Rongeur

En rêve, les rongeurs symbolisent pour l'enfant ses bas instincts* qui grugent ses énergies. Le rêveur doit trouver le moyen de les laisser s'exprimer. Il fait du refoulement*. Ou bien ils indiquent que l'enfant s'inquiète.

Rose (la)

La rose est la reine des fleurs. En rêve, elle évoque la beauté et la perfection. Elle rappelle à l'enfant que rien n'est jamais facile à obtenir. Il y a des épines. Elle symbolise souvent l'amour. Elle peut aussi représenter la richesse de l'âme*. Ou bien la beauté du Moi* universel. ◆Une rose blanche représente un amour pur. ◆Une rose rouge représente un amour passionné ou souffrant. ◆Une rose rose représente la douceur de l'amour. ◆Une rose jaune représente la lumière, la conscience, la clarté intérieure. ◆Une rose d'or signifie à l'enfant que son Moi* universel est tout près de lui. ◆Une rose sur une croix représente la souffrance changée en amour et en beauté. Ou bien elle symbolise le Christ*.

Rose (le)

Le rose en rêve évoque le bonheur, la douceur d'aimer, la joie. Ou bien il signifie pour l'enfant qu'une nouvelle force s'éveille en lui. Il indique qu'il recherche de la tendresse. Cette couleur peut aussi l'inviter à se demander s'il est assez ou trop doux.

Roseau

En rêve, un roseau invite l'enfant à montrer de la souplesse de caractère. Il peut représenter la tranquillité. Il peut indiquer que le rêveur va prendre conscience d'un nouveau sentiment.

Rot

Voir *Gaz.*

Roue

Une roue en rêve peut signifier que l'enfant va passer à une nouvelle étape de son développement. Elle peut représenter le temps qui passe. Ou bien les choses qui reviennent régulièrement. Elle peut désigner le rêveur lui-même qui se développe autour du centre immobile et rayonnant de son Moi* universel.

Rouge

Le rouge en rêve peut représenter le sang*, la vie, le cœur*, l'amour et la passion. Il peut inviter l'enfant à se demander s'il est en bonne santé, comment va sa vie affective. Il peut dire : *Attention ! Danger !* Il peut signaler de l'agressivité, de la colère* ou de la honte*. ◆Le rouge associé au noir peut symboliser une naissance ou une tragédie. ◆Le rouge associé au blanc peut évoquer une bonne santé. Ou bien une joie éclatante.

Rouge à lèvres

Le rouge à lèvres en rêve attire l'attention sur les lèvres*. Il peut être le signe d'un appel sexuel.

Roux

En rêve, le roux évoque l'ardeur. Il peut signaler que les passions sont déchaînées ainsi qu'une forte sexualité. Il peut symboliser l'enfer* et le feu* destructeur.

Ruban

Un ruban en rêve représente une décoration. Il représente aussi un succès, un honneur. Ou bien un cadeau, une récompense. Il invite aussi l'enfant à bien orner son âme de qualités.

Ruelle

Une ruelle en rêve invite l'enfant à rester simple et discret. Elle peut l'inviter à se faire des amis ou à se demander ce qu'il fait avec sa vie intérieure, celle de l'âme* et celle de l'esprit*. Elle peut aussi faire référence à la grossièreté ou à la timidité.

Rugby

Le rugby en rêve invite l'enfant à avoir l'esprit d'équipe. Il peut aussi représenter la vie dans laquelle il faut être prêt à recevoir des coups et à en donner. Il faut que l'enfant s'attende à avoir des adversaires*, des difficultés et aussi des coups durs. C'est à les vaincre que son âme deviendra forte et courageuse. Voir *Football*.

Ruines

Des ruines en rêve peuvent indiquer à l'enfant que certaines choses sont tout à fait terminées. Elles peuvent représenter un échec, ou inviter l'enfant à reprendre à neuf ce qui a été détruit. Elles peuvent signaler qu'il se sent démoli et qu'il a besoin d'aide. (En parler avec lui.)

Ruisseau

En rêve, un ruisseau évoque la fraîcheur, la jeunesse et la vie. Il signale à l'enfant qu'une force nouvelle coule en lui. Il l'invite à rester spontané. Il symbolise des sentiments positifs. ◆Si l'enfant y boit, c'est qu'il est invité à écouter les messages des rêves. ◆Si l'enfant s'y baigne, c'est qu'on l'invite à suivre les forces vives, les bons élans qu'il sent en lui.

S

Sable

Le sable en rêve renvoie au désert*. Il peut indiquer à l'enfant de ne pas construire sa personnalité sur une base instable. Il peut lui signaler une épreuve à venir pour qu'il devienne plus fort. Il lui rappelle que le développement se fait par beaucoup d'actions et qu'il faut être patient. ◆Si le sable est doré, il invite l'enfant au repos. Voir *Rivage, Plage*.

Sac

Un sac en rêve invite l'enfant à s'exprimer et à développer ses talents. Il peut signaler qu'une affaire est réglée. Il peut enfin lui reprocher de la mollesse. ◆Si le sac est gonflé, il peut évoquer les richesses intérieures, celles de l'âme* et de l'esprit*. ◆Si le sac est fermé, il peut indiquer à l'enfant qu'il peut s'attendre à une surprise. Il peut aussi faire allusion au fait qu'il doit se méfier.

Sac à main

En rêve, un sac à main évoque l'intimité, la vie personnelle de l'enfant, ses secrets*. Il représente aussi son besoin de sécurité. Il peut désigner son ventre*. Ou bien le sexe de la femme.

Sage

Un sage en rêve invite l'enfant à suivre les conseils de ses rêves. Il l'invite à faire preuve d'un bon jugement et à se fier à son bon sens. Il l'invite aussi à prendre les choses en philosophe, de façon détachée. Il l'encourage à garder son calme et sa tranquillité d'esprit. ◆Si l'enfant rencontre un vieux sage, c'est qu'il est en présence de son Moi* universel qui l'invite à se laisser guider par les inspirations qu'il en reçoit.

Salade

Une salade en rêve invite l'enfant à se demander s'il mange sainement. Elle peut signaler un mélange, une confusion. Elle peut mettre l'enfant en garde contre des mensonges.

Salive

En rêve, la salive invite l'enfant à se demander s'il a bon appétit. Elle symbolise la guérison. Elle peut aussi l'inviter à créer des choses. Elle évoque aussi le mépris, ainsi que les habitudes que prend le rêveur. Les habitudes sont si fortes qu'il faut n'en prendre que des bonnes.

Salle de bains

La salle de bains en rêve invite l'enfant à donner à son corps les soins dont il a besoin. Elle l'invite aussi à mettre sa conscience au clair. Elle parle de sa vie intime, de sa vie personnelle. Et elle lui indique qu'il va connaître une libération.

Salle de jeux électroniques

En rêve, ce lieu où sont rassemblées des machines de jeux électroniques fait référence au divertissement, au plaisir, à l'excitation, à l'agitation, à la rapidité des réflexes, aux habiletés, à la compétition, à la perte de temps, aux rencontres ou aux fréquentations douteuses.

Salon

Un salon en rêve invite l'enfant à se demander comment va sa vie sociale. Il lui conseille de se faire des amis, il lui rappelle qu'il doit respecter les autres. Il peut lui indiquer qu'il va recevoir des amis, de la visite, ou bien qu'il va être reçu.

Samson

Samson était un personnage biblique doué d'une force herculéenne, logée dans sa longue chevelure. Il invite l'enfant à lutter contre l'adversaire* et les difficultés. Il lui dit de faire attention à la trahison. Voir *Héros.*

Sandale

Des sandales en rêve représentent pour l'enfant l'été, les vacances et la liberté. Elles l'invitent à se demander s'il sait se reposer, se détendre.

Sandwich

Un sandwich en rêve peut signifier que l'enfant est coincé entre 2 situations, 2 oppositions*, 2 personnes. Il a besoin d'aide. Un sandwich peut aussi signifier que le rêveur est surveillé de trop près. (En parler avec lui.)

Sang

En rêve, le sang symbolise pour l'enfant la vie, l'énergie physique. Il peut représenter de l'ardeur, une passion. ◆Si le sang est malade, c'est peut-être que l'enfant a peur de la vie. (En parler avec lui.) Ou bien c'est peut-être qu'il a peur des idées nouvelles. Ou bien ça signale des problèmes émotifs, ou qu'il a subi un choc émotif. (En parler avec lui.) C'est peut-être simplement qu'il manque de joie. Ou encore que la vie de son esprit* est faible. Ça peut parfois indiquer qu'on est en danger. (En parler avec lui.)

Sanglier

Un sanglier en rêve peut inviter l'enfant à avoir du courage. Il peut évoquer l'agressivité, ou bien un danger ou un désastre ou même de la brutalité. (En parler avec lui.) Cet animal peut aussi représenter pour l'enfant ses tendances négatives et ses instincts destructeurs. Il peut signifier de gros désirs sexuels ou de grosses envies de gourmandise. (Inciter l'enfant à en parler à quelqu'un en qui il a confiance.)

Sanglot

Des sanglots en rêve indiquent que l'enfant a un débordement de peine. C'est bien de se soulager comme ça en rêve. Mais son lourd chagrin devrait aussi s'exprimer quand il ne dort pas. (En parler avec lui.) Voir *Larmes*.

Sapin

Un sapin en rêve peut encourager l'enfant à être tenace. Il l'assure qu'il est en contact avec son Moi* universel. Il l'encourage à la générosité et à la dignité.

Satan

Satan en rêve symbolise la puissance du mal. Il peut désigner un fort adversaire*. Il peut représenter un accusateur. Ou bien une personne très mauvaise. Il peut aussi désigner le mensonge. Il peut se présenter dans les rêves où l'enfant oppose trop fortement le bien et le mal. Ça lui rappelle qu'une chose est rarement toute bonne ou toute mauvaise.

Sauce

En rêve, une sauce évoque le goût de vivre. Elle représente une façon de faire, ou de penser. Elle peut aussi indiquer à l'enfant sa façon d'être qui lui est très personnelle, ou lui signifier qu'il doit prendre une décision.

Saucisse, Saucisson

De la saucisse en rêve peut évoquer la sexualité pour l'enfant. Elle peut symboliser ses intestins, son ventre*. Elle peut signifier qu'il n'est pas à l'aise, que quelque chose l'empêche d'être bien. Elle peut aussi évoquer quelque chose dont il ne doit pas se soucier.

Saut, Sauter

En rêve, un saut peut indiquer à l'enfant qu'il va connaître une progression brusque, ou il annonce une surprise. ◆Un saut en l'air indique une libération, un sentiment de liberté, une joie. Ou bien une révolte. ◆Un saut qui part du haut pour aboutir au sol invite l'enfant à revenir les pieds sur terre. Ou bien il lui indique qu'il va connaître un choc émotif. (En parler avec lui.). ◆Un saut dans le vide indique au rêveur qu'il n'a pas à craindre de s'engager, de prendre une décision. S'il s'agit d'une chute, alors c'est que l'enfant va perdre de l'énergie ou qu'il va avoir des humeurs négatives. Il doit se distraire et attendre que ça passe.

Sauterelle

En rêve, une sauterelle est le signe que quelqu'un exploite les sentiments de l'enfant. Elle représente un désastre sentimental. Ou une grande inquiétude. (En parler avec l'enfant.)

Sauvage

Un être sauvage en rêve peut représenter pour l'enfant ses bas instincts* : la gourmandise, la violence, la sexualité, la paresse… Ou bien il désigne son Moi* universel quand l'enfant le néglige. Il peut aussi signifier qu'il faut être aimable pour être aimé. Voir *Indien*.

Savon

Le savon en rêve invite l'enfant à se demander s'il accorde à son corps la propreté qu'il requiert. Il peut lui recommander de prendre des précautions, d'être prudent, de mettre sa conscience au clair. Il peut évoquer une réprimande*. ◆Un excès de savon peut l'avertir que, s'il cherche la perfection, il va se décourager. Ça peut aussi indiquer qu'il se sent coupable*.

Scalp

Un scalp en rêve désigne une grande cruauté. Il peut inviter l'enfant à changer complètement sa façon de penser. Il peut indiquer que le rêveur perd beaucoup d'énergie en pensant à des peurs* réelles ou imaginaires.

Scie

En rêve, une scie engage l'enfant à se couper peu à peu de quelqu'un. Elle peut évoquer un déchirement intérieur. (En parler avec lui.) Une scie peut lui signifier que quelque chose en lui est en construction, ou qu'il doit faire un sacrifice. Elle peut aussi lui conseiller de montrer du caractère. ◆Une scie à métal évoque le fait qu'il doit faire preuve de décision, de volonté*, de détermination. Elle peut symboliser la difficulté de se séparer de quelqu'un ou de quelque chose.

Seau

Un seau en rêve peut inviter l'enfant à être disponible et généreux. ◆Si le seau est plein, il représente l'abondance de la vie intérieure de l'enfant. ◆Si le seau est vide, il montre que l'enfant est épuisé, vidé. (En parler avec lui.)

Sèche-linge

Voir *Sécheuse.*

Sécheuse

Une sécheuse en rêve parle du besoin de chaleur humaine. Elle indique aussi que l'enfant a besoin de s'aérer l'esprit, de s'amuser avec les autres. Ou bien elle peut l'avertir qu'il s'agite trop et qu'il ne se développe plus, mais qu'il tourne en rond.

Séchoir à cheveux

En rêve, un séchoir conseille à l'enfant de secouer un peu ses idées au moyen d'une bonne discussion. Ou bien au contraire il lui indique que ses pensées sont trop agitées.

Secret

Un secret en rêve symbolise la confidence, la discrétion et la confiance. Il peut aussi représenter une cachotterie, ou indique que l'enfant a un secret trop lourd à porter. (En parler à quelqu'un en qui il a confiance.) Un secret peut inviter l'enfant à faire des recherches. Il peut indiquer qu'il va découvrir une nouvelle chose qui le concerne.

Sein

Les seins de la femme en rêve évoquent pour l'enfant sa relation avec sa mère. Ils peuvent aussi symboliser le besoin de nourrir son âme* et son esprit*. Ou bien ils évoquent la sexualité. ◆Une maladie aux seins pour une fille peut indiquer un refus de sa féminité. Ou bien c'est qu'elle accepte mal la sexualité. Ou bien c'est qu'elle a une attitude trop catégorique, trop exigeante.

Séisme

Voir *Tremblement de terre.*

Sel

En rêve, le sel peut signifier le goût de vivre. Il peut aussi parler de nourriture intérieure, celles de l'âme* et de l'esprit*. Il peut inviter l'enfant à montrer de la sagesse. Il lui conseille de fuir la corruption. Il l'encourage à tenir sa conscience au clair, à se faire des amis. Ou bien il invite l'enfant à être franc et loyal, ou lui conseille d'apporter sa petite touche personnelle à quelque chose.

Selle

Une selle de cheval en rêve représente l'équilibre. Elle recommande à l'enfant de veiller à sa sécurité. Elle lui conseille de rester ferme dans ses décisions. Elle l'invite à dominer ses instincts* sexuels.

Selles

Voir *Excrément.*

Semelle

Une semelle en rêve invite l'enfant à garder les pieds sur terre. Elle lui rappelle qu'il a encore besoin du soutien de ses parents. Elle l'encourage à se développer en toute confiance. Elle l'assure qu'il a l'aide de son Moi* universel.

Sentier

Voir *Chemin*.

Serin

Un serin en rêve invite l'enfant à cultiver la joie. Il lui dit de garder confiance. Il l'invite à développer ses talents et à exprimer ses sentiments. Il lui rappelle que son âme* et son esprit* sont pour l'instant dans la cage de son corps, mais qu'il doit quand même s'occuper d'eux.

Seringue

Voir *Vaccin, Piqûre*.

Serpent

En rêve, un serpent peut représenter bien des choses. Il peut représenter le sexe de l'homme. Ou bien la colonne* vertébrale. Ou bien l'évolution, le développement avec ses changements. Ou bien il représente une peur*, une angoisse* ou une répulsion. Ou bien il engage l'enfant à se méfier du mensonge et de l'hypocrisie. Ou bien il signale quelque chose qui empoisonne sa vie. Ou bien il rappelle à l'enfant qu'il s'est senti humilié. (Aider l'enfant.) Ou bien le serpent signifie que l'enfant se sent coupable*. Le serpent peut aussi représenter Satan* ou le Christ*. Il peut représenter la haine et l'envie. Ou bien il parle de mort et de résurrection ; donc d'une destruction en vue d'une reconstruction. Il représente aussi la sagesse. Ou encore les forces primitives dans le rêveur (voir *Instincts*). ◆Plus le serpent est grand et gros, plus les sens qu'on vient de voir sont importants. ◆Si le serpent est blanc, il a des valeurs positives. ◆S'il est noir, il a des valeurs négatives. ◆S'il est vert, il évoque le renouvellement, un changement positif. ◆S'il est rouge, il évoque des valeurs sexuelles dangereuses. ◆Plusieurs serpents peuvent représenter plusieurs relations sexuelles. Ou bien ils indiquent des désirs entremêlés. Ou bien des relations sociales indésirables. ◆Si l'enfant se fait mordre par un serpent, c'est qu'il a des désirs sexuels non satisfaits. ◆Un serpent dans un arbre représente pour l'enfant l'aide de son Moi* universel. ◆Un serpent qui se mord la queue lui dit qu'une étape de son développement est complétée. ◆Un nœud de serpents représente des soucis enchevêtrés, des problèmes complexes. (Aider l'enfant.)

Serpillière

Voir *Torchon*.

Serviette

1. Pièce de linge. Une serviette en rêve encourage l'enfant à donner à son corps les soins dont il a besoin. Elle l'encourage aussi à mettre sa conscience au clair. Elle évoque son besoin de chaleur humaine.

2. Sac. Ce genre de serviette en rêve représente pour l'enfant ses études. Ou bien elle parle de documents, d'affaires ou de secrets*. Elle l'engage à mettre de l'ordre dans ses pensées. Elle lui dit de savoir être sérieux quand c'est le temps. Elle peut aussi lui annoncer qu'il va comprendre de nouvelles choses.

Serviteur

En rêve, un serviteur peut désigner le corps de l'enfant. Il peut lui signifier qu'il va recevoir de l'aide. Il l'engage à respecter certaines directives. Il peut indiquer que le rêveur se sent dominé. (En parler avec lui.) Un serviteur peut aussi indiquer que l'enfant fait du refoulement*.

Sexe

Si l'enfant rêve de sexe ou d'organes sexuels, ça peut être pour le préparer à l'adolescence qui vient et qui va transformer son corps pour le rendre capable d'avoir des rapports sexuels avec les autres. ◆Si l'enfant est déjà dans l'adolescence, ce genre de rêve l'invite à se demander de se situer par rapport à la sexualité.

Siège

Un siège en rêve peut inviter l'enfant à prendre du repos, à s'accorder un répit. Il peut lui conseiller de regarder tout ce qu'il a acquis jusqu'ici pour l'encourager à continuer. ◆Un siège raide peut évoquer une attitude guindée, tendue. Ou bien il indique à l'enfant qu'il ne se sent pas à l'aise à l'intérieur de lui-même. (Aider l'enfant.) ◆Un siège rembourré peut représenter une attitude détendue.

Siffler

Siffler en rêve peut évoquer la joie de vivre. Ou bien l'enfant veut attirer l'attention, il veut de l'affection. Ou bien il est émerveillé par quelque chose. Ou bien il montre de l'indifférence. Ou bien il s'agit d'un flirt ou d'un appel sexuel.

Sifflet

En rêve, un sifflet peut évoquer un avertissement. Il peut être un rappel à l'ordre. Peut-être que l'enfant est en train de commettre une erreur ou de faire une gaffe. Un sifflet aussi peut représenter la gorge* ou la parole. Il peut être signe d'autorité, ou symboliser une interdiction. Ou bien une interruption, un arrêt subit.

Singe

Un singe en rêve peut évoquer la moquerie pour l'enfant. Ou bien la bouffonnerie. Il peut faire allusion à la nécessité de l'humour. Ou bien il indique que l'enfant est bien agité. Il peut parler de son désir de liberté. Il l'invite à ne pas avoir l'esprit querelleur. Il peut lui dire qu'il a souvent un comportement irresponsable. Le singe peut représenter aussi bien le saint que le diable, le premier étant l'imitateur de Dieu et le second, la caricature de Dieu.

Sirène

1. Animal mythique. Une sirène en rêve représente une illusion. Ou bien une séduction, ou une femme séduisante. Elle peut aussi représenter les dangers des passions et des plaisirs qui perdent corps et âme (voir *Instincts*).

2. Instrument acoustique. Cette sirène lance un avertissement. Elle indique à l'enfant qu'il y a urgence d'agir parce que sa santé est menacée ou que ça brûle à l'intérieur ou qu'un malheur menace. (En parler avec lui.)

Ski

Le ski en rêve invite l'enfant à maîtriser ses sentiments. Si l'enfant fait du ski en rêve, c'est peut-être parce qu'il se sent isolé. (En parler avec lui.)

Sœur

◆Si l'enfant est un garçon, une sœur en rêve représente sa sensibilité, son âme*. Elle l'invite à exprimer son petit côté féminin, ses sentiments. Si l'enfant s'entend mal avec sa sœur, c'est qu'il fait du refoulement*. ◆Si l'enfant est une fille, une sœur est une invitation à exprimer ce qui ne l'est pas encore et ce que la rêveuse n'ose pas exprimer. Une sœur peut aussi représenter son Moi* universel. Si la rêveuse s'entend mal avec sa sœur, c'est qu'elle est trop passive.

Soie

La soie en rêve représente la délicatesse, la finesse, la douceur. Elle évoque le luxe. Elle peut représenter quelqu'un au caractère très agréable.

Soif

La soif en rêve peut signifier un désir passionné et impatient. Elle peut être pour l'enfant le signe d'une aspiration de son âme*, ou bien d'un vif besoin de son esprit*. Voir *Boire*.

Sol

Le sol en rêve invite l'enfant à garder les pieds sur terre. Il parle aussi de son besoin de sécurité. Il invite aussi l'enfant à établir sa vie sur des bases solides : il lui conseille d'identifier les valeurs dans lesquelles il croit. Puis il l'engage à garder l'équilibre entre la vie de son corps, celle de son âme* et celle de son esprit*.

Soldat

En rêve, un soldat invite l'enfant à rester prêt pour tout combat, à être courageux. Il l'invite aussi à contrôler ses mauvaises tendances (voir *Instincts*). Il l'engage à se donner de la discipline (voir *Volonté*), à montrer de la souplesse de caractère. Il peut aussi signifier que le corps du rêveur est exposé à un danger. (En parler avec lui.)

Soleil

Le soleil en rêve représente pour l'enfant la vie, la lumière et la chaleur. Il symbolise sa conscience et aussi son Moi* universel avec son influence. Il peut également désigner son père. ◆Coup de soleil, voir *Insolation*.

Sorcière

Une sorcière en rêve peut représenter pour l'enfant une trop forte influence de sa mère. L'enfant doit s'en détacher peu à peu pour devenir responsable de sa vie. ◆Si l'enfant est un garçon, la sorcière peut évoquer le fait que son petit côté féminin ne s'exprime pas du tout. Il doit exprimer ses sentiments. ◆Pour une fille, la sorcière peut symboliser une déception sentimentale, ou bien le mépris de soi, ou encore de la méchanceté.

Soucoupe

Une soucoupe en rêve invite l'enfant à prendre des précautions. Elle peut signifier qu'il subit l'influence de quelqu'un. ◆Soucoupe volante, voir *Ovni*.

Souffler

Souffler en rêve invite l'enfant à créer des choses. Ça l'invite aussi à faire progresser son âme* et son esprit*. Ça peut également vouloir dire qu'il peut se détendre, prendre un répit. Ça peut signifier qu'il doit se secouer, mettre sa conscience au clair et se remettre à progresser, ou qu'il va être soulagé d'une tension*. Voir *Vent*.

Soulier

Un soulier en rêve invite l'enfant à faire une démarche utile. Il représente aussi son développement. Il l'invite à avoir confiance* en lui. Il peut parfois représenter le vagin. ◆Si le soulier est trop grand ou trop petit, il signifie que le rêveur sent un inconfort intérieur, qu'il a du mal à s'adapter à une situation. ◆Si l'enfant en a perdu un, c'est que son équilibre n'est pas bien établi. Cette chaussure peut aussi signifier que l'enfant manque de confiance* en lui. ◆Si l'enfant ne porte qu'un seul soulier, c'est qu'il y a quelque chose qui cloche dans son développement. Ou bien qu'il s'est séparé d'un ami. Ou bien peut-être qu'il se sent isolé. (En parler avec lui.)

Soupe

Une soupe en rêve invite l'enfant à bien nourrir son corps, son âme* et son esprit*. Elle lui parle de la chaleur du foyer. Elle peut signifier un certain mélange, une confusion. Ou bien elle invite le rêveur à s'engager, à prendre une décision.

Source

En rêve, une source évoque pour l'enfant sa force vitale. Elle peut parler de l'aide de sa mère. Elle invite l'enfant à mettre sa conscience au clair, et à avoir confiance dans la vie. Elle l'encourage à recevoir les messages des rêves que lui envoie son Moi* universel. Elle lui demande aussi quel sens il donne à sa vie, quels sont ses buts* ou son idéal*.

Sourcil

Un sourcil en rêve indique à l'enfant qu'il exprime trop (sourcil droit) ou trop peu (sourcil gauche) sa façon de voir. Il l'invite à se demander s'il a le bon point de vue. ◆Si les sourcils sont abondants, ils évoquent une bonne vitalité. ◆Si les sourcils sont épilés, ils représentent pour l'enfant de la vanité ou le souci de charmer. Ou bien ils font allusion au fait qu'il nie trop son côté animal, ou qu'il manque de naturel. ◆Des sourcils froncés évoquent des problèmes, des tracas, de la colère*, une menace, de la volonté* ou des soupçons. ◆Si les sourcils sont lourds, ils représentent de la fatigue, un drame ou du romantisme. ◆Le sourcil de droite évoque la volonté* et la conscience. ◆Le sourcil de gauche représente l'intuition* et l'inconscience.

Souris

Une souris en rêve symbolise pour l'enfant de petites inquiétudes ou des agaceries qui lui volent de l'énergie. Elle peut aussi représenter le pénis*. ◆Une souris blanche évoque la gentillesse pour l'enfant. Elle signifie que sa sexualité est équilibrée. Elle peut signifier qu'une relation sexuelle est en vue. Elle peut enfin parler d'expériences, de recherches ou bien de guérison.

Sous-sol

Voir *Cave*.

Souterrain

Un souterrain en rêve symbolise pour l'enfant des choses cachées, sa vie intérieure. Il peut indiquer une période obscure. Il représente les instincts*, les mauvaises tendances, ou le Moi* universel qui invite l'enfant à approfondir certaines idées. Voir *Tunnel*.

Spaghetti

Des spaghettis en rêve évoquent la facilité. Ils invitent l'enfant à montrer de la souplesse de caractère ou bien au contraire ils lui disent qu'il montre trop de mollesse. Ils peuvent symboliser une insulte. Ils peuvent aussi signifier au rêveur qu'il subit trop l'influence des autres.

Spectacle

Un spectacle en rêve invite l'enfant à garder confiance* en lui. Il peut signifier qu'il a besoin d'attention, d'affection. Voir *Vedette*.

Sphère

En rêve, une sphère invite l'enfant à se développer au maximum. Elle peut représenter son âme*. Ou bien le crâne*. Elle peut désigner un domaine ou tout un monde. Elle peut désigner la Terre ou le ciel, ou représenter une influence. Ou bien elle désigne le Moi* universel du rêveur.

Sport

Le sport en rêve invite l'enfant à se demander s'il fait assez d'exercice. Il l'invite à développer son corps. Il l'invite aussi à faire des efforts. Il peut l'encourager à avoir l'esprit d'équipe, la volonté* de vaincre.

Squelette

Un squelette en rêve évoque la mort*. Il peut rappeler à l'enfant que la vie du corps se termine, mais que son âme* et son esprit* continuent après la mort du corps. Il peut représenter une période de désorganisation avant de passer à une autre étape. Il peut aussi représenter une peur*. Il peut faire allusion à une personne trop maigre. Il peut parfois faire référence à un problème d'os*.

Stade

Un stade en rêve engage l'enfant à faire de l'exercice, du sport. Il l'invite à persévérer dans sa lutte contre la paresse et la mollesse. Il peut lui demander de relever un défi, ou indiquer au rêveur qu'il passe à une autre étape de son développement.

Statue, Statuette

En rêve, une statue peut signifier que le développement de l'enfant est bloqué. Elle peut évoquer une grande peur*. (En parler avec lui.) Elle peut signifier que l'enfant est protégé et qu'il doit avoir confiance dans la vie, ou que son Moi* universel s'apprête à lui apprendre une nouvelle connaissance. Elle peut parler de son besoin de Dieu*.

Stop

Un stop en rêve signifie que l'enfant doit s'arrêter et se demander où il va, mettre sa conscience au clair. Il doit se donner des buts*. Un stop peut indiquer à l'enfant qu'il doit arrêter de se dépêcher. Un stop peut indiquer un contretemps. ◆Si l'enfant l'escamote, c'est qu'il méprise une loi et qu'il se met en danger. Ou bien ça lui signale qu'il manque de discipline (voir *Volonté*).

Stylo

Un stylo en rêve invite l'enfant à ne pas craindre de s'exprimer. Un stylo peut indiquer un message ou une communication. Il peut évoquer une trace, une marque. Il peut inviter l'enfant à s'engager, à prendre une décision. Voir *Crayon*.

Sucre

Du sucre en rêve peut évoquer l'apaisement ou le plaisir. Il peut inviter l'enfant à se relaxer. Il peut symboliser son énergie. Le rêveur peut se demander s'il se contrôle devant les gâteries.

Suisse

Petit rongeur, voir *Tamia*.

Superman

Ce personnage mythique en rêve peut signifier que l'enfant a besoin d'aide. (En parler avec lui.) Il peut indiquer que le rêveur se pense indestructible comme un demi-dieu. Cette attitude est dangereuse, elle peut entraîner des accidents. Superman peut signifier que l'enfant doit garder confiance* en lui. Voir *Géant.*

Surhomme

Un surhomme peut signifier les mêmes choses que Superman*. Il rappelle à l'enfant qu'il deviendra un surhomme quand il sera uni à son Moi* universel. Voir *Géant.*

Symbole

Un symbole est ce qui représente autre chose. Il y en a beaucoup dans les rêves. Il faut les interpréter pour comprendre les rêves, et c'est la raison d'être de ce dictionnaire. Les symboles des rêves ne sont pas que des images, mais des centres d'énergie. Ils doivent être pris au sérieux.

T

Tabac

Usage du tabac, voir *Fumer.*

Table

Une table en rêve invite l'enfant à bien nourrir son corps, son âme* et son esprit*. Elle peut aussi l'inviter à partager avec les autres, ou à se faire des amis. Elle peut encore l'inciter à admettre ses torts. ◆Une table ronde signifie qu'il est en harmonie avec son Moi* universel. ◆Une table carrée signifie qu'il y a un bon équilibre entre la vie de son corps, celle de son âme* et celle de son esprit*. ◆Une table rectangulaire signifie que cet équilibre est en train de s'installer. Elle symbolise aussi sa famille. ◆Une table vide indique que son âme* n'a pas la nourriture qu'il lui faut. Elle peut signifier aussi qu'il se sent isolé. (En parler avec lui.)

Tableau

1. Un tableau = une toile, une peinture. En rêve, il indique à l'enfant sa façon de voir la vie. Il parle de son atmosphère intérieure.

2. Un tableau noir, voir *École.*

Tablette

Une tablette en rêve évoque le rangement, le classement. Elle peut aussi signifier que l'enfant se sent mis de côté. (En parler avec lui.)

Tablier

Un tablier représente le travail pour l'enfant. Ou bien son besoin de protection. Il peut aussi l'engager à rendre service.

Tache

En rêve, une tache sur un vêtement peut signifier un malaise ou une maladie. Elle peut signifier qu'une réputation est salie. Elle peut évoquer un défaut. Elle peut inviter l'enfant à mettre sa conscience au clair, lui signifier qu'il se sent coupable*. Elle peut l'inviter à ne pas viser la perfection parce que ça va le décourager.

Talon

Un talon en rêve peut représenter pour l'enfant ce qu'il y a de plus inconscient en lui. Le talon représente tout ce que l'enfant peut encore devenir. Il peut représenter son Moi* universel qui est sa base immortelle. Il peut encore représenter la décision, la détermination de l'enfant en développement. ◆Si l'enfant a mal au talon droit, c'est qu'il n'est pas assez conscient de son Moi* universel et de la vie intérieure de son âme* ou de son esprit*. Ou bien ça signifie qu'il ne se développe pas comme il faut. ◆Si l'enfant a mal au talon gauche, c'est que son développement est arrêté. Il tourne en rond peut-être à cause de la paresse. Ça lui rappelle qu'il doit agir pour se développer. Ça peut indiquer qu'il manque d'esprit de décision. ◆Le tendon d'Achille désigne son point faible. ◆Si l'enfant a mal au tendon du pied droit, il va contre ce que lui dicte sa conscience. Ou bien c'est qu'il vient de faire un coup bas à quelqu'un. ◆Si l'enfant a mal au tendon du pied gauche, c'est qu'il a commis un acte qui va contre sa conscience sans le vouloir. Ou bien c'est qu'il ne fait pas les efforts nécessaires à son développement, ou qu'il vient de recevoir un coup bas.

Tambour

En rêve, un tambour évoque pour l'enfant le fait que ses nerfs sont trop tendus. (En parler avec lui.) Il peut aussi l'inviter à se réveiller, à se secouer parce qu'il se laisse aller à la facilité. Il peut représenter la danse, la guerre*, la foudre* ou la magie*. Il peut inviter l'enfant à livrer le combat contre ses difficultés et à prendre les décisions qui s'imposent dans sa vie. Il peut aussi représenter le bruit et la destruction. Il peut sonner une alarme parce que le rêveur se sent menacé. (En parler avec lui.)

Tamia

Un tamia en rêve représente la vivacité, la nervosité, la bonne humeur ou la joie de vivre. Il peut symboliser pour l'enfant son goût pour les vêtements brillants. Il peut aussi lui indiquer de surveiller ses accès de colère*, qu'il ne doit pas se laisser emporter pour des riens. Il représente aussi la sexualité exprimée.

Tam-tam

En rêve, le tam-tam invite l'enfant à se demander d'être attentif aux messages de son Moi* universel. Il peut aussi signifier qu'il est excité. Ou bien il lui recommande de danser. Voir *Tambour*.

Tante

Une tante en rêve représente de l'aide. Elle sert aussi à l'enfant de point de comparaison pour mieux connaître sa mère ou son père. ◆Si l'enfant est une fille, une tante invite la rêveuse à ne pas faire de refoulement*. ◆Si l'enfant est un garçon, une tante invite l'enfant à exprimer son petit côté féminin en exprimant ses sentiments et en se servant de son intuition*.

Tapis

Un tapis en rêve représente le luxe, le confort, la douceur de vivre. Il peut aussi parler à l'enfant de son intimité personnelle. Il l'encourage à avoir une vie intérieure bien à lui. ◆Un tapis rouge signifie bonheur, joie, honneur et ardeur. ◆Un tapis vert signifie renouveau, détente, permission, jeu* de hasard. ◆Un tapis jaune or désigne le pouvoir, la grandeur. ◆Un tapis blanc signifie pureté, conscience, paix. ◆Un tapis noir évoque la destruction ou la révolte. (En parler avec lui.) ◆Un tapis magique signifie liberté, bonheur et enthousiasme, voir *Vol aérien*. Voir *Paillasson*.

Tarte

Une tarte en rêve symbolise la douceur de vivre. Elle symbolise aussi quelque chose de facile. Elle invite l'enfant à partager avec les autres. Elle peut aussi signifier une gifle. Ou bien avoir l'air ridicule. Ou bien commettre une sottise.

Tartine

En rêve, une tartine évoque les petits plaisirs de la vie. Elle encourage l'enfant à avoir de l'initiative, à ne pas craindre d'improviser. Voir *Pain*.

Tarzan

Tarzan est un personnage de bandes dessinées américaines, ami des animaux sauvages. En rêve, il représente notre vitalité corporelle, ainsi que la vie au naturel et la liberté du corps. Il invite l'enfant à garder confiance* en lui. Il l'encourage aussi à faire face à ses peurs*, à ne pas se laisser dominer par ses instincts*. Il représente le mâle accompli et musclé que rêvent de devenir tous les garçons et que les petites filles aimeraient avoir pour amoureux.

Tas

Un tas en rêve représente une accumulation, du désordre. Il invite l'enfant à mettre de l'ordre dans ses sentiments et dans ses idées. Il peut évoquer une certaine lourdeur, une difficulté de vivre. Il peut indiquer que le rêveur fait du refoulement*.

Tasse

Une tasse en rêve symbolise une présence agréable, une rencontre ou l'amitié. Elle invite l'enfant à se faire des amis. Elle peut indiquer quelque chose qu'il a du mal à accepter. Elle peut signifier qu'il fait du refoulement*.

Tatouage

Un tatouage en rêve est une marque distinctive qui dit du tatoué qu'il fait partie d'un clan, d'une classe sociale. Il symbolise le besoin de se distinguer ou celui d'affirmer sa personnalité par une marque extérieure au lieu de l'affirmer par ses qualités personnelles. Il peut indiquer l'envie de s'en remettre à une force mystique ou magique en pensant que le tatoué va être protégé de cette façon. ◆L'endroit et l'image du tatouage indiquent ce que recherche le tatoué.

Taureau

Un taureau en rêve peut représenter la force brutale, une sorte de force aveugle. Il peut représenter aussi un déchaînement de violence, la force des instincts* de la bête en nous. Il peut inviter l'enfant à nourrir son âme* et son esprit*. Il peut signifier la peur de la sexualité, une tendance à dominer les autres. ◆Si l'enfant a peur du taureau, l'animal peut représenter son père en colère. (L'inciter à en parler à quelqu'un en qui il a confiance.)

Taxage

Extorsion, voir *Intimidation*.

Taxi

Un taxi en rêve peut indiquer que l'enfant remet la conduite de sa vie entre les mains de quelqu'un d'autre. Ce n'est pas la bonne façon de devenir responsable de lui-même.

Téléphone

Le téléphone en rêve peut symboliser une communication entre deux personnes. Il invite l'enfant à se faire des amis, ou à recevoir les messages des rêves que lui envoie son Moi* universel.

Télescope

En rêve, un télescope invite l'enfant à communiquer avec son Moi* universel. Il l'invite aussi à comprendre ses rêves. Il lui conseille d'élargir sa conscience pour comprendre le plus de choses possible. Il l'encourage à s'interroger et à se renseigner sur le ciel, sur ce qui se passe après la mort.

Téléviseur

Un téléviseur en rêve invite l'enfant à se demander s'il regarde trop la télévision et lui conseille aussi de s'interroger sur le genre d'émissions qu'il regarde : est-ce que la télé l'encourage à la paresse ou lui apprend-elle des choses ?

Tempe

La tempe en rêve évoque la concentration et l'attention. ◆Si l'enfant a mal à la tempe droite, c'est peut-être que son avenir crée de la tension*. Ou bien c'est qu'il veut trop bien faire. Ou bien qu'il est trop tendu. ◆Si l'enfant a mal à la tempe gauche, c'est peut-être que son passé crée de la tension*. Ou bien c'est qu'il hésite trop.

Tempête

Une tempête en rêve peut désigner une tempête émotionnelle. (En parler avec l'enfant.) Elle peut représenter la colère* venant de lui ou de quelqu'un d'autre. De toute façon, elle évoque un bouleversement intérieur. Il faut qu'il fasse le point, qu'il mette de l'ordre dans ses pensées et dans ses sentiments. (L'aider.)

Temple

Un temple est la maison de Dieu. En rêve, il désigne pour l'enfant son âme* et son esprit*. Le temple invite l'enfant à se demander s'il est assez souvent en relation avec Dieu*. Il l'invite à faire la paix en lui. Il lui dit que son Moi* universel est tout près de lui.

Tennis

En rêve, le tennis évoque pour l'enfant le besoin de faire de l'exercice. Il peut symboliser une lutte intérieure. Il l'encourage à répondre aux défis que la vie lui envoie, et aussi à accepter les règles imposées par la société. Voir *Raquette*.

Tension

Une tension peut venir de la pression exercée sur l'enfant par l'entourage. Ou bien de son désir de vouloir trop bien faire. Ou bien des exigences de ses parents. Ou bien d'un travail qu'il fait sous pression. Ou bien elle vient parce qu'il ne sait pas se détendre quand il le faut. Ou bien parce qu'il manque d'humour, il prend tout au sérieux.

Tente

Une tente en rêve indique à l'enfant qu'il est dans une situation temporaire. Elle l'invite à secouer son confort par un bon contact avec la nature. Elle l'invite aussi à se mettre en contact avec Dieu*. Elle peut signifier qu'il ne se sent pas très sûr de lui (voir *Confiance*).

Terre

De la terre en rêve représente pour l'enfant ses nombreuses possibilités. Elle l'encourage à poursuivre son développement et celui de ses talents. Elle l'invite aussi à se demander s'il est assez en contact avec la nature, s'il est en bonne santé. Elle l'invite également à garder les pieds sur terre.

Terreurs nocturnes

Les terreurs nocturnes sont des crises d'angoisse* ressenties la nuit par certains enfants. Il est possible qu'elles soient provoquées par une grande nervosité. Ou l'enfant fait trop de refoulement*. Ou bien il est victime de harcèlement de la part de quelqu'un. (En parler avec lui.) Il peut aussi avoir mauvaise conscience et se sentir coupable*. Ou bien il a un secret difficile à porter tout seul. (En parler avec lui.) Ou bien il a subi un choc émotif et sa peur s'élimine peu à peu par des rêves effrayants. Ou il a peur d'être abandonné*, ou celle de mourir (voir *Peur*). Ou bien il a peur de ce qu'il ne comprend pas bien en lui, comme ses mauvaises tendances (voir *Instincts*). Voir *Peur, Abandonné, Angoisse, Cauchemar, Monstre*.

Testicule

En rêve, les testicules peuvent représenter l'audace, le cran, le courage et la sexualité. ◆Un problème aux testicules peut indiquer la peur de la sexualité. Ou bien un excès sexuel. C'est peut-être la peur de ne pas paraître assez viril, assez masculin. Ou bien ça peut indiquer que l'enfant est trop attaché à sa mère. Ou encore qu'il n'y a pas d'harmonie avec la ou le partenaire sexuel. ◆Pour une fille, les testicules peuvent signifier un plaisir sexuel. Ou bien la peur d'avoir un enfant.

Tête

La tête en rêve rappelle à l'enfant qu'il doit nourrir son esprit*. ◆Mal de tête, voir *Migraine*. ◆Si l'enfant reçoit un coup sur la tête, c'est qu'il doit faire l'effort de comprendre quelque chose d'important. Ou bien c'est qu'il est trop entêté, ou qu'il agit sans réfléchir. Ça peut aussi l'inviter à arrêter de se casser la tête, de se tracasser avec tel problème. ◆Une tête tranchée indique une coupure avec Dieu* ou avec son Moi* universel. ◆Une tête de mort indique la mort*. Ou bien elle signifie que le rêveur ne comprend pas le sens de sa vie. (En parler avec lui.)

Théâtre

Le théâtre en rêve représente la vie avec ses passions, ses événements et les relations sociales. Il peut indiquer que l'enfant est porté à dramatiser ce qui lui arrive. Il invite le rêveur à ne pas exagérer et à avoir de l'humour. Il l'engage à être sincère, à ne pas jouer un rôle. Il l'encourage à exprimer ses sentiments, à parler de ses problèmes et de ses insatisfactions.

Thermomètre

Un thermomètre en rêve peut indiquer un vif désir que l'enfant est invité à évaluer. L'appareil peut indiquer que l'enfant subit une pression, une tension*. Il conseille au rêveur de se donner des moyens pour reconnaître quand il est trop tendu.

Tigre

En rêve, un tigre peut représenter les instincts* indomptables et puissants dont l'enfant peut être la victime. (En parler avec lui.) L'animal peut représenter des passions déchirantes. Ou bien une grande peur*. Ou bien une grande colère*. Il peut représenter une menace. L'enfant a besoin d'aide. (En parler avec lui.) Le tigre peut parfois indiquer que la mort* rôde.

Tire-bouchon

Un tire-bouchon en rêve invite l'enfant à s'ouvrir, à se confier à quelqu'un en qui il a confiance. Il peut signifier l'accès à son Moi* universel. Il peut indiquer que quelqu'un a une trop grande influence sur le rêveur. L'objet peut aussi désigner un ivrogne.

Tiroir

Un tiroir en rêve encourage l'enfant à mettre de l'ordre dans ses pensées. Il évoque aussi le besoin d'avoir sa propre vie intérieure. Il lui conseille de ne pas se confier à n'importe qui. Un tiroir peut symboliser la mémoire.

Toilettes

Les toilettes en rêve invitent l'enfant à se soulager de ses problèmes. ◆Si la chasse d'eau fait défaut, c'est peut-être que l'enfant manque d'aide. ◆Si le renvoi est bouché, c'est qu'il a du mal à se libérer de ses problèmes, ou qu'il doit secouer ses habitudes. ◆Si la cuvette renverse, c'est que le rêveur fait de l'angoisse* par refoulement*. Ou bien qu'il a trop de problèmes et qu'il a besoin d'aide pour s'en sortir. Ou bien c'est qu'il se sent coupable*. ◆Si la cuvette est tachée, c'est qu'il a été blessé dans son âme autrefois et qu'il doit en parler à quelqu'un en qui il a confiance. ◆Si l'eau de la chasse d'eau continue de couler, c'est que le rêveur perd de l'énergie à cause d'émotions qu'il contrôle mal. ◆Aller aux toilettes, voir *Éliminer*.

Toit

Un toit en rêve représente pour l'enfant son foyer, sa famille. Il parle de son besoin de protection. Il peut évoquer son crâne*. ◆Si le toit prend l'eau, c'est qu'une personne influence trop le rêveur. Ou bien ça indique qu'il a trop de tension* ou qu'il connaît une émotion qui est mal contrôlée. ◆Si le toit est défoncé, c'est qu'il a besoin d'aide. (L'inciter à en parler à quelqu'un en qui il a confiance.)

Tôle

La tôle en rêve peut représenter un toit*, évoquer le bruit. Elle peut indiquer que l'enfant se sent en prison*. Peut-être qu'il fait trop de refoulement*.

(L'inviter à en parler à quelqu'un en qui il a confiance.) S'il s'agit de la tôle d'une automobile, il s'agit du corps du rêveur.

Tomate

En rêve, une tomate symbolise la sensualité et un vif désir sexuel. Si l'enfant en mange, ça peut signifier faire l'amour. Mais ça peut être suivi d'un certain regret. La tomate signifie aussi avoir du succès.

Tombe

Une tombe en rêve parle de la mort*. Elle peut aussi indiquer que l'enfant devrait renoncer à quelque chose qui ne lui est plus bienfaisant. La tombe lui rappelle que, si le corps meurt, l'âme* et l'esprit* continuent de vivre. Elle peut évoquer le cimetière intérieur du rêveur, celui des désirs refoulés (voir *Refoulement*), des souvenirs oubliés, des amours perdues…

Tombeau

Voir *Tombe, Cercueil, Mort.*

Tomber

Tomber en rêve invite l'enfant à se méfier des chutes. Ça peut signifier qu'il va connaître une épreuve ou un échec qui va le rendre plus fort. Ça peut indiquer qu'il se sent coupable*, ou qu'il se pense trop fin, qu'il se croit plus important que les autres, ou au contraire qu'il manque de confiance* en lui. Ça peut aussi indiquer qu'il a peur de perdre une personne sur qui il compte. Ça peut l'inviter à se demander de garder les pieds sur la terre. ◆Tomber sur le dos ou à la renverse peut vouloir dire qu'il fait du refoulement*, ou qu'il doit changer complètement une attitude. Ou bien qu'il va connaître une surprise énorme. ◆Si l'enfant fait une chute en douceur, c'est qu'il est conscient de la rentrée de son âme dans son corps qu'elle avait quitté momentanément pendant le rêve. Ou bien ça indique que le rêveur va très bien se ressaisir après une épreuve.

Tondeuse à gazon

En rêve, une tondeuse à gazon représente pour l'enfant des soins à donner à son corps. Elle peut lui indiquer qu'il doit couper avec certaines mauvaises habitudes. Elle peut lui indiquer aussi de se méfier d'un danger caché. Elle peut enfin lui parler d'une rage, d'une colère*.

Tonnerre

Le tonnerre en rêve peut indiquer une frayeur, une grande peur*. Il peut évoquer une menace. Il peut aussi indiquer que l'enfant a connu un choc émotif. (En parler avec lui.) Voir *Foudre*.

Torchon

Un torchon en rêve peut indiquer que l'enfant a connu une humiliation ou du mépris. Ou bien que c'est lui qui méprise quelqu'un. Peut-être aussi qu'il manque de confiance* en lui. Un torchon peut aussi l'inviter à mettre de l'ordre dans sa conscience.

Tornade

Voir *Cyclone*.

Torrent

Voir *Eau*.

Torticolis

Voir *Cou*.

Tortue

Une tortue en rêve engage l'enfant à respecter son rythme, même si ce rythme est lent. Elle lui indique aussi qu'il cherche à se protéger, peut-être de façon exagérée. Elle parle de son âme* qui est effrayée (voir *Peur*). Elle peut indiquer aussi qu'il fuit les difficultés au lieu de les régler. Elle peut l'inviter à faire le silence en lui plus souvent, à rester calme. Elle l'encourage à faire confiance à la vie, à être persévérant, tenace. Elle lui rappelle qu'il a un excellent guide, son Moi* universel.

Toupie

En rêve, une toupie peut signifier que l'enfant tourne en rond et qu'il ne se développe plus. Elle peut aussi signifier qu'il s'agite et s'étourdit pour fuir sa vie intérieure. Ou au contraire, elle signifie qu'il a une vie intérieure intense. Elle peut l'encourager à danser* pour se libérer. Elle peut lui signaler qu'il est sous tension*.

Tour

Une tour en rêve représente pour l'enfant le besoin d'élever son âme*. Elle peut aussi l'inviter à élargir sa conscience. Elle l'invite aussi à ne pas se laisser hypnotiser par les détails. Elle peut signifier que le rêveur a une trop grande ambition. ◆Tour d'habitation, voir *Immeuble*.

Tourbillon

Un tourbillon en rêve peut avoir le même sens qu'un cyclone*. Il peut signifier que l'enfant est très agité ou qu'il tourne en rond. Il a besoin de se calmer et de repenser à ses actions. Ou bien il cherche à s'étourdir pour fuir ses responsabilités.

Tourner

Tourner en rêve peut signifier que l'enfant se développe bien. Ou bien qu'il va connaître une nouvelle étape dans son développement. Ça peut aussi avoir les mêmes sens que la toupie*.

Tournevis

En rêve, un tournevis peut être le signe que l'enfant est en train de prendre une habitude. À lui de se demander si elle est bonne ou mauvaise. Cet outil indique aussi que le rêveur a un désir sexuel qui le tourmente, ou qu'il est en train de s'attacher à quelqu'un. Il peut l'inviter à mettre sa conscience au clair. Il peut aussi l'engager à être tenace dans les choses qu'il fait. Il peut enfin symboliser une inquiétude.

Tourniquet

Un tourniquet en rêve représente pour l'enfant sa façon d'être qui lui est propre et qui n'est pas celle des autres. Il lui indique qu'il est en train de passer à une nouvelle étape. Il l'encourage à prendre une décision et à ne plus la remettre en cause, et à faire face à une seule difficulté à la fois.

Tracteur

Un tracteur en rêve indique à l'enfant qu'il est plus fort qu'il le croit. Il lui indique qu'il semble se développer lentement, mais qu'il est sur la bonne voie.

Il peut symboliser des désirs forts et tenaces. Il peut signifier qu'il a une grosse besogne à faire.

Train

En rêve, un train indique que l'enfant n'a pas le choix de se développer comme tout le monde pour l'instant. Il l'invite à se donner des buts*. Il lui fait savoir que les bases de son développement sont très solides. Il peut aussi l'encourager à être ponctuel. ◆Si l'enfant manque le train, c'est qu'il manque une occasion de changer, ou celle de faire de nouvelles rencontres. ◆Les retards de train ou les erreurs de destination peuvent signifier qu'il manque de confiance* en lui. Ou bien que son développement est retardé par des problèmes personnels. (En parler avec lui.) ◆Le contrôleur du train peut représenter un conseiller, un guide. Il peut signifier que le rêveur se sent coupable*. ◆La locomotive évoque les forces disponibles en lui. Elle parle à la fois de lui et de son Moi* universel. Elle représente son goût de la vie. ◆S'il y a un déraillement, c'est que le rêveur ne sait plus trop où il en est. Il a besoin d'aide. (En parler avec lui.) ◆Un écrasement par un train signifie que l'enfant fait trop de refoulement*. Il a besoin d'aide.

Traîneau

Un traîneau en rêve indique à l'enfant qu'il doit s'adapter à une nouvelle situation. Il peut indiquer une période de développement facile. ◆Si l'enfant est traîné par des animaux, c'est qu'il peut se fier à son flair, à son intuition*.

Transformation

En rêve, si un animal se transforme en un autre, c'est que la situation représentée par le premier animal est en train d'évoluer, de changer selon le sens du second animal. (Chercher le nom de chaque animal dans ce livre.) C'est la même chose pour un objet (ou une personne) qui se change en un autre en rêve.

Trappe

Une trappe en rêve avertit l'enfant d'une erreur ou d'un piège. Elle peut signifier qu'il se sent en prison* ou qu'il étouffe dans son âme. (En parler avec lui.) Ou bien la trappe signifie qu'il fait du refoulement*.

Trébucher

Trébucher en rêve signifie commettre une erreur de conduite. Ce mot a aussi les mêmes sens que tomber*, mais en moins grave.

Tremblement

Un tremblement en rêve indique une peur*, une angoisse* intense ou une émotion vive. Il peut indiquer une longue hésitation, ou un manque de décision. Ou bien il indique la venue d'un danger ou signale au rêveur qu'il se méfie de tout. (L'inciter à en parler à quelqu'un en qui il a confiance.)

Tremblement de terre

Un tremblement de terre peut représenter une catastrophe intérieure. C'est le signe que l'enfant a besoin d'aide. Le séisme indique une grande angoisse*. Il signifie que le rêveur doit recommencer sur de nouvelles bases. (L'inviter à en parler à quelqu'un en qui il a confiance.)

Trésor

Un trésor en rêve évoque les richesses intérieures de l'enfant, celles de son âme* et de son esprit*. Il s'agit de toutes ses qualités, de ses forces et de ses talents. Il peut aussi désigner son Moi* universel sur lequel il peut compter. Un trésor symbolise une réussite après de longs efforts ou de longues épreuves. Il peut aussi symboliser la sexualité qui est comme un trésor nouveau à exploiter.

Tresse

Une tresse en rêve invite l'enfant à avoir de la discipline (voir *Volonté*). Elle peut représenter une relation étroite entre lui et deux autres personnes. Elle lui conseille de ne pas disperser ses énergies dans toutes sortes d'activités.

Triangle

Un triangle en rêve représente pour l'enfant ses trois parties : corps, âme et esprit. Il l'invite à bien équilibrer la vie de son corps et celles de son âme* et de son esprit*. Le triangle peut signifier que le rêveur doit trouver une solution à des choses qui ont l'air de s'opposer (voir *Oppositions*). ◆Un triangle équilatéral évoque un équilibre remarquable, un bon jugement ou une belle harmonie. Il évoque la perfection.

Trompette

Une trompette en rêve annonce un réveil brutal. Ou bien elle signifie que l'enfant est ébranlé par ses émotions ou ses sentiments. (En parler avec lui.) Elle peut indiquer qu'il se trompe ou qu'il est trompé, ou lui signifier qu'il a une attitude brillante, mais tapageuse. Elle peut annoncer une victoire, un succès.

Trône

En rêve, un trône peut faire référence à une situation privilégiée. Il peut indiquer que l'enfant est dominé ou qu'il domine les autres. Il peut représenter un succès personnel. Il peut conseiller au rêveur de ne pas se penser plus important que les autres. Il peut lui indiquer qu'il fait du refoulement*.

Trou

Un trou en rêve peut représenter pour l'enfant un vide* qu'il ressent en lui. Il a besoin d'aide. Ou bien le trou symbolise quelque chose de secret*, de caché. Il peut évoquer un oubli. Ou un défaut. Il peut signifier que le rêveur se sent en prison* ou bien isolé. (En parler avec lui.) ◆Un trou noir peut représenter un désespoir, une dépression. (En parler avec lui. L'aider.) Il peut symboliser une épreuve que l'enfant doit traverser avec patience.

Truie

La truie est la femelle du porc*. En rêve, elle peut représenter un bon succès, du profit ou de l'abondance. Évidemment, elle peut aussi évoquer la malpropreté.

Tube

Un tube en rêve peut symboliser les intestins ou l'estomac*. Il peut conseiller à l'enfant de bien orienter ses énergies au lieu de les disperser dans toutes sortes d'activités. Il peut aussi représenter le phallus*. Tout dépend de ce que le tube contient. Il peut aussi parler d'une chanson* à succès.

Tuer

Tuer en rêve peut parler de la mort*. Ou bien ça indique qu'il faut supprimer une chose : ou bien c'est un bon débarras ou bien c'est dommage, tout dépend de la chose à supprimer. Ça peut aussi indiquer l'envie de tuer quelqu'un par colère*. ◆Tuer son père ou sa mère en rêve signifie que l'enfant doit peu à peu se débarrasser de leur influence pour devenir un adulte responsable de sa vie.

Tunnel

En rêve, un tunnel fait référence à un passage difficile. Il peut indiquer à l'enfant qu'il manque de lumière, de compréhension pour l'instant. Il lui promet qu'il va s'en sortir. Il lui indique qu'il peut avoir confiance.

Tuyau

Un tuyau en rêve peut représenter les intestins (voir *Ventre*) ou l'estomac*. Il peut conseiller à l'enfant de bien orienter ses énergies au lieu de les disperser dans toutes sortes d'activités. Il peut lui conseiller d'examiner sa conduite. Il peut symboliser l'orientation et inviter l'enfant à se demander s'il a des buts* dans la vie. Il peut indiquer qu'il passe actuellement par une épreuve. Il peut parler d'un réseau clandestin, secret. Il invite l'enfant à se débarrasser de ses problèmes. Ou bien à se faire de nouveaux amis.

U

Urine

L'urine en rêve invite l'enfant à se libérer de ses problèmes ainsi qu'à bien identifier ses envies, ses goûts. ◆Si l'enfant en boit, c'est qu'il a besoin de se renouveler. Ou bien ça invite l'enfant à ne pas faire de refoulement*. Voir *Uriner.*

Uriner

Uriner en rêve, c'est se soulager d'un malaise, d'une obligation. Ça peut indiquer un problème à *liquider.* Ou une tension* à régler. Ça peut aussi évoque une satisfaction sexuelle. C'est une invitation à suivre la nature, à faire confiance à la vie. Ça peut aussi représenter une grande peur* ou une grande émotion. (En parler avec l'enfant.)

Ustensile

Un ustensile en rêve représente l'aide qu'on reçoit. Il peut aussi indiquer un moyen pratique que l'on prend pour réussir une chose. Il peut être le signe que le rêveur doit intervenir, ne pas rester passif. Voir *Couvert.*

Utérus

L'utérus en rêve fait allusion à sa naissance ou bien à une renaissance. Il évoque la fusion de l'enfant avec son Moi* universel. Il l'encourage à créer des choses. ◆Une maladie ou un problème à l'utérus peut indiquer que le temps n'est pas venu de donner naissance ou que le désir de mettre au monde un enfant est trop vif. Ça peut signifier trop de peur*. Ou bien ça évoque le fait que le développement de l'enfant va mal ou est arrêté.

V

Vacances

Des vacances en rêve évoquent pour l'enfant une période de développement facile. Elles représentent un besoin de liberté. Elles invitent l'enfant à refaire ses forces et à avoir un bon contact avec la nature. Elles l'incitent aussi à se faire de nouveaux amis.

Vaccin

En rêve, un vaccin invite l'enfant à veiller sur sa santé. Il l'invite à accepter de l'aide médicale et aussi à être prévoyant. Il annonce une guérison. Il indique à l'enfant qu'une mauvaise situation va tourner à son avantage. Il l'engage à maîtriser ses mauvaises tendances (voir *Instincts*). Il le met en garde contre la pensée magique qui fait croire qu'il va obtenir une chose juste en la désirant. Voir *Piqûre*.

Vache

Une vache en rêve représente la vie. Elle invite l'enfant à avoir un bon contact avec la nature. Elle l'invite aussi à maîtriser ses mauvaises tendances (voir *Instincts*) et à être généreux. Elle l'encourage à faire confiance à la vie. Elle invite l'enfant à reconnaître tout ce qu'il doit à sa mère et aussi à cultiver la patience, la paix, le calme. Elle l'incite également à respecter la vie autour de lui. ◆Une vache blanche indique au rêveur qu'il va recevoir des pensées de son Moi* universel. ◆Une vache noire invite l'enfant à garder l'espoir dans la survie de son âme* et de son esprit*. ◆Une vache noir et blanc invite l'enfant à ne pas trop opposer les contraires, mais à tâcher de les concilier (voir *Oppositions*). ◆Une vache rousse indique au rêveur qu'il est dans une période de grande vitalité. Elle peut aussi signifier qu'il est actuellement sous l'emprise de certaines passions. ◆Une vache qui s'échappe du troupeau invite l'enfant à être lui-même et à ne pas se laisser entraîner par tout le monde.

Vadrouille

Une vadrouille en rêve invite l'enfant à mettre sa conscience au clair. Elle peut l'inviter à sortir et à se distraire. Elle lui rappelle que c'est par de nombreux actes quotidiens qu'il poursuit son développement. Elle peut désigner une prostituée.

Vagabond

Un vagabond en rêve invite l'enfant à se demander s'il a un idéal* et des buts* dans la vie. Il l'invite à accepter la société et ses obligations et aussi à se montrer responsable de ses actes. Il l'engage à faire confiance dans la vie. Il l'invite également à ne pas trop s'attacher à ce qu'il possède. Il lui rappelle que la liberté est une belle chose qu'il doit savoir utiliser.

Vague

Une vague en rêve représente pour l'enfant une agitation, une perturbation dans son âme*. Elle peut aussi représenter une mode, une façon générale de penser. ◆Une grosse vague lui indique qu'il est bouleversé par une grande émotion. (L'inciter à en parler à quelqu'un en qui il a confiance.) ◆Une vague menaçante, voir *Marée*.

Vaisseau spatial

Voir *Fusée*.

Vaisselle

En rêve, la vaisselle invite l'enfant à bien nourrir son corps, son âme* et son esprit*. Elle lui rappelle qu'il poursuit son développement même dans les actions ennuyeuses de tous les jours. Voir *Assiette, Soucoupe*.

Valise

Une valise en rêve représente le corps de l'enfant. Elle évoque aussi les voyages*. Elle prévient le rêveur qu'un changement se prépare dans sa vie. Elle l'invite à déterminer les choses qui lui sont essentielles pour vivre. Elle représente pour l'enfant tout ce qu'il a acquis jusqu'ici dans la vie. Elle peut symboliser le souvenir ou bien sa mémoire. ◆Si l'enfant la perd, c'est qu'il est inquiet pour rien. C'est peut-être aussi pour l'inviter à quitter certains attachements émotifs qui ne sont plus nécessaires. ◆Si on la lui vole, c'est qu'il écoute trop ses émotions ou qu'il a besoin de se détacher de ce qui lui appartient. Ou bien c'est une invitation à être généreux. ◆Si la valise est pleine et lourde, c'est que son attachement aux biens matériels le retarde. Ou bien c'est qu'il manque de sécurité. ◆Si elle est vide, c'est qu'il a faim, il a besoin de refaire ses forces. Ou bien c'est qu'il s'est libéré d'un tas de choses inutiles. Ou bien c'est qu'il n'a pas ce qu'il faut pour faire face aux changements de sa vie actuelle. (En parler avec lui.)

Vampire

Un vampire en rêve représente pour l'enfant quelqu'un qui abuse de lui. Ou bien une émotion qui prend toute son énergie. (En parler avec lui.) Il peut aussi symboliser les terreurs* nocturnes ou représenter une grande peur*. Voir *Chauve-souris.*

Vase (la)

De la vase ou de la boue* en rêve évoque pour l'enfant le besoin d'éliminer certains problèmes. Ou bien elle l'invite à mettre sa conscience au clair. Ou bien encore elle lui indique la venue d'une chose nouvelle en lui. Elle l'assure d'un succès.

Vase (le)

Un vase en rêve peut représenter l'utérus*. Il invite l'enfant à être accueillant à ce qui est nouveau. Il l'invite à bien s'occuper de son corps. Il peut signifier qu'une chose nouvelle naît en lui, dans son âme*. Il invite le rêveur à créer des choses. ◆Un vase en or symbolise pour l'enfant un trésor intérieur qui lui rappelle la présence de son Moi* universel.

Vedette

Une vedette en rêve représente pour l'enfant le besoin d'avoir confiance* en lui. Elle l'invite à devenir quelqu'un qu'il va pouvoir admirer. Elle l'encourage à poursuivre son développement. Elle lui rappelle qu'il cherche de l'attention et de l'affection. Il a besoin qu'on l'aime. Pour ça, il faut être aimable. Voir *Acteur, Artiste.*

Végétal

Un végétal en rêve représente la vie corporelle de l'enfant (voir *Plante*). Il l'informe aussi de sa vie affective en général (amitié ou amour). Il indique au rêveur où il en est quant à un attachement qui se développe. ◆Par ses étapes de croissance, le végétal symbolise bien les étapes du développement de l'enfant.

Véhicule

Dans un rêve, le véhicule a deux sens pour l'enfant : 1. son corps habité par son âme ; 2. la façon de se conduire. Le conducteur représente sa conscience, celle qui contrôle son développement. ◆Si son véhicule manque de freins, c'est qu'il a perdu le contrôle. Ou bien c'est qu'il vit un changement trop rapide. (En parler avec lui.) ◆Un véhicule fou signifie qu'il se sent perdu.

(En parler avec lui.) Voir *Bicyclette, Automobile, Camion, Train, Autobus, Tracteur, Conducteur, Chemin.*

Vélo

Voir *Bicyclette.*

Velours

Du velours en rêve représente de la douceur, de la chaleur ou de la sensualité. Il peut évoquer un plaisir, une satisfaction. Il peut aussi indiquer à l'enfant qu'il progresse en douceur, ou qu'il s'est accordé un moment de répit. Ce tissu peut aussi symboliser le luxe.

Vent

En rêve, le vent représente un changement qui vient. Il représente aussi pour l'enfant des changements dans son âme*. Il évoque le fait qu'actuellement c'est son Moi* universel qui prend l'initiative ; c'est lui qui dirige les événements de sa vie. Il invite l'enfant à être attentif aux inspirations et à ses rêves. Le vent peut aussi être une invitation pour l'enfant à mettre sa conscience au clair. Il peut signifier qu'il connaît une période agitée ou que le rêveur est poussé par un vif désir. ◆Si le vent est déchaîné, voir *Cyclone.*

Ventre

Le ventre en rêve invite l'enfant à se demander s'il nourrit bien son corps, son âme* et son esprit*. Il peut aussi représenter ses émotions. Il invite l'enfant au courage. ◆Si l'enfant a mal au ventre, c'est peut-être qu'il sent de l'écœurement ou qu'il ne réussit pas à bien comprendre certaines idées. Ou bien c'est qu'il connaît de la tension*. Ou bien de la peur*. Ou bien encore c'est qu'il a du mal à contenir ses émotions. (En parler avec lui.) Voir *Gaz.*

Ver

Un ver en rêve rappelle à l'enfant que, si son corps est mortel, son âme* et son esprit* ne le sont pas. Il peut évoquer une période un peu pénible qui précède un changement en lui. Ça va passer. Le ver peut évoquer la mort*. Il peut signaler la fin d'une affection très chère. Il peut signifier que le rêveur se sent méprisable. (En parler avec lui.) Il peut aussi indiquer qu'il s'accorde trop de plaisirs corporels et qu'il n'écoute que ses caprices. Il peut symboliser une peur qui ronge, un malaise intérieur ou un dégoût.

Véranda

Voir *Galerie*.

Verre

Du verre en rêve représente la fragilité, la raideur, la lumière et la froideur. Il invite l'enfant à prendre conscience de quelque chose. Il représente la vie de son esprit*. Il l'encourage à ne pas se mentir à lui-même. Il rappelle la présence de son Moi* universel qui l'éclaire. ◆Si l'enfant casse une vitre ou du verre, c'est qu'il éprouve une grande tension* émotive. Ça peut aussi indiquer qu'il a une décision à prendre. Voir *Briser*.

Verre à boire

Un verre à boire en rêve peut indiquer à l'enfant la soif de son âme* ou de son esprit*. Il peut signifier qu'il a quelque chose à accepter. Il peut encore représenter une satisfaction. Il invite l'enfant à se faire des amis. Voir *Coupe*. ◆Un verre cassé peut indiquer au rêveur qu'il subit une grande tension* nerveuse. Ça peut signifier qu'il doit prendre une décision. Ou bien ça veut dire qu'il est exalté, excité par quelque chose. Ça l'invite à se calmer. ◆Un verre renversé avec du liquide répandu peut être le signe qu'il est exaspéré ou bien qu'il s'énerve. Ça peut signaler un excès, ou un besoin de parler, de s'exprimer.

Verrou

Un verrou en rêve peut représenter une peur*, une insécurité. Il symbolise pour l'enfant son besoin de protection. Ou bien il indique qu'il fait du refoulement* qu'il a un blocage affectif. Ou bien qu'il a peur d'être blessé dans son âme, ou qu'il se sent en prison* intérieurement. (En parler avec lui.)

Verrue

Une verrue en rêve ou en réalité indique souvent à l'enfant qu'il se sent coupable*. Les verrues peuvent aussi indiquer qu'il a peur que ses désirs soient découverts. Elles peuvent aussi signifier qu'il ne s'aime pas. ◆Si les verrues se trouvent sur la partie droite de son corps, elles indiquent un désir sexuel trop souvent satisfait. ◆Si les verrues se trouvent sur la partie gauche de son corps, elles indiquent qu'un désir sexuel reste insatisfait, inexprimé (voir *Refoulement*).

Vert

Le vert en rêve représente les sentiments. Il évoque le calme, la détente. Il invite l'enfant à prendre contact avec la nature. Il l'invite à s'épanouir et à faire confiance à la vie. Il peut symboliser la santé et la guérison. Il conseille à l'enfant de toujours garder espoir que les choses vont s'améliorer. Il peut aussi indiquer qu'il a la liberté d'agir à sa guise. Il peut lui dire que la permission qu'il a demandée lui sera accordée. Le vert représente aussi les sentiments bien vécus, bien exprimés. Il peut aussi évoquer le besoin de tendresse du rêveur.

Veste

Voir *Veston*.

Veston

Un veston en rêve représente une démarche officielle. Il invite l'enfant à respecter les règles sociales s'il veut que la société le respecte. Il peut évoquer une attitude un peu guindée, un manque de naturel. Il peut indiquer que le rêveur sera invité à une réception chic. Il l'invite à extérioriser ses sentiments. Il peut signifier qu'il manque de liberté ou qu'il accorde trop d'importance à son apparence.

Vêtement

Le vêtement en rêve représente souvent la fonction sociale de quelqu'un ou son attitude avec les autres. Un vêtement symbolise aussi pour l'enfant son besoin de protection. Comme une seconde peau, le vêtement peut représenter son corps. Il est aussi le signe de son état intérieur, celui de son âme*. Il peut aussi évoquer les apparences. ◆Un uniforme signifie que le rêveur est bien intégré. Mais il invite aussi l'enfant à demeurer lui-même. ◆Le vêtement en bas de la ceinture symbolise particulièrement le corps. ◆En haut de la ceinture, il fait allusion à la vie affective. ◆Un vêtement de tête (chapeau*, voile*) parle de la vie mentale du rêveur, celle de l'esprit*. Voir *Manteau, Robe…*

Viande

En rêve, la viande invite l'enfant à bien nourrir son corps, son âme* et son esprit*. Elle peut aussi symboliser la sexualité. Tout dépend de la sorte de viande dont il est question, voir *Veau, Bœuf, Poulet, Porc.*

Vide

Le vide en rêve peut évoquer le fait que l'enfant a faim : son corps a faim, ou son âme* ou son esprit*. Il peut indiquer l'absence ou la disparition de quelqu'un qu'il aime bien. Il peut signaler qu'il se sent vidé, fatigué et qu'il a besoin de repos. Il peut aussi lui indiquer qu'il se sent isolé. (En parler avec lui.) Il peut signifier qu'une situation est vidée, finie, passée et qu'il doit être prêt à aborder une nouvelle étape. Le vide peut aussi inviter l'enfant à se soulager le cœur. (L'inviter à le faire auprès d'une personne en qui il a confiance.) Voir *Trou, Tomber.*

Vidéo

Voir *Film.*

Vieillard

Un vieillard en rêve représente l'expérience. Il invite l'enfant à écouter ceux qui ont vécu longtemps. Ils peuvent avoir des choses à lui apprendre. Mais il doit se faire sa propre opinion. Un vieillard peut inviter l'enfant à une certaine sagesse. Il l'invite aussi à connaître ce qui s'est passé avant lui, à connaître l'histoire. Il peut représenter le vieux sage* des rêves.

Vieux, Vieille

Voir *Ancien, Vieillard.*

Ville

En rêve, la ville représente la vie en société. Elle peut évoquer pour l'enfant son corps avec toute son organisation, et son âme avec tous ses sentiments. Elle parle d'une concentration d'idées et d'activités. Elle représente aussi les gens avec qui il est en relation. Elle symbolise la diversité des gens.

Vin

Le vin en rêve représente souvent pour l'enfant l'ivresse divine, c'est-à-dire l'inspiration qui lui vient de son Moi* universel ou de Dieu. Il représente aussi la joie. Et il invite l'enfant à se laisser aller à sa vraie nature. Il peut aussi représenter le sang*. Il peut évoquer la connaissance supérieure. Ou bien la vérité.

Vinaigre

Le vinaigre en rêve peut symboliser le goût de vivre. Il peut parler du côté piquant de la vie. Ou bien il indique qu'une situation a pris une mauvaise tournure. Il peut signaler au rêveur qu'il éprouve une déception, un regret. Il peut aussi parler de la mémoire.

Violet

Le violet en rêve représente pour l'enfant l'équilibre entre son corps et son âme*. Ou bien entre la passion et l'intelligence. Il signifie qu'une étape est franchie et qu'une autre commence. Il peut représenter la vie de l'âme* du rêveur. Il invite l'enfant à voir clair, à comprendre, à être conscient. Il lui rappelle que si son corps meurt un jour, ce n'est pas le cas de son âme* ni de son esprit*. Il peut l'encourager à obéir quand c'est le temps. Il peut l'inviter à faire les sacrifices qui s'imposent pour assurer son développement. Il peut indiquer une période de souffrance ou d'insatisfaction.

Violon

En rêve, un violon invite l'enfant à exprimer ses sentiments et ses émotions. Il lui indique qu'il passe par une période remplie d'émotions très vives ou qu'il traverse un moment plein de romantisme, de nostalgie du passé. Il peut représenter le fait qu'il connaît une tension*. Il l'invite à la précision et à faire preuve d'habileté.

Visage

Un visage en rêve représente pour l'enfant son état intérieur, son état d'âme*. Il peut aussi parler d'apparence, de beauté ou de laideur, de fierté ou de honte*. Son propre visage peut évoquer la façon dont les autres le perçoivent. Un visage peut montrer comment il voit les autres. Il peut encore représenter l'intelligence. Ou bien ce qu'il y a de divin dans l'homme. ◆Son propre visage de face peut représenter son présent. Son visage de profil peut représenter son passé. ◆Un visage caché peut évoquer la honte* ou la jalousie*. Ou bien la discrétion. Ou bien encore un secret, une cachotterie. Ou enfin quelqu'un qui cache ses vrais sentiments.

Vitesse

La vitesse en rêve peut inviter l'enfant à accélérer ou à ralentir son rythme de vie ou son développement. ◆Un excès de vitesse signifie une rage de vivre. Ou le besoin de s'exciter, de lâcher son fou. Ou bien il fait référence à de l'étourderie ou à de l'impatience, ou encore à un goût du risque. Ou bien à un goût d'échapper à ses responsabilités. Voir *Automobile*.

Vitre

Voir *Verre*.

Voie ferrée

Une voie ferrée en rêve indique à l'enfant qu'il n'a pas le choix de passer par l'étape actuelle de son développement. Elle peut parler du goût de faire un voyage*, de changer d'environnement. ◆Les traverses veulent dire qu'il doit avoir des bases solides pour s'assurer un bon développement. Elles lui conseillent d'avancer à son rythme. ◆Aller à pied sur la voie ferrée signifie que le rêveur a la certitude de réussir après une démarche difficile. Ça indique qu'il passe par une période d'efforts qui semble inadaptée, mais très consciente. Voir *Train*.

Voile

Un voile en rêve peut représenter un secret ou ce qu'il y a de caché. Il peut aussi évoquer la discrétion, ou faire allusion à la vie d'un religieux ou d'une religieuse, une vie consacrée à poursuivre la perfection. Un voile peut aussi évoquer un mystère. Ou bien une ignorance. Ou encore une séparation. Il peut évoquer le monde visible qui voile le monde invisible. ◆Si un voile est retiré ou déchiré, c'est que le rêveur va comprendre quelque chose insaisissable jusque-là.

Voilier

En rêve, un voilier évoque pour l'enfant la liberté et la légèreté. Il l'invite à faire confiance en la vie. Il peut représenter la vie de l'esprit*. Il parle d'élan, de chance, du goût de s'évader du quotidien. ◆Aller en voilier, c'est être porté par l'énergie du Moi* universel.

Voisin, Voisine

Un voisin en rêve peut représenter l'entourage du rêveur ou tout ce que l'enfant n'ose pas exprimer. Il peut aussi représenter une tension* intérieure ou de l'aide possible. Tout dépend du voisin.

Voix

Une voix en rêve donne à l'enfant un message ou un conseil qui peut venir de son Moi* universel. Mais la voix peut venir d'une autre source. Il ne faut écouter cette voix que si elle dit des choses qui ne vont pas contre la conscience ou le bon sens du rêveur. Se méfier des conseils ou des ordres qui vont dans le même sens que les désirs ou les haines du rêveur. ◆Entendre une petite voix intérieure en rêve ou en réalité : l'enfant peut la suivre seulement si elle lui conseille de faire des choses qu'il approuve.

Vol

1. Un vol dans l'air. Voler en rêve est assez fréquent et est souvent bien plaisant. Le vol en rêve intervient quand l'âme du rêveur est détachée de son corps. Ce vol est libérateur et souvent porteur de joie. Il peut avoir un sens positif : il montre à l'enfant comment son âme pourra se déplacer librement quand elle sera libérée du corps à la mort. Le vol en rêve peut avoir le sens négatif suivant : on fuit la dure réalité, on échappe à ses problèmes, alors qu'il faut les régler. Ou bien il indique que le rêveur a une trop bonne opinion de lui et qu'il risque de tomber, de faire une chute.

2. Un cambriolage. ◆Si l'enfant commet un vol en rêve, c'est qu'il désire se faire justice lui-même ou qu'il désire se venger. Ça peut aussi indiquer qu'il recherche de l'amour, de l'affection ou qu'il se sent frustré. Ou bien qu'il fait du refoulement*. ◆Si on lui vole quelque chose en rêve, c'est que ses émotions lui volent trop d'énergie. Il vaut mieux les contrôler. ◆Si l'enfant est cleptomane en rêve, c'est qu'il a été privé d'amour maternel. (En parler avec lui.) ◆Un vol de banque indique une tension* excessive. Voir *Voleur*.

Volcan

En rêve, un volcan représente une tension* intérieure trop grande. Il annonce une menace, une exaspération, une explosion de colère*. Ou bien il est le signe d'une grande passion. Ou bien il annonce un éclatement par suite d'un refoulement* important. Le rêveur a besoin d'aide. (En parler avec lui.)

Voler

Voir *Vol*.

Voleur

Un voleur en rêve représente pour l'enfant tout ce qui lui prend de l'énergie, par exemple des émotions mal contrôlées. Il peut s'agir d'un refoulement*, ou d'une mauvaise habitude, ou d'un excès d'ambition. Ou bien le rêveur prend une orientation qui ne va pas dans le sens de son bon développement. Voir *Voler*.

Volonté

Dans la vie, la volonté permet de nous demander de faire des choses obligatoires ou même difficiles et ennuyeuses. Elle permet de faire les efforts nécessaires pour nous développer, de dominer nos mauvaises tendances ou nos caprices au lieu de nous laisser dominer par eux. Elle permet à l'enfant de dire que c'est lui le maître dans sa vie. La volonté vient peu à peu. Il faut se demander un petit pas à la fois, un petit effort à la fois. Puis on prend l'habitude de ne pas se laisser aller à la facilité, au désordre et à la mollesse.

Vomir

Vomir en rêve indique à l'enfant qu'il rejette une situation ou qu'il se révolte. Ou bien qu'il connaît une trop grande tension*, ou une grande peur*. ◆Si l'enfant vomit du sang, c'est qu'il veut se libérer absolument d'un problème. Il a besoin d'aide. (L'inciter à en parler à quelqu'un en qui il a confiance.) ◆Si le rêveur vomit ses entrailles ou s'il vomit sans arrêt, c'est qu'il doit absolument trouver un moyen de s'exprimer par la parole ou les actions : danse, sport, dessin… Il souffre d'un blocage émotif grave et il a besoin d'aide.

Voyage

Un voyage en rêve indique à l'enfant qu'il a besoin de changement, ou exprime un désir de découvrir, une aspiration au bonheur, un besoin de paix. Il peut indiquer que le rêveur recherche la vérité, ou qu'il se fuit lui-même, qu'il ne fait pas face à ses problèmes. Ou bien il est le signe d'un besoin d'aventures, d'expériences nouvelles. Il peut représenter le voyage intérieur qui va conduire le rêveur vers son Moi* universel grâce aux rêves.

Vulve

◆Si l'enfant est une fille, une vulve en rêve représente ses possibilités sexuelles : plaisirs et création. ◆Si la vulve est affectée d'une maladie, c'est peut-être parce qu'il y a mépris ou excès de sexualité. Peut-être que la rêveuse se sent coupable*. Ça peut vouloir dire qu'elle perd de l'énergie, de la puissance, de l'influence. Peut-être qu'elle se sent humiliée et qu'elle manque de confiance en la vie. Ou bien c'est qu'elle a été déçue en amour ou qu'elle a connu une défaite. Ou bien elle a peur d'être enceinte. (L'inciter à en parler à quelqu'un en qui elle a confiance.) ◆Si l'enfant est un garçon, la vulve peut représenter son désir des filles. Si le garçon a une vulve en rêve, c'est peut-être qu'il est invité à exprimer son petit côté féminin en exprimant ses sentiments. C'est peut-être qu'il ne sait plus trop où il en est sur le plan sexuel. Ça peut être un refus de l'homosexualité. (En parler avec lui.)

W

Wagon

Voir *Train*.

X

Xylophone

Un xylophone en rêve invite l'enfant à exprimer ses émotions et ses sentiments avec le plus de clarté possible. Il peut le faire en parlant ou en se confiant à quelqu'un en qui il a confiance, ou bien en dansant, ou en faisant de la peinture, du dessin, de la musique ou même du sport. Le xylophone peut aussi signifier que quelqu'un tombe sur les nerfs du rêveur. (Voir avec lui ce qu'il peut faire.)

Y

Yacht

Un yacht en rêve indique à l'enfant qu'il maîtrise bien ses sentiments. Il peut inviter l'enfant à un voyage*. Il évoque la richesse, le luxe ou un privilège. Voir *Bateau*.

Z

Zèbre

En rêve, un zèbre représente la liberté totale. Il invite aussi l'enfant à être original, c'est-à-dire à ne pas subir trop fortement l'influence des autres, mais plutôt à faire à son goût. L'animal peut inviter l'enfant à avoir de l'humour, ou à se méfier des illusions. Ou bien il l'invite à ne pas trop opposer les choses contraires, mais à tâcher de les accorder entre elles (voir *Oppositions*). Le zèbre peut aussi désigner un individu bizarre.

Zéro

Un zéro en rêve pour un enfant peut essayer de lui faire croire qu'il ne vaut rien. Il n'y a rien de plus faux. C'est juste que maintenant il manque de confiance* en lui. Le zéro peut au contraire assurer l'enfant qu'il est plein de potentiel et qu'il est dans une étape de préparation à la vie d'adulte. Le zéro peut aussi signifier au rêveur qu'il est épuisé. (En parler avec lui.)

Zoo

Un jardin zoologique en rêve invite l'enfant à bien soigner son corps qui a des besoins. Il l'invite aussi à suivre sa curiosité qui est le moteur qui le pousse à connaître. Un zoo peut évoquer un manque de liberté. Il encourage le rêveur à continuer à bien contrôler ses mauvaises tendances (voir *Instincts*).

LES NOMBRES

1

Le **un** en rêve représente le commencement de quelque chose. Il évoque aussi l'univers et Dieu. Il symbolise aussi l'enfant comme individu qui se développe et qui est unique à être ce qu'il est.

2

En rêve, le **deux** représente une opposition*. Il peut signifier que l'enfant se sent partagé entre 2 décisions. Il a besoin d'aide. Il peut aussi signifier tout ce que le rêveur possède. Il peut aussi parler de collaboration ou d'équilibre.

3

Le **trois** en rêve est un symbole d'action. Il invite l'enfant à trouver une solution entre 2 choses opposées. Il lui rappelle que nous sommes faits de 3 choses : corps, âme* et esprit*. Il peut désigner les gens avec lesquels il vit.

4

Le **quatre** parle de quelque chose de très solide. Il invite l'enfant à entrer en contact avec la nature. Il peut évoquer ses 3 parties (corps, âme, esprit) + une, qui est son Moi* universel. Il peut inviter l'enfant à mettre de l'ordre dans ses choses, dans sa conscience. Il peut symboliser aussi sa maison ou sa chambre.

5

Le **cinq** signifie pour l'enfant son centre, son cœur*, sa conscience ou bien son Moi* universel. Il peut évoquer les doigts* de la main, donc l'action, les activités, le travail.

6

Le **six** évoque une épreuve, la justice, la beauté, l'harmonie et l'équilibre. Il parle aussi à l'enfant de ses talents à développer. Il l'invite à entrer en contact avec la nature. Il fait référence au besoin de chaleur humaine, d'amour.

7

Le **sept** représente une réussite. Il représente aussi l'âge de 7 ans où l'intelligence s'affirme avec la venue claire de la raison. Il peut signifier la venue de la seconde dentition. Il évoque la semaine de 7 jours. Il symbolise les os* qui mettent 7 ans à se renouveler. Il encourage l'enfant à se faire des amis. Il l'encourage à poursuivre son développement. Ce nombre peut signaler à l'enfant qu'il se sent isolé ou qu'il a peur d'être abandonné*. (En parler avec lui.)

8

Le **huit** désigne pour l'enfant son Moi* universel. Il lui rappelle qu'il va s'unir avec lui un jour. Il évoque aussi la pieuvre* ou l'araignée* qui ont 8 pattes. Il invite l'enfant à rester honnête et à surveiller l'équilibre de ses trois vies : celle du corps, celle de l'âme* et celle de l'esprit*.

9

Le **neuf** indique à l'enfant qu'une étape de son développement est franchie. Il représente toutes les créatures. Il lui rappelle qu'il a besoin des autres, comme eux, ils ont besoin de lui. Ce nombre évoque aussi les anges*.

10

Le **dix** évoque Dieu et ses créations. Il évoque aussi les lois divines. Il invite l'enfant à se demander s'il a un idéal* ou des buts*. Il peut évoquer un succès.

11

Le **onze** peut symboliser la révolte ou l'égoïsme. Il peut encourager l'enfant à prendre des initiatives. Il représente un nouveau début, un recommencement. Il peut inviter l'enfant à mettre sa conscience au clair. Il l'invite à accorder de l'attention à ses rêves.

12

Le **douze** évoque les 12 mois d'une année, les 12 heures du jour et les 12 heures de la nuit. Il parle donc du temps qui passe, de l'âge. Il évoque les 12 paires de côtes* de l'humain. Il peut parler au rêveur de la nécessité de sacrifier des choses pour assurer son développement.

13

Le **treize** représente la destruction en vue d'une reconstruction. Il peut signifier le passage à l'adolescence avec ses changements. Il peut annoncer l'arrivée des menstruations.

14

Ce nombre est celui du mouvement, du progrès. Il évoque les hauts et les bas qui se suivent.

15

Ce nombre est celui de l'opposition. Il fait référence à Satan* ou au mal. Il invite l'enfant à ne pas se laisser dominer par ses mauvaises tendances (voir *Instincts*).

16

Ce nombre évoque le temple*, l'Église. Il invite l'enfant à ne pas être orgueilleux. Il peut parler d'insuccès. Ou bien de surprise. Il peut signifier que le rêveur se sent isolé. (En parler avec lui.)

17

Ce nombre symbolise la nuit, le sommeil et le rêve. Il invite l'enfant à tenir compte de ses rêves. Il l'invite à écouter les inspirations qui lui viennent. Il l'invite à avoir confiance en l'avenir.

18

Ce nombre est celui des saints qui ont atteint un accomplissement supérieur. Les saints nous rappellent que nous sommes appelés à nous perfectionner. Dix-huit peut faire allusion à la respiration. Il invite l'enfant à créer des choses. Il l'encourage à développer ses talents. Il évoque une grande influence de sa mère.

19

Ce nombre est le nombre du Soleil*. Il symbolise l'accomplissement et le succès.

20

Ce nombre représente la lutte constante entre les opposés (voir *Oppositions*). Il évoque le triomphe de l'esprit sur la matière. Il évoque aussi la fin d'une épreuve. Et aussi la guérison.

21

Ce nombre est celui de la liberté de l'individu. Il signifie qu'à l'âge de 21 ans, on est vraiment devenu un adulte. Il assure l'enfant qu'il réussira son union avec son Moi* universel.

22

Ce nombre est celui des recherches et des démarches. C'est aussi celui de toutes les situations humaines. Il représente aussi la double attirance vers le bien ou le mal.

23

Ce nombre est celui de la transmission de la vie. Il évoque les 23 paires de chromosomes chez l'humain. Il parle donc d'hérédité et d'héritage.

24

Ce nombre est celui de la dimension spatiotemporelle. Il rappelle les 24 heures de la journée. Il rappelle aussi les 24 vertèbres de la colonne* vertébrale, les 24 côtes de l'humain. Il rappelle aussi l'or* pur à 24 carats. Il fait allusion à l'harmonie de la Terre et du ciel.

25

C'est le nombre de la joie. Il invite l'enfant à se rendre compte de tout ce qu'il a déjà acquis pour l'encourager à continuer son développement.

26

Ce nombre indique une très grande stabilité. Il rappelle les 26 os de la colonne* vertébrale. C'est le nombre de lettres de l'alphabet français ou l'anglais : si l'enfant est francophone ou anglophone, il invite l'enfant à s'exprimer.

27

Ce nombre invite l'enfant à ne pas se laisser avoir par les contraires (voir *Oppositions*). Il l'engage à trouver le moyen de ne pas les opposer, mais plutôt de les associer.

28

C'est le nombre de la Lune*. Il annonce la venue des menstruations. Il représente la vie et l'imagination. C'est le nombre des 28 lettres de l'alphabet arabe. Si l'enfant est arabophone, il invite l'enfant à s'exprimer. Il peut signifier une surprise.

29

Ce nombre est celui de la solidarité. L'enfant a besoin des autres comme eux, ils ont besoin de lui.

30

Ce nombre est celui de l'organisation du monde. Il peut évoquer un mois. C'est l'âge de la maturité.

31

Ce nombre est celui de l'action individuelle. Il invite l'enfant être actif. C'est comme ça qu'il va se développer et qu'il va réussir.

32

Ce nombre rappelle le nombre de dents* chez l'adulte humain. C'est celui d'un ensemble complet. Il parle aussi de justice et de courage.

33

Ce nombre est celui de la collaboration de l'homme avec la création. Il invite l'enfant à aimer la nature et à l'améliorer.

34

C'est le nombre du développement. Il encourage l'enfant à poursuivre le sien.

35

Ce nombre est celui de la réussite et du succès.

36

C'est le nombre du ciel. Il rappelle à l'enfant qu'il a son Moi* universel pour se guider. C'est le nombre total des dents* chez l'humain. Il désigne donc l'homme complet. Et la sagesse.

37
Ce nombre indique qu'une étape est complétée et que l'enfant doit passer à la suivante.
38
Ce nombre invite l'enfant à avoir de l'initiative personnelle. Il l'encourage à créer quelque chose.
39
Ce nombre signifie une destruction en vue d'une reconstruction. Il peut désigner quelque chose qu'on reprend pour la troisième fois.
40
Ce nombre représente le temps d'une épreuve. C'est aussi celui du tournant de la vie : *On dit que la vie commence à 40 ans,* c'est-à-dire que tout ce que quelqu'un n'a pas encore fait, il doit alors l'entreprendre. Ce nombre peut aussi signifier que l'enfant se sent isolé, rejeté. (En parler avec lui.)
41
Ce nombre parle de l'individualité, il rappelle à l'enfant qu'il est le seul à être comme il est, il est unique et irremplaçable. Voilà pourquoi il est précieux pour tout le monde. Il l'incite donc à avoir confiance* en lui.
42
Ce nombre est celui de la Providence, c'est-à-dire de l'aide de Dieu dans l'accomplissement de l'enfant.
43
C'est le nombre de la liberté de l'individu qui se trouve devant des choses incontrôlables.
44
Ce nombre est celui des mutations de la nature. Il signifie aussi une très grande stabilité. Il rappelle à l'enfant la présence de son Moi* universel.
45
Ce nombre évoque la solidarité dans la vie de chacun. Il assure l'enfant qu'il peut compter sur les autres.
46
C'est le nombre des chromosomes humains. Il parle donc d'hérédité. Il parle aussi à l'enfant de sa vie intérieure, celle de l'âme* et celle de l'esprit*.
47
Ce nombre représente l'énergie. Il encourage le rêveur à se donner un idéal*.
48
Ce nombre est celui de la totalité du monde. Il représente aussi pour le rêveur son Moi* universel.

49

Ce nombre symbolise pour l'enfant les étapes de son développement. Il rappelle les 49 touches du clavier du piano*.

50

Ce nombre évoque l'âge mûr chez un humain. C'est aussi le nombre des individus qui forment l'univers. Il symbolise toutes les potentialités de l'enfant.

51

Ce nombre est celui de l'inexpérience qui engage l'enfant à une certaine prudence.

52

C'est le nombre de semaines que compte une année. Il représente pour l'enfant le retour des mêmes choses. C'est aussi le nombre qui l'encourage à combattre ses difficultés. C'est également le nombre qui symbolise les émotions.

53

Ce nombre est celui des répétitions.

54

Ce nombre évoque pour l'enfant les efforts à faire pour assurer son développement.

55

Ce nombre fait allusion pour l'enfant aux doigts de ses deux mains. Il l'encourage donc à être actif. Il parle aussi des gens avec lesquels il vit.

56

Ce nombre est celui des événements. Et il évoque la conscience que l'enfant peut avoir du sens de ces événements.

57

Ce nombre peut symboliser un danger en vue. Prudence.

58

C'est le nombre de l'intelligence et de la vivacité de l'esprit. Il parle aussi des relations entre les gens.

59

Ce nombre est celui de la combativité que l'enfant doit montrer pour atteindre son idéal* et pour défendre ses droits.

60

Ce nombre rappelle les 60 secondes dans une minute et les 60 minutes dans une heure. Ça représente le temps qui fuit. Ça symbolise aussi les très nombreuses possibilités de l'enfant.

64

Ce nombre évoque pour l'enfant son Moi* universel. Il représente aussi la vie.

70

Ce nombre est celui d'une grande perfection.

72

Ce nombre est celui de Dieu. Il peut signifier aussi que le rêveur a envie de redevenir petit enfant. Voir *17*.

77

Ce nombre signifie sans limite. Ou bien il évoque un grand succès.

88

Ce nombre représente pour l'enfant l'aide très présente de son Moi* universel.

100

Ce nombre peut signifier *beaucoup* et indiquer une abondance. Il peut aussi symboliser le Soleil*.

101

Ce nombre évoque le recommencement.

206

C'est le nombre des os* du corps humain.

270

C'est le nombre de jours de la grossesse chez la femme. Il signifie donc naissance ou renaissance.

365

C'est le nombre de jours de l'année terrestre. Il signifie donc une année ou un anniversaire.

366

C'est le nombre de jours d'une année bissextile. Il signifie donc prolongation, sursis.

600

C'est le nombre des muscles* du corps humain. Donc énergie, vitalité.

1000

Ce nombre peut signifier *beaucoup* et indiquer une grande abondance.

1440

C'est le nombre de minutes dans une journée. Il signifie donc un jour qui paraît très long.

86 400

C'est le nombre de secondes par jour. Il signifie donc un jour qui paraît très long.

TABLE DES MATIÈRES

Cet ouvrage a été achevé d'imprimer
au Canada en septembre 2001.